大震災に学ぶ社会科学 第2巻

震災後の自治体ガバナンス

早稲田大学政治経済学術院教授
小原隆治・稲継裕昭 [編]

東洋経済新報社

東日本大震災学術調査『大震災に学ぶ社会科学』全8巻
シリーズ刊行によせて

　2011年3月11日、マグニチュード9.0の大地震が東北地方太平洋沖に発生し、それに伴って生じた巨大な津波が東日本の太平洋岸を襲った。その結果、死者・行方不明者約2万人に加え、甚大な経済的損害がもたらされた。さらに地震・津波によって全電源を喪失した東京電力福島第一原子力発電所で過酷事故が発生し、地域の復旧・復興を著しく困難なものにした。

　地震発生後緊急の対応に追われた政府も、事態がやや落ち着きを取り戻した4月10日に、東日本大震災復興構想会議（議長：五百旗頭 真・神戸大学名誉教授）を設置した。復興構想会議は、1カ月後の5月10日に「復興構想7原則」を発表し、その第一に「大震災の記録を永遠に残し、広く学術関係者により科学的に分析し、その教訓を次世代に伝承し、国内外に発信する」ことをあげた。これを踏まえ、文部科学省は、「人文、社会科学分野を中心とする歴史の検証に耐え得る学術調査を実施する」ため、平成24年度から、東日本大震災学術調査に必要な予算を確保した。

　発災後、すでに予備的な調査を始めていた日本学術振興会は、これを受けて2012年4月、「東日本大震災学術調査委員会」（委員長：石井紫郎・東京大学名誉教授）を起ち上げ、広く社会科学諸分野にわたって90人をこえる研究者の参加を得て、8班からなる「学術調査実施委員会」を設置した。この8班とは、「政治・政策」班、「行政・地方自治」班、「科学技術と政治・行政」班、「マクロ経済」班、「環境経済と災害」班、「地域と絆（特に教育）」班、「大震災と国際関係」班、「メディア・ネットワーク」班である。

　調査実施委員会のメンバーは、今回の東日本大震災の被害がどのようなものであったか、そして復旧・復興に向かってどのような活動や努力が行われてきたかについて、できるだけ広く社会科学の諸分野の情報を集め、記録し、分析しようと努めてきた。その研究の結果は、本年4月から、本シリーズ『大震災に学ぶ社会科学』として刊行できる運びとなった。しかし、このシリーズで大震災・原発危機に関わる社会科学的な課題のすべてが網羅されているわけではない。今回とりあげることができなかった諸課題について、近い将来いっそうの調査研究が進み、災害と社会科学との関わりについての理解が深められていくことを期待するものである。

監修者　村松岐夫
　　　　恒川惠市

目次

シリーズ刊行によせて　iii

序章　東日本大震災と自治体 ……………………………………………… 1
　　　　　　　　　　　　　　　　　　　　　　　　　　　　　　　小原隆治

　1　震災と自治体　1
　2　復興の現状をどう見るか　6
　3　研究の概要　10

第 1 部　震災と自治体

第 1 章　自治体行政の「非常時」と「平時」
　……………………………………………………………… 23
　　　　　　　　　　　　　　　　　　　　　　　　　　　　　　　天川　晃

　はじめに　23
　1　相馬市の概要と背景　23
　2　初期の対応：最初の10日間　26
　3　中期的対応：避難所から仮設住宅へ　29
　4　復興会議と復興計画　34
　5　復興過程（1）　36
　6　復興過程（2）　39
　7　課題と展望　43
　おわりに　46

第2章　全町避難・全村避難と地方自治 …… 49

　　　　　　　　　　　　　　　　　　　　　　　　　阿部昌樹

　1　自治体にとっての「区域」と「住民」　49
　2　全町避難・全村避難と役場機能の区域外移転　52
　3　特例法による「例外」の創出　57
　4　「仮の町」構想　60
　5　避難住民の帰還の意思　64
　6　全町避難・全村避難が問いかけるもの　67

第3章　自治体の震災対応と職員意識 …… 73

　　　　　　　　　　　　　　　　　　　　　　　　　松井　望

　はじめに　73
　1　業務の変化への対応　75
　2　復旧時期の意識　77
　3　住民との接触と対応　79
　4　政府間での接触と認識　82
　5　復旧・復興の促進要因と職員体制　90
　おわりに　91

第2部 復興を担う組織と人

第4章 復興推進体制の設計と展開 …………………………………… 97
伊藤正次

1 復興庁の創設過程　97
2 復興庁の制度的特徴　102
3 復興推進体制の展開　106
4 復興推進体制の展望　116

第5章 被災自治体に対する政府の財政措置 …………………………………… 121
北村 亘

はじめに　121
1 政府の対応：政府はどの規模の財政措置を講じたのか　123
2 地方歳入での特徴：財源はどのように被災自治体に行き渡ったのか　126
3 地方歳出での特徴：財源はどのように被災自治体で使われたのか　132
4 地方債と基金での特徴：地方債の大量発行や基金の過度な蓄積はあったのか　134
5 受入自治体の財政：避難住民の受け入れは本当に財政的な負担なのか？　138
おわりに　142

第6章　災害ボランタリー活動の実際 …………………………………… 147
西出順郎

1　多様化・専門化する災害ボランタリー活動　147
2　災害 VC の動き　149
3　災害 VC・ボランティアを支える動き　154
4　NGO／NPO などの動き　158
5　今回の活動をめぐる問題　162

第7章　広域災害時における遠隔自治体からの人的支援 …………… 167
稲継裕昭

はじめに：東日本大震災と地方自治　167
1　現行地方自治制度と遠隔自治体からの人的支援：集権・非集権、情報集約・情報分散　169
2　東日本大震災時の人的支援　175
3　情報事前蓄積型人的支援体制の構築へ　184

第8章　県外避難者受入自治体の対応 …………………………………… 191
和田明子

1　はじめに　191
2　東日本大震災における県外避難者の状況　193
3　県外避難者に対する山形市・米沢市の対応　197
4　分析　205
5　結びに代えて　209

第3部　自治体の復興事業

第9章　復興計画の設計と運用 ………………………………………… 215
松井 望

　はじめに　215
　1　復興計画の設計　216
　2　復興計画の進捗と制約要因への対応　226
　おわりに　231

第10章　津波被災地における高台移転 ………………………………… 235
大谷基道

　はじめに　235
　1　東日本大震災における高台移転と防災集団移転促進事業　238
　2　防集事業と合意形成　249
　おわりに　255

第11章　仮設住宅と災害公営住宅 ……………………………………… 259
西田奈保子

　1　はじめに　259
　2　被災3県における仮設住宅及び災害公営住宅の供給状況　261
　3　仮設住宅の供給過程　265
　4　災害公営住宅の供給過程　275
　5　おわりに　283

第12章　震災復興における被災者住宅再建支援制度の展開

　　　　　　　　　　　　　　　　　　　　　　　　　　　　287

竹内直人

1　本章の視点　287
2　東日本大震災の建物被害と対応　290
3　生活再建支援から住宅再建支援へ　292
4　住宅再建支援制度の拡充と課題　297
5　むすび　306

第13章　瓦礫処理をめぐる自治体の行動選択

　　　　　　　　　　　　　　　　　　　　　　　　　　　　309

河合晃一

1　はじめに　309
2　東日本大震災と災害廃棄物　311
3　災害廃棄物処理をめぐる地方自治体の行動　314
4　事例分析：宮城県内における災害廃棄物処理　318
5　まとめと含意　325

索引　329
執筆者紹介　335

序章　東日本大震災と自治体

小原隆治

1　震災と自治体

1.1　震災による被害状況

　東日本大震災がもたらした災害の要因は、地震、津波、福島第一原子力発電所（以下、「福島第一原発」という）の事故の3つだといわれる。最初にそれら3要因から生じた被害の状況を簡単に確認しておきたい。

　表序-1は、2011年3月11日とそれに連続して発生した地震及び津波による人的・物的被害の状況をとりまとめたものである。まず人的被害を見ると、死者・行方不明者は約1.8万人に及ぶ。そのうち岩手・宮城・福島3県の死者・行方不明者が99.6％を占め、3県を母数とする構成比は岩手県が31.5％、宮城県が58.6％、福島県が9.9％である。次に物的被害のうち建物被害を見ると、全壊家屋は約12.8万戸、半壊家屋は約27.4万戸にのぼる。全壊家屋のうち岩手・宮城・福島3県のそれが96.8％を占め、3県を母数とする構成比は岩手県が15.5％、宮城県が67.2％、福島県が17.3％である。また、半壊家屋のうち同じ3県のそれが86.2％を占め、3県を母数とする構成比は岩手県が2.8％、宮城県が65.7％、福島県が31.5％である。

　表序-2は、福島第一原発の事故に伴う避難者数を2014年4、5月現在でとりまとめたものである。避難指示区域からの避難者数は約8万人で、それにかつて避難指示区域であった緊急時避難準備区域からの避難者数を合わせると約10万人に及ぶ。また、避難指示区域からの避難者も含め、福島県全体で同県内外に避難した人の数は約13.1万人に及ぶ。ただし、これは福島県に限った数値なので、そこに他県で自主的に避難した人の数まで加えると、避難者の総数は

2　序章　東日本大震災と自治体

表序-1　2011年東北地方太平洋沖地震の被害状況

災害種別		人的被害					建物被害									道路損壊	橋梁被害	山崖崩れ	堤防決壊	鉄軌道
		死者	行方不明	負傷者			全壊	半壊	流失	全焼	半焼	床上浸水	床下浸水	一部破損	非住家被害					
				重傷	軽傷	合計														
都道府県		人	人	人	人	人	戸	戸	戸	戸	戸	戸	戸	戸	戸	カ所	カ所	カ所	カ所	カ所
北海道		1			3	3		4				329	545	7	469					
東北	青森	3	1	26	86	112	308	701						1,006	1,402	2				
	岩手	4,673	1,132			213	19,107	6,609	33				6	18,601	4,368	30	4	6		
	宮城	9,538	1,258			4,145	82,993	155,125	135				7,796	224,161	28,164	390	12	51	45	26
	秋田			4	7	11								5	3	9				
	山形	2		8	21	29								21	96	21		29		
	福島	1,611	204	20	163	183	21,374	74,306	77	3		1,061	338	161,373	1,269	187	3	9		
東	京	7		20	97	117	15	198	1					4,847	1,101	295	55	6		
関東	茨城	24	1	34	678	712	2,628	24,356		31		1,799	779	186,479	20,000	307	41			
	栃木	4		7	126	133	261	2,118						73,512	296	257		40		2
	群馬	1		14	28	42		7						17,679		36		9		
	埼玉			7	38	45	24	199		1	1		1	1,800	33	160				
	千葉	21	2	29	229	258	801	10,131		15		157	731	54,991	660	2,343		55		1
	神奈川	4		17	121	138		41						459	13	160	1	2		
	新潟				3	3								17	9					
	山梨				2	2								4						
	長野				2	1														
	静岡			1	2	3							5	13						
中部	岐阜															1				
	三重											2				9				
四国	徳島											2	9							
	高知				1	1						2	8							
合計		15,889	2,598			6,152	127,511	273,795	297			3,352	10,218	744,975	57,891	4,198	116	207	45	29

（注）1.　未確認情報を含む。
　　　2.　3月19日に発生した茨城県北部を震源とする地震、4月7日に発生した宮城県沖を震源とする地震、4月11日に発生した福島県浜通りを震源とする地震、4月12日に発生した福島県中通りを震源とする地震、5月22日に発生した千葉県北東部を震源とする地震、7月25日に発生した福島県沖を震源とする地震、7月31日に発生した福島県沖を震源とする地震、8月12日に発生した福島県沖を震源とする地震、8月19日に発生した福島県沖を震源とする地震、9月10日に発生した茨城県北部を震源とする地震、10月10日に発生した福島県沖を震源とする地震、11月20日に発生した茨城県北部を震源とする地震、2012年2月19日に発生した茨城県北部を震源とする地震、3月1日に発生した茨城県沖を震源とする地震、3月14日に発生した千葉県東方沖を震源とする地震、6月18日に発生した宮城県沖を震源とする地震、8月30日に発生した宮城県沖を震源とする地震、12月7日に発生した三陸沖を震源とする地震、2013年1月31日に発生した茨城県北部を震源とする地震及び10月26日に発生した福島県沖を震源とする地震の被害を含む。
（出所）警察庁緊急災害警備本部広報資料（2014年10月10日）による。なお、同資料は警察庁のホームページ上で1カ月ごとに更新され、最新版だけが閲覧できる。

さらに膨らむ。

1.2　基礎自治体の役割

　防災法制の基盤をなすのは、憲法をおくとすれば、何より1961年11月制定の災害対策基本法だといっていいだろう。同法は第2条第2号で防災について「災

表序-2　福島第一原発事故による避難者数

避難指示区域等からの避難者数	
避難指示区域等からの避難者数	約10.0万人
避難指示解除準備区域	約3.2万人
居住制限区域	約2.3万人
帰還困難区域	約2.5万人
旧緊急時避難準備区域	約2.0万人

＊　市町村からの聞き取った情報をもとに、原子力被災者生活支援チームが集計（2014年4月1日時点）

福島県全体の避難者数	
福島県全体の避難者数	約13.1万人
（避難指示区域からの避難者も含む）	
(1)福島県内への避難者数	約8.4万人
(2)福島県外への避難者数	約4.7万人

＊　福島県発表「平成23年東北地方太平洋沖地震による被害状況速報（第1188報）」（2014年5月15日時点）

（注）　2011年3月11日に福島第一原発で事故が発生したのち、国の原子力災害対策本部長（内閣総理大臣）が原子力災害対策特別措置法に基づく避難ほかの指示を発した経過の骨子は、概ね次のとおりである。表中にある「避難指示区域」をはじめ、「避難指示解除準備区域」「居住制限区域」「帰還困難区域」「旧緊急時避難準備区域」の意味するところについて、この経過説明を参照されたい。
　①3月11日の事故直後に、発電所から半径3km圏内の住民は避難、3～10km圏内の住民は屋内退避するよう指示した。
　②3月12日に避難指示の区域を半径10km圏内、さらに20km圏内に拡大した。また、3月15日に半径20～30km圏内の住民は屋内退避するよう指示した。
　③4月21日に半径20km圏内を災害対策基本法に基づく警戒区域（原子力災害対策特別措置法に基づく避難指示区域とは異なる区域概念）としても設定するよう指示した。また、翌22日に半径20～30km圏内の屋内退避指示を解除し、それに替えて計画的避難区域、緊急時避難準備区域を設定するよう指示した。
　④9月30日に緊急時避難準備区域を解除するよう指示した。
　⑤12月26日に警戒区域は基本的には解除の手続きに入ることが妥当であるとするとともに、半径20km圏内の区域とその圏外にある計画的避難区域を帰還困難区域、居住制限区域、避難指示解除準備区域に設定し直すよう指示した。
　なお、原子力災害対策本部長によるこれらの指示は、現場の市町村長に対し、住民に向けて避難指示やその前提となる区域設定をせよと求める指示である。この点、本文ですぐのちに述べる。

（出所）　内閣府編著（2014）138頁より筆者作成。

害を未然に防止し、災害が発生した場合における被害の拡大を防ぎ、及び災害の復旧を図ることをいう」と定義する。そのうえで第3～5条により国、都道府県（以下、「府県」という）、市町村の責務を定め、国―自治体が連携して防災にあたると同時に、対策に取り組む責務が第一義的には現場の市町村にあることを法の原則にうたっている（津久井（2012）33頁）。すなわち、第5条第1項は、市町村は「基礎的な地方公共団体として」防災行政にあたる責務を有するとし、また、第2項は、市町村長は「市町村の有する全ての機能を十分に発揮するように努めなければならない」と定める。

災害対策基本法のこうした規定のしかたは、制定当初から今日に至るまで全く変わっていない。また、同法に基づく市町村の仕事は、やはり制定当初から一貫して、事務区分でいうと自治事務に位置づけられていることも指摘しておきたい。

原発事故対応の根拠法となる1999年12月制定の原子力災害対策特別措置法は、この災害対策基本法を土台とし、原子力災害対策特別措置法独自の定めを置くほか、同法第28条第1～3項に掲げる表により、災害対策基本法の規定を読み替えて適用する仕組みをとっている。つまり、一般的な災害に対するのと同じく、原発事故対応にあたっても、市町村が防災の第一義的な責務を負うのが制度の原則である。

具体例を挙げれば、住民に対する事故後の避難指示やその前提となる避難指示区域の設定、さらに警戒区域の設定は市町村の仕事である。国の原子力災害対策本部長（内閣総理大臣）は、現場の市町村長に対し、住民に向けて避難指示等の行為をせよと求める指示を発するにとどまる。また、市町村長による避難指示等の行為は市町村の自治事務であるので、市町村が国からの指示を待つ必要はないし、指示が出されたあとにそのまま従う義務もない。実際、福島第一原発周辺の多くの市町村では、国の避難に関する指示よりもいち早く、また、国の区域設定よりも広い範囲で、住民の避難を進めたことが観察されている（今井（2013a）196-199頁；今井（2014）38-49頁）。

もっともその一方で、防災法制を構成する個別の法律に即して見ると、防災行政が一貫して市町村第一主義によっているとは言い切れず、国、府県、市町村の行政が相互に融合する側面を持っていることがわかる。例えば、避難所や仮設住宅の設置・運営など、災害後の救助活動に関して根拠法となっている1947年10月制定の災害救助法である。

災害救助法制定時の第22条第1項、現行の第2条によれば、救助を行うのは府県知事の役割で、事務の性格は、1999年7月の地方分権一括法制定以前は国から府県知事への機関委任事務、以後は国から府県への法定受託事務である。また、災害救助法制定時の第30条、現行の第13条第1項により、府県知事による救助を市町村長が代わって行うことができるが、事務の性格は、地方分権一括法制定以前は国から府県知事への機関委任の市町村長への再委任事務、制定

以後は国から市町村への法定受託事務である。地方分権一括法の制定に伴い、府県知事による救助を市町村長が補助する事務に関して災害救助法第30条第2項に規定を追加し、それが現行の第13条第2項に引き継がれているが、事務の性格はやはり国から市町村への法定受託事務である。

　このように災害対策基本法と災害救助法は、いわばねじれた関係にある。そしてそのねじれは、特別法が一般法に優先する法の原則に従い、災害救助法を優先的に適用することによって解消される（津久井（2012）23、29頁；塩崎（2014）164-165頁）。

　国―自治体の行政が融合する特色は、それを税財政面から観察するといっそう明らかになる。国―自治体の財政は平時から密接に結びつき、国に財源が集中する一方で、支出は自治体に分散する。近年の傾向を踏まえて概括的にいえば、歳入面では概ね国税収入6：地方税収入4の比であるのに対して、歳出面ではそれが逆転して国支出4：地方支出6の比になる。地方収入の不足は国から自治体への移転財源、つまり個別補助金と地方交付税によって埋め合わされる仕組みである（持田（2013）16-21頁）。大規模災害後の非常時にあっては、被災地自治体なかでも市町村が自前の財源だけで対応することは不可能に近いので、国からの移転財源に依存する割合が平時よりいっそう高くなると考えられる。

　以上をまとめると、防災行政は市町村第一主義を基本原則にすると同時に、個別行政面や税財政面では市町村が自前の資源だけに依拠するのでなく、国や府県とかなりの程度まで連携または融合してことにあたる体制になっていると見ていい。

　そうした体制のなかで、現場の市町村は被災住民と向き合い、次のようないくつもの仕事を進めなくてはならない。一般的な例でいえば、発災直後の時期にあっては被災状況に関する情報収集、傷病者の救急救命、消防、避難所の設置・運営、安否確認、罹災証明の発行、救援物資・災害弔慰金・義援金の配分、上下水道の復旧、遺体の埋火葬などがそれである。また、その後の時期にあっては仮設住宅の設置・運営、災害廃棄物処理（瓦礫処理）、住宅・町並み再建や道路・港湾ほかの基盤施設再建によるまちづくり、雇用・所得面から生活を支える生業再建などがそれである。住宅再建を軸とするまちづくりでは、土地

区画整理事業、防災集団移転促進事業（高台移転）、災害公営住宅の建設、被災者による住宅自主再建への支援が制度・政策の基本になる。

2　復興の現状をどう見るか

2.1　復興進度の基準と現状

　2011年3月11日から半年後、1年後といった節目節目に、津波ですべてが洗い流されたままに見える沿岸部被災地の光景がメディアを通じて伝えられ、そこに「あれから何も変わっていない」と嘆息するコメントが添えられるのをこれまで何度も目にし、耳にしてきた。復興は進んでいるのだろうか。その測り方をどう考えたらいいのだろうか。

　確かに総じて被災地の風景は、震災から数年を経ても、それほど大きく変わっていないように映る。しかし、風景を変える自治体の仕事つまりまちづくりには、そもそも平時であっても相当長期に及ぶ期間を要する（金井（2014）19頁）。事業に関わる当事者個別の利害関係が多岐にわたり、その権利調整を進めながら、全体として最適なまちづくりに結びつけるのが容易ではないからである。そしてその進捗過程は部外者の目に見えにくい。土地区画整理事業を例に説明したい。

　表序-3から、区画整理事業の施行期間が全体として、また、施行者別にどれくらいであるかが読み取れる。施行地区数と地区面積の点で主要な施行者といっていい土地区画整理組合（表中では組合）と自治体（同じく公共団体）に目を向けると（国土交通省都市局市街地整備課監修（2014）15頁）、組合施行の平均施行期間は5.1年、自治体施行のそれは7.9年に及ぶ。自治体施行では、10年以上の期間を要する例も3割近くにのぼる。東日本大震災のあと2012年度までの期間に被災地で進められる区画整理事業は23件あるが、そのいずれもが自治体施行である（国土交通省都市局市街地整備課監修（2014）6頁）。

　復興を測る客観的かつ明快な基準として、被災地の人口回復率に注目する考え方もある（Aldrich（2012）passim）。だが、東日本大震災の被災地では、かねてから多くの地域で過疎化が進行していたうえ、震災によって次のような特

表序-3 施行者別施行地区数・施行期間の状況（2008～2012年度認可地区）

施行者	地区数	平均施行期間（年）	施行期間（年）													
			1以下	2	3	4	5	6	7	8	9	10	11	12	13	14	15以上
合　計	343	4.9	40	54	33	65	33	34	26	11	19	5	6	3	2	5	7
個人・共同	85	2.5	27	31	7	14	3	1	—	1	—	—	—	—	—	—	1
組合	176	5.1	3	21	24	39	25	22	20	6	9	1	2	—	1	1	2
公共団体	63	7.9	2	1	1	10	5	10	6	3	7	3	3	3	1	4	4
行政庁	—	—															
機構等	19	4.2	8	1	1	2	—	1	—	1	3	1	1	—	—	—	—

(注)　1．対象地区は、全346地区中不明等を除いた343地区。
　　　2．施行期間は、認可公告年度から事業終了あるいは終了予定年度までの期間をいう。
(出所)　国土交通省都市局市街地整備課監修（2014）15頁による。

別に困難な事情が生まれた。つまり、沿岸部被災地のなかでも三陸一帯では、もともと地勢的に海側中心に限られていた可住地が津波被害によっていっそう狭隘化した。また、原発事故被災地では、2014年10月現在でも6町村の全域が避難指示区域に指定されるなど、可住地をほとんど全くか相当程度失った状態にある。こうした物理的制約がただでさえ容易でないまちづくりの進展をいっそう遅らせ、人口回復を妨げる大きな要因になっている。少なくとも東日本大震災の被災地全域に関して、人口回復率で一律に復興を測ることには無理があるように思える。

　そこで目を転じて、復興事業に関わる当事者が事業進度について主観的にどう捉えているかを考えてみたい。本巻を担当する行政・地方自治班では、岩手・宮城・福島3県と、3県内の沿岸部37市町村の課長級職員計1325名に対してアンケート調査を実施した（有効回収率76.8％）。その回答結果から関連する箇所を抽出するとどうなるかである。

　表序-4は、震災後に住民からの要望を受けた程度、要望に応えられた程度に関して、職員に尋ねた結果をまとめたものである。なかでも市町村職員の回答結果に着目すると、岩手・宮城両県内の27市町村については、概ね6～7割が要望を非常に／かなり多く受け、3～4割があまり／全く受けなかったとし、それに正比例して6～7割が要望に十分に／かなり応えられ、3～4割があまり／全く応えられなかったとしている。その一方、福島県内の10市町については、概ね8割が要望を非常に／かなり多く受け、2割があまり／全く受けなかっ

表序-4　住民からの要望と自治体職員の対応

〈震災後の3年間に住民からの直接の問い合わせ、依頼、要求を受けた程度〉　　　　　　　　　　　　　　　(％)

	非常に／かなり多く受けた	あまり／全く受けなかった	無回答		非常に／かなり多く受けた	あまり／全く受けなかった	無回答
岩手県内12市町村	65.2	33.2	1.6	岩手県	45.8	53.0	1.2
宮城県内15市町	68.1	31.9	—	宮城県	51.9	46.2	1.9
福島県内10市町	80.0	20.0	—	福島県	57.1	42.8	0.8
合計	69.8	29.8	0.4	合計	52.4	46.3	1.3

〈住民からの具体的な要求に応えることができたか〉　　　　　　　　　　　　　　　　　　　　　　　(％)

	十分に／かなり応えられた	あまり／全く応えられなかった	無回答		十分に／かなり応えられた	あまり／全く応えられなかった	無回答
岩手県内12市町村	64.7	33.5	1.7	岩手県	69.4	30.6	—
宮城県内15市町	59.2	37.3	3.5	宮城県	49.4	49.4	1.1
福島県内10市町	38.3	59.6	2.1	福島県	38.9	56.6	4.4
合計	56.2	41.1	2.7	合計	50.4	47.4	2.2

(出所)　日本学術振興会東日本大震災学術調査〈行政・地方自治班〉が実施した「災害と行政システムに関するアンケート調査」の結果をもとに筆者作成。

たとし、それに反比例して4割が要望に十分に／かなり応えられ、6割があまり／全く応えられなかったとしている。

　もちろん、当事者として自治体職員だけを取り上げ、その意識調査をもとに十分な考察と結論が導き出せるわけではない。だが当面の見通しとしてなら、その多くが原発事故被災地にある福島県の自治体を一応除いて、被災地自治体なかでも市町村は住民要望の度合いに比例し、それによく応えて仕事を進めたと考え得るのではないか。仮に現時点で目に見えるまちづくりの成果にまで結びついていない場合があるにしても、現地の復興に着実に貢献していると見なせるのではないか。

　おそらくこの見通しは、本章に続く各章での個別の切り口に即した分析を通じて丹念に検証されるだろう。本章を除く各部、各章の概要は次節に示すとおりである。

2.2　平成大合併の影響

　復興の現状を考えるうえで見逃すべきでないものの、本巻では主題的に取り組めなかった問題がいくつかある。そのなかでも重要と思えるのは、平成の市町村合併が現地の復興事業にいかなる影響を及ぼしたかである。この問題をどのような手順で考えるべきかについてだけ、ここで簡単に述べておきたい。

　平成大合併の影響に関しては、それが復興事業に正の方向で働いたとするものと、負の方向で働いたとするものとに、研究者の間でも評価が大きく分かれている。前者の例として河村（2014）192-208頁、後者の例として室崎・幸田編著（2013）、今井（2013b）を挙げておく。

　問題状況を整理すると、一方では広域合併の結果、1つの自治体のなかで津波により大きな打撃を被った地域に対し、他地域から支援の手を差し伸べる余力があったために、打撃を被った地域でも復興事業が円滑に進んだと語られる。その事例として、しばしば岩手県宮古市が取り上げられるので、これを「宮古問題」と呼んでおきたい。他方では広域合併の結果、自治体による中心地域本位の行政運営と周辺地域の切り捨てが進み、周辺地域での復興事業に支障を来したと語られる。その事例として、しばしば宮城県石巻市が取り上げられるので、これを「石巻問題」と呼んでおきたい[1]。

　問題の適切な考え方はおそらくこうだろう。宮古問題は、それが単一自治体内の地域間連携による取り組みであったからこそ円滑にことが運んだといえるかどうか。自治体間連携では対応不可能なのかどうか。不可能なことが一般的に証明された場合に、合併は復興に正の影響をもたらしたと考えることができるだろう。石巻問題は、それが合併によって必然的にもたらされた結果といえるかどうか。行政上、政治上の自治体内分権、つまり支所・出張所や、地域審議会・地域自治組織などの仕組みと働きで問題解決を図ることが不可能なのかどうか。不可能なことが一般的に証明された場合に、合併は復興に負の影響をもたらしたと考えることができるだろう。

1　宮古問題と石巻問題の具体的な実状については、『朝日新聞』2011年5月30日、『読売新聞』2011年7月27日、『河北新報』2011年10月16日、同2012年3月18日を参照されたい。また、宮古市のなかにも石巻問題、石巻市のなかにも宮古問題があるとされることについて、仁平（2012）、『河北新報』2011年10月16日を参照のこと。

平成大合併を後追いし、総務省主導で自治体職員の定員削減を進めた集中改革プランの影響についても付言しておきたい（小原（2013a）；小原（2013b）220-221頁）。

集中改革プランの結果、全国の自治体では2005～2009年度の期間中に、概ね府県で161万人中5.3％、指定都市で27万人中10.6％、指定都市を除く市区町村で106万人中9.9％の定員削減が実施された（総務省（2010））。被災地自治体にあっては、同期間中に職員数が縮減したところに東日本大震災の直撃を受け、新たに生じた災害対応業務により職員不足が顕著になったために、他の自治体から支援を受ける必要が高まった[2]。被災地自治体の仕事を他の自治体から派遣された職員が担う「自治体連携元年」[3]の実績を生んだ促進要因には、こうした集中改革プランの影響もあったと見るべきである。他方また、集中改革プランによって職員数が縮減したのは、全国どこの自治体でも同じことである。被災地以外の自治体にとっては、それが被災地自治体への職員派遣を手控えさせる抑制要因として働いていると考えられる。

3　研究の概要

3.1　本巻の概要

本巻は3部で構成する。本章に続く第1部では、震災後、自治体が具体的にどのような取り組みをしたか、原発事故が自治体にいかなる問題をもたらしたか、さらにアンケート調査結果をもとに、復興にあたる現場の職員が日々の仕事から何を感じていたかを論じる。本巻全体の導入部分にあたる内容である。

第2部は復興を担う組織と人に着目する。その際、国―自治体の関係、自治体―自治体の関係つまり政府間関係と、自治体―住民、自治体―ボランティア

---

[2] もちろんそこには、被災地自治体で少なくない職員が死亡した例を含めて被災した事情も働いている。

[3] 「自治体連携元年」は、阪神・淡路大震災が起きた1995年を「ボランティア元年」とする表現にならって、2011年をそう呼んだものである。出所は神谷（2011）であろう。神谷・桜井（2013）も参照されたい。

の関係を考察の基本枠組みとし、その枠組みのなかで震災後に組織と人がどう動いたか、関係性に変化が見られたかを検討する。最初の2つの章が主に国レベルの行財政対応に視点を置くのに対して、あとの3つの章は主に自治体レベルの行財政対応に力点を置いて考察を進める。

第3部は自治体の復興計画と復興事業に注目する。復興事業のなかでも、特に重点的に取り上げるのは被災住民に対する住宅供給・再建事業である。復興計画の策定や復興事業そのものの進捗状況はどうであったか、復興事業を進めるにあたってどのように政策選択や政策展開がなされたか、そこに自治体間で違いが見られたとしたらその要因は何であったかが検討される。ここでも重要な視点となるのは、国―自治体、自治体―自治体の政府間関係の枠組みから何がいえるかである。

以下、各部ごとに各章の内容をもう少し詳しく紹介する。

3.1.1 第1部 震災と自治体

第1章は、地震、津波、原発事故の3要因による災害をすべて体験した福島県相馬市に対象を絞り、自治体がどのような課題にどう対応したかを多面的に観察する。災害対策本部の設置から被災者の仮設住宅への入居、復興計画の策定・実施へと課題が順次変化するにつれて、行政運営の非常時態勢は次第に平時の態勢に戻り、発災からほぼ1年後には2つの態勢が併存する状態になった。一方、国の復興関連予算は現場の対応に遅れて組まれがちなので、発災1年後の2012年度に自治体予算が大幅に拡張し、財政運営の非常時を迎えることとなった。

さらにまた、相馬市の例から、平時と非常時には連続した面が観察できるとする。発災後に、古くは相馬藩時代から培われた報徳仕法の精神的遺産がたびたび喚起され、他方、新しくは2001年以降の首長のリーダーシップや、行財政改革を通じて職員の間に培われた経営感覚が災害対応に生きるなど、非常時対応の基礎には平時の経験の蓄積があったといえるからである。

第2章は、福島第一原発の事故が極めて困難な問題を提起したと捉える。現行法制を前提とすれば、「区域」「住民」「法人格と自治権」の3要素は自治体の存立に1つも欠かせないが、原発事故に伴う避難により「区域」に「住民」

のいない町村が現れたからである。それに対応して原発避難者特例法を制定し、避難住民が避難先自治体で所定範囲の行政サービスを受けられるようにする措置が講じられた。さらに全町避難している町のいくつかにより、避難している間、住民の多くがまとまって暮らすこととする「仮の町」構想が提唱された。

　これらの立法措置や構想には、もともと暮らしていた場所にいずれは戻りたいと願う避難者の意思を持続させ、より強めさえする効果や意図があると考えられる。しかし現実には、避難の長期化とともに、帰還を望む住民が徐々に減少しているのが実状である。それを踏まえるなら、全町・全村避難した町村の復興を進めるためには、今後、新たに住民となる者を呼び込み、発災前からの住民と新住民をともに復興の担い手と位置づける構想を描くことが必要だろうと論じる。

　第3章は、行政・地方自治班が被災3県と沿岸部37市町村の課長級職員に対して実施したアンケート調査の結果をまとめ、他章で展開される議論と関連の深い論点を提示する。アンケート結果の特徴は、次の3点に大別できる。

　第1に、自治体職員の業務執行のあり方である。被災後の非常時の仕事の執行にあたっても、その基礎にあるのは被災前の平時の職員体制である。第2に、政府間関係の視点から見えることである。復興関連の制度設計や財源手当てという点で、国の役割はもちろん大きい。だが、市町村職員が復興業務のため、最も頻繁に接触しているのは国ではなく県であり、巷間語られるように県の役割が空洞化したとはいいにくい。第3に、復興を担う職員像である。復興過程では、首長のリーダーシップや職員一人ひとりの意欲といった精神的な要素が重視される傾向にある。他方、人手不足の現地で応援要員として特に必要なのは、専門的な技能や知識のある職員だという。そこから浮かび上がるのは、「精神」と「専門性」の両面を備えた職員像である。

3.1.2　第2部　復興を担う組織と人

　第4章は、民主党政権時に「ねじれ国会」の下で創設された復興庁に焦点を当て、復興推進体制の展開過程を分析する。復興庁の組織目標には、復興政策を実施するうえで「司令塔」の機能を果たすとともに、被災地自治体の要望等に国として「ワンストップ」で対応する一元的な窓口役を務めることがうたわ

れた。また、自公両党への政権交代後に、この「司令塔」機能と「ワンストップ」対応はさらに充実強化すべきものとされた。しかし復興庁には、国の他府省との関係では、各府省の寄り合い所帯とならざるを得ない側面があり、自治体との関係では、「市町村主体の復興」という復興政策の基本理念によって条件を課されている側面がある。

　復興庁に現実に求められているのは、「司令塔」機能や「ワンストップ」対応というよりむしろ、他府省や自治体と連携し、多機関連携のいわばハブ機能を果たすことによって、被災地における地方自治の尊重と復興加速化という二重の課題に対処していくことではないかと指摘する。

　第5章は、国の財政対応が被災地自治体の財政に与えた影響を分析する。震災後に政府与党、財務省、総務省の3者による交渉を経て、国債発行ではなく、増税と歳出削減を通じた大規模な財政出動の方針が決まり、実際、2011年度から迅速に補正予算等が組まれた。また、国の予算のうち地方交付税や補助金で自治体に移転する財源については、財源の使途をできるだけ自治体の裁量に委ねたうえ、自治体が取り崩し型基金方式により、複数年度にわたって財源を活用できるようにした。そこからすれば、国の財政対応の遅さと不適切さを批判する巷間よく見られる指摘は、必ずしも当を得たものといえない。

　他方、これを地方歳出入の側面から見ると、基金方式を通じて国から県へ、次いで県から市町村へと資金が行き渡ったこと、県や市町村の基金が順に膨張するのはその結果であると同時に、おそらく自治体の職員不足や住民の合意未形成を要因とする事業の先延べが影響していること、阪神・淡路大震災の際と異なり、被災地自治体が地方債の大量発行により後年度負担に苦しむ状況にはないことが観察できるとする。さらに、福島第一原発の事故発生後、全町避難した大熊町の住民を受け入れた会津若松市の財政を検証する。

　第6章は、阪神・淡路大震災をきっかけに大きく広がったとされる被災地支援のボランティア活動に関し、東日本大震災の場合に実状はどうであったかを考察する。特徴は、大別して3点にまとめられる。

　第1に、地元の社会福祉協議会を担い手とする災害ボランティアセンターの定着である。阪神・淡路大震災時の負の経験を生かして、今回、被災市町村のほとんどで発災後に災害ボランティアセンターが設置され、個人ボランティア

の受け入れ調整機能を担った。第2に、ボランティア活動を支えるためのボランティア活動の進展である。そこには、各地の災害ボランティアセンターの運営に対する支援や、ボランティア・バスツアーの企画・催行、現地宿泊施設の設営などが含まれる。第3に、国内外の専門性の強いNGO、NPOや、弁護士、医師などの職能団体による技能を生かした支援の展開である。それらの団体間には、現地で連携組織を設け、情報共有や活動調整を試みる例も見られたという。

第7章は、今回の震災対応に見られた特徴的な動きであり、かつ重要な成果を挙げたといっていい遠隔自治体から被災地自治体への職員派遣を取り上げて検討する。発災直後から個別自治体間で防災協定等に基づく職員派遣が行われたが、それは自発的な連携であるがゆえに支援の網から漏れる地域も数多く生じた。そこで総務省、全国市長会、全国町村会が被災地自治体と職員派遣元自治体の間に立ち、非集権的な形で調整を進める方法がとられた。だが、そこにも難点があった。双方の側の自治体の情報集約とマッチングに時間を要し、その間に被災地自治体のニーズが変化してしまうことが多かったからである。

消防・警察のように災害時の国の指示権が法律に規定されているケースでは、集権的な方式で円滑に人的支援を行うことができる。他方、災害派遣医療チームDMATのように、国に指示権がなくても、事前に蓄積した情報によって円滑に支援を行える例がある。今後、自治体の一般職員については、DMAT方式を参考にして広域的な人材データベースを作成し、次の大規模災害時の人的支援に備える必要があると論じる。

第8章は、山形県山形市と米沢市が震災後に他県から山形県へと逃れた県外避難者、なかでも福島第一原発の事故発生後に避難指示は受けていないものの、放射線の影響を恐れて逃れた自主避難者を多数受け入れた事実に注目する。

なぜ両市には自主避難者が多く集まり、また、両市は自主避難者に対して他の県外避難者と同じように支援をしたのか。それは、山形県が国の制度的・財政的な承認と支援措置を得たうえで、福島県からの自主避難者も借上げ仮設住宅への入居対象者としたこと、避難者支援の現場では、目の前にいる県外避難者をあれこれ区別して対応するのが現実的でなかったことによるとする。さらに、両市が住民票を異動したかどうかにかかわらず、なぜすべての県外避難者

に対して同じように支援をしたのか。それは、原発避難者特例法が狭義の原発「避難住民」だけでなく、住民票を異動しない他の避難者に関しても、国の制度的・財政的な承認と支援措置を保証すると読める内容を持っていたこと、その内容が山形市の決断を促したこと、米沢市の場合は山形市の決断がきっかけとなり、「相互参照」の機制も働いたことによるとする。

3.1.3　第3部　自治体の復興事業

　第9章は、被災市町村の復興計画を取り上げ、まずその設計に関して、総合化、並立化、標準化の3つの特徴が見られるとする。総合化とは、国がマクロで確保した潤沢な復興財源を個々の市町村としてはミクロで確保する必要に迫られたこと、従来の総合計画と同様に審議会方式で策定したことから生じた傾向をいう。並立化とは、復興計画が一方では総合計画、他方では東日本大震災復興特区法に基づく復興整備計画等と並立する状態をいう。標準化とは、国と自治体が考え方を相互に参照するなかで、各市町村の復興計画の達成年限が10年に収斂したことをいう。

　次に復興計画の運用に関して、事業により進行に遅れが生じているのは、国の復興交付金の自由度不足、被災市町村の職員不足、事業成果の把握の困難さという3つの制約要因によるものだとする。とはいえ市町村は、復興交付金を確保するために平時の手法と経験を生かし、事業採択率を高める工夫をするなどの対策を講じている。最後に、総じて復興計画の設計面でも運用面でも、震災前の日常的な行政対応の蓄積が震災後の行政対応の土台になっている様子が観察できると指摘する。

　第10章は、仮設住宅のあとに用意される住宅再建の主な事業手法をまず概観したのち、津波被災地での住宅再建に関して2つの問いを投げかける。1つは、なぜ被災地自治体が国の防災集団移転促進事業により、高台移転を進める路線を選好したかである。もう1つは、同事業を実施するうえで、住民の合意形成が円滑に進む場合と進まない場合の違いがどのように生じたかである。

　1つ目の問いについて、自治体が住宅再建に求めた条件は「津波の届かない高台への移転」「被災した元の居住地への再居住禁止」「集落単位での移転によるコミュニティ維持」の3つであり、それらをすべて満たすのが防災集団移転

促進事業であったとする。また、同事業がコストのかかる高台移転に一定の条件を付すことで、結果として歳出抑制効果を持つ点に国が着目し、やがては財政面等の支援措置を拡充したことも同事業の促進要因になった。2つめの問いについて、現地の住民参加や自治体の努力の度合いが、合意形成の成否に大きな影響を及ぼす。その一方で、防災集団移転促進事業はかつて山村の小集落向けに創設された施策であり、それを震災後の大規模移転に適用し、住民合意を得ようとするところに、もともと無理があったのではないかと指摘する。

第11章は、発災後3年半の間に、岩手・宮城・福島3県で仮設住宅さらに災害公営住宅がどう供給されたかをまず概観する。そのうえで、福島県の政策過程には他県に見られないいくつかの特徴が観察できるとし、なかでも次の2点に着目する。1つは、従来どおりの建設仮設住宅に比べ、今回施策として新規に認められた借上げ仮設住宅がより多く供給されたことである。もう1つは、原発事故後に避難指示区域から逃れた住民向けの災害公営住宅を原則的に市町村営とせず、県営とする方針に途中で切り替えたことである。

前者の点は、福島県がいわき市や双葉郡内町村の意向も受け、被災者自ら契約した民間住宅を県の借上げ仮設住宅とみなす特例措置にいち早く踏み切ったこと、それをすぐに厚生労働省が承認したことが重要な契機になっている。後者の点は、原発避難者向け公営住宅の立地や供給戸数に関し、広域的な観点から福島県が調整にあたるべしとする考えを県と県内市町村とで共有したことが大きな要因になっている。総じてこれらの政策過程を通じ、国、県、市町村の行政には互いに融合する面と、自律的に動く面が見てとれると述べる。

第12章は、自治体の被災者住宅再建支援制度を取り上げて検討する。同制度は、市町村がすでにある国の被災者生活再建支援制度を土台として設けたものである。

制度創設にあたって、被災住民の強い住宅ニーズのほかに2つの要因が働いたとする。1つは、被災地自治体に国から潤沢な財政支援措置が講じられたことである。もう1つは、防災集団移転促進事業と被災者生活再建支援制度がともに住宅再建支援策の性格を持ちながら、両者の間に補助金格差が存在したことである。つまり、被災住民に対する後者の補助金上限額は、前者のそれの半分以下にとどまる。そこで国の財政支援措置の一部が市町村の被災者住宅再建

支援制度に充てられ、同制度を通じて補助金格差が実質的に解消された。同時にこの方式により、国としては、個人の財産形成に直接補助をしないとする従来の財政原則から逸脱しない姿勢を維持できた。そこに国と自治体が相互に依存し、融合する日本の行政体制の特質が現れている。もっとも、この制度は特に財政負担の面で持続可能性に乏しいため、将来の大規模災害に備えるなら、別の制度を構想する必要があると論じる。

　第13章は、被災地自治体が災害廃棄物処理をどのように進めたか、また、市町村により行動選択に違いが見られた要因は何かに焦点を当てて考察を進める。

　もともと廃棄物処理法により一般廃棄物の処理責任は市町村にあり、それを投影して災害廃棄物の処理責任も市町村にあるとの解釈がなされていた。発災後に定められた災害廃棄物処理特別措置法はその原則を踏襲している。しかし、震災後の廃棄物は量が膨大であるうえ、その大半は市町村が処理する責任も経験も持たない産業廃棄物であった。そこで国のお墨付きも得て災害廃棄物処理を県に事務委託する道が開かれ、その結果、多くの市町村が県への委託を進めた。もっとも、なかには宮城県仙台市や東松島市のように、全部またはほとんどの廃棄物を市町村で独自処理する例もあった。両市はどちらも地元建設業協会と密接に連携し、事業計画や書類の作成などの事務処理の面でも協会から支援を得られる関係にあった。同時にまた、両市は災害廃棄物処理を地元経済の復興と結びつけて捉える意識が強かった。そうした共通要因が災害廃棄物を独自処理する道に向かわせたのではないかと述べる。

3.2　研究調査日誌

　最後に、行政・地方自治班の調査研究の足取りを簡単にまとめておきたい。

　本班は2012年度から3年の期間中、構成メンバーによる報告をもとにした研究会を9回開催し、それと同時並行して各方面、各地での関係者へのインタビュー調査や資料収集をたびたび行った。また、すでに触れたとおり、被災3県と沿岸部37市町村の課長級職員に対するアンケート調査を実施した。

　インタビュー調査の対象者の数は延べ約110名に及び、その範囲は国や自治体の議員・首長・職員、法曹関係者、現地の社会福祉協議会職員、NPO等の法人役職者、農家、漁業者、商店経営者、ソーラー発電等のエコビジネス起業

関係者、地元自治会長などと多岐にわたっている。そのうち行政・地方自治班が特に力点を置いて調査対象とした官公庁関係者や、二度まで取材協力を得た調査対象者について、その属する組織・団体名を列挙すると、内閣府、内閣官房、復興庁、総務省、防衛省、アメリカ大使館、岩手県、盛岡市、宮古市、大槌町、釜石市、陸前高田市、SAVE IWATE、宮城県、南三陸町、石巻市、福島県、相馬市、南相馬市、双葉町、楢葉町、いわき市、相馬双葉漁業協同組合、中島ストア、埼玉県、加須市、長岡市である。このほかに、本班の構成メンバーそれぞれが個人的に実施したインタビュー調査も相当数にのぼる。

　これらのインタビュー調査から得た成果は、本巻の随所に直接・間接に生かされている。何より、本班構成メンバーが震災復興の当事者に接することからしか得られない現場感覚を多少なりとも吸収し、また、それを土台として共通の問題意識を形成していくうえで、インタビュー調査は極めて大きな役割を果たしたように思える。先の職員アンケート調査とあわせ、インタビュー調査に協力してくださった方々にこの場を借りて深甚の謝意を表する。本巻の各章の内容が当事者の現場感覚から離れず、要所を押さえたものになっていることを切に祈りたい。

【参考文献】

今井照（2013a）「原発災害市町村はどのように行動したか」室崎益輝・幸田雅治編著『市町村合併による防災力空洞化――東日本大震災で露呈した弊害』ミネルヴァ書房、185-214頁

今井照（2013b）「平成の大合併と地方自治」日本村落研究学会企画／佐藤康行編『検証・平成の大合併と農山村』（年報 村落社会研究49）農山漁村文化協会、39-79頁

今井照（2014）『自治体再建――原発避難と「移動する村」』ちくま新書

金井利之（2014）「被災地における住民の意思反映と自治体行政職員」日本都市センター編『被災自治体における住民の意思反映――東日本大震災の現地調査・多角的考察を通じて』日本都市センター、9-30頁

神谷秀之（2011）「自治体連携元年2011」『地方行政』第10252号、2-10頁

神谷秀之・桜井誠一（2013）『自治体連携と受援力』公人の友社

河村和徳（2014）『東日本大震災と地方自治――復旧・復興における人々の意識と行政の課題』ぎょうせい

国土交通省都市局市街地整備課監修、区画整理促進機構編（2014）『平成25年度版区画整理年報』区画整理促進機構（CD-ROM）

小原隆治（2013a）「疲弊する職員、進む学校統廃合 震災から2年――自治体が直面する課題」YOMIURI ONLINE（http://www.yomiuri.co.jp/adv/wol/opinion/society_130311.html）

小原隆治（2013b）「平成大合併と地域コミュニティのゆくえ」室崎益輝・幸田雅治編著『市町村合併による防災力空洞化――東日本大震災で露呈した弊害』ミネルヴァ書房、215-240頁

塩崎賢明（2014）『復興〈災害〉――阪神・淡路大震災と東日本大震災』岩波新書

総務省（2010）「集中改革プランの取組状況（概要版）」（http://www.soumu.go.jp/main_content/000088277.pdf）

津久井進（2012）『大災害と法』岩波新書

内閣府編著（2014）『平成26年版 防災白書』日経印刷

仁平典宏（2012）「〈災間〉の思考――繰り返す3・11の日付のために」赤坂憲雄・小熊英二編著『「辺境」からはじまる――東京／東北論』明石書店、122-158頁

室崎益輝・幸田雅治編著（2013）『市町村合併による防災力空洞化――東日本大震災で露呈した弊害』ミネルヴァ書房

持田信樹（2013）『地方財政論』東京大学出版会

Aldrich, D. P.（2012）*Building Resilience: Social Capital in Post-Disaster Recovery*, The University of Chicago Press（石田祐・藤澤由和訳『災害復興におけるソーシャル・キャピタルの役割とは何か――地域再建とレジリエンスの構築』ミネルヴァ書房、2015年）

第1部　震災と自治体

第1章　自治体行政の「非常時」と「平時」

天川　晃

はじめに

　本章の課題は、東日本大震災で被災した自治体がどのような課題に直面し、それにどのように対応したのかを時系列を追いながら概観・記録することである。ここでは被災自治体がいかにして「非常時」の対応を行い、時間の経過とともに新たな「平時」に戻りつつあるのかを描いていく。その間にそれまでの「平時」での行政経験がどのように生かされたのかを見る。ほぼすべての被災自治体は、時期と程度の差はあれ、ここで描いたような対応をとってきたのである。本章で福島県相馬市を取り上げるのは、相馬市が地震・津波・原発事故という東日本大震災に関わる主要課題のすべてに直面した自治体だからであり、また自治体の対応の記録が系統的に保存されていることも1つの理由である。

1　相馬市の概要と背景

1.1　相馬市の概要

　相馬市は福島県の東北端にある東西28km、南北13km、面積198km^{2}の市である。東は太平洋に面し西は阿武隈山地が連なっている。市街地から国道115号を西に行けば57kmで福島市に至り、南北にはJR常磐線と国道6号が走っており、北は福島県新地町を経て仙台市まで53km、南は南相馬市を経て東京まで約300kmの位置にある。2010年の国勢調査では、世帯数は1万3227で人口は3万7817人、65歳以上の高齢者比率は25.32％、産業別人口では第1次産

業が10.2％、第２次産業が33.8％、第３次産業が55.9％だった[1]。1960年代までは農業・漁業を主としていたが、70年代に入ると相馬港が重要港湾に指定され80年代末から相馬中核工業団地の造成を行って企業の誘致に努め、90年代に入るとローム・アンド・ハース（後にダウ・ケミカルに買収）や石川島播磨重工業（IHI）の工場、2007年にはエム・セテックの工場が進出するなど次第に工業・商業が盛んになってきていた。

　相馬市は歴史的には相馬藩に属していた。相馬氏はもともと下総の国にいたが、14世紀に陸奥国行方郡に入りその後伊達藩と抗争を続け、1611年に現在の相馬市中村に中村城を構えたので相馬中村藩ともいわれる。1780年代の天明の大飢饉の際には、相馬中村藩でも収穫量が減収し領民の多くが餓死したり逃散したりして９万人もいた人口が約３分の１に激減した。また1830年代半ばの天保の大飢饉の際には、蓄えていた米穀を開放して餓死者を出さず藩の財政と領民生活の回復に努めた。

　相馬中村藩では1845年から明治初頭まで領内の多くの村で二宮尊徳の報徳仕法を採用し、藩財政を立て直して藩が復興した。報徳仕法とは「至誠」（まっすぐで思いやりのあるまごころ）、「勤労」（熱心に働く）、「分度」（自分にふさわしい生活をする）、「推譲」（働いて得た余分は、将来の自分のために貯えたり社会のために進んで譲る）という基本理念を中心とする思想で、その精神は現在まで引き継がれ相馬市の市民憲章にも「報徳の訓えに心をはげまし、うまずたゆまず豊かな相馬をきずこう」とうたわれている。

　2011年３月11日の大地震で相馬市も大きく揺れた。その後１時間のうちに高波が何度も相馬市を襲い、多くの犠牲者と物的被害が出た。地震・津波の被害状況は、市民の死者458人（市内収容420人、市外収容19人、宣告19人）、住宅被害は5584棟（全壊1087棟、大規模半壊254棟、半壊687棟、一部損壊3556棟）、被災水田面積1102haというものだった[2]。しかし、これだけで終わらなかった。相馬市の南にある福島第一原子力発電所の事故である。市長が「二度目の悪魔」と呼んだこの原発事故が相馬市にも新たな試練を与えることとなった。

　1　相馬市の人口は、1950年の４万4375人が最大で以後は減少傾向にある。70年から85年までは増加して３万9346人となるが、2007年から再び減少傾向にある。

1.2　発災前の市長の取り組み

　震災発災時の相馬市長は立谷秀清である。立谷市長は相馬市出身の医師で、地元の病院勤務をした後に1983年から内科医院を開設・経営していた。1995年から福島県議会議員を１期務めた後に、2001年の市長選挙で７選を目指す現職をやぶって当選し、05年に無投票で再選、09年に３選されていた。

　市長当選後の最初の課題は逼迫していた市の財政改革であった。2002年度には「第２次相馬市行財政改革大綱」を定め、事務事業・外郭団体等の見直し、組織・職員・給与等の見直し、行政の情報化・行政情報の透明化、財政の健全化の重点事項を４年間の実施期間で取り組んだ[3]。２期目の2006年２月には「第３次相馬市行財政改革大綱」を定めるとともに、計画策定─実施─検証─見直しのPDCAサイクルを導入するなどの新しい試みを導入した。具体的には、ISO14001、次いでISO9001の導入を行い、市役所職員の経営感覚・コスト意識を高める意識改革を進めていったのである。また2007年には「相馬市マスタープラン2007」を、一般公募委員を含む相馬市総合計画審議会による市民参加の過程で、策定した[4]。

　市長は2002年９月から自らのメールマガジン（以下、「メルマガ」という）を刊行し、市政や国政に関する感想等を綴っている。このメルマガで示された市長の考え方を要約すると、①基礎自治体である市町村が地方政府として自らの自治体経営を行う。②そのためには自主的財政基盤とそれを担う人材が必要である。③都市と農村の間の財政調整を行う地方交付税は大切である。地方の社会資本充実のために道路網の整備が必要で道路特定財源の一般財源化には反対する。④地方小都市が生き延びるためには地元で雇用関係ができる必要がある。⑤相馬市には危機を乗り越えてきた相馬藩のDNAがあり「報徳仕法」を現代の自治体経営に生かしたい、というものである。

2　2014年３月31日現在（相馬市災害対策本部（2014）224頁）。なお、避難生活による体調不良や自殺などによる「震災関連死」は26人である。福島県では震災関連死の認定は県単位ではなく市町村単位で判断しており、認定基準が自治体によって異なる（『福島民報』2014年３月１日）。

3　「第２次相馬市行財政改革大綱」2002年９月５日制定。

4　市長メルマガNo.92（2006年２月24日）；「相馬市マスタープラン2007」2007年３月。

26　第1部　震災と自治体

　2011年1月のメルマガはこの年の予定を書いていた。2月、瓦葺き切妻屋根の木造校舎の中村第一小学校が完成する。3月、パークゴルフ場の増設工事と11haのサッカー場が完成。4月、「相馬中村開府400年祭」を行う。12月、高速道路・常磐道が相馬まで延伸され高速道路のネットワークに組み入れられる……。こうした明るい展望を3月11日の大震災が大きく変えたのである。

2　初期の対応：最初の10日間

2.1　災害対策本部

　2011年3月11日震災発災直後の14時55分、市長を本部長とする災害対策本部（以下、「災対本部」という）が設置された。市街地では電気や水道の被害はなく市役所で執務することができたのである。相馬市では2008年度から自衛隊を含めた災害対応の図上訓練を続けており、2010年9月には福島県の防災訓練を相馬市で行っていた。3月11日はこれら「図上訓練の本番」となったのである[5]。

　本部長は、①倒壊家屋のチェックと生存者の救出、②海岸部消防団に津波の避難誘導、③医療機関など災害弱者施設のチェックと対応、④公共施設・学校のチェック、⑤その他被災状況の逐次報告、などの指示を行った[6]。本部には次々と情報が入ってきたが地震の倒壊による死者はわずか一人だった。

　15時53分過ぎから、津波が国道6号のバイパスを越えようとしており、孤立した地区があり犠牲者も出ているなどの津波情報が入ってきた。夜の第2回災対本部会議で、本部長は住民の救出と避難所への誘導のほか自衛隊への救助・救援要請と他の市町村への支援要請などの指示をした。20時13分には自衛隊の第1陣が到着して自衛隊と消防車両が救出活動を開始した。

　12日午前3時前の第4回災対本部会議で本部長は用紙1枚に本部会議内容を集約し全職員が情報を共有・周知できるようにと指示した。用紙1枚に情報を集約するやり方は、その後の災対本部会議での情報の共有と記録の蓄積に大き

　5　市長メルマガ No.172（2009年3月20日）；相馬市関係者インタビュー、2011年11月13日。
　6　相馬市災害対策本部（2011）9頁。

な意味を持った。12日朝の第5回災対本部会議で配布された資料は、「直後の対応」と「地域再建に向けた取り組み」に分けて、前者の課題を①生存者支援、②生存者確保、③避難者の健康生活支援、後者の課題を①被災者の確認、②瓦礫の撤去、③住居の手当て、④仮設住宅建設、⑤被災者支援、⑥被災地復興、とし、これらの課題に対する具体策と責任者（部課）や関係団体を整理している[7]。

　津波襲来地域の孤立者は、警察、自衛隊、市職員の努力で13日の夕方には全員救出できた。これと並行して行方不明者の捜索、死亡者の遺体の収容、安置所や棺桶・火葬場の確保などの新たな課題も出てきた。避難者の健康生活支援には、避難所の管理運営、健康管理、水や暖房器具の確保、食事、生活物資の支給、支援物資の受け入れ、入浴などの対応課題があった。市内の避難所は最大で23カ所に及び、避難所が完全に閉鎖された6月17日までの99日間に延べ14万3284名が避難所生活を送った[8]。

　発災とともに市外からさまざまな支援が届けられた。当初は姉妹都市や災害応援協定を締結している自治体から支援があったが、相馬市からもさまざまな縁をたどって支援を求めた[9]。時間が経つにつれ必要物資のニーズも変化し、物資の集積場所や配分方法の問題が出てきた。さらに自治体の職員やボランティアなど人的な支援の必要が大きくなってきた。発災直後に特に重要なのは医療の応援だった。震災翌日から相馬市医師会の医師と看護師のチームが各避難所で当番診療を行い、3月19-20日には相馬中央病院を拠点としてDMAT（災害派遣医療チーム）が避難所を巡回した[10]。この他にさまざまなボランティアも入ってきた。3月21日には商工会議所の一室に相馬市災害ボランティアセンターを開設してボランティアの受付、ニーズの把握、マッチングなどを一元的に行うこととなった[11]。

7　相馬市災害対策本部（2011）17、19頁。
8　相馬市災害対策本部（2013）14頁。
9　相馬市災害対策本部（2011）20-21、47頁。二宮尊徳と報徳仕法に関連する自治体が「報徳サミット」を行っており、これらの自治体から支援が続けられた。
10　相馬市災害対策本部（2013）18頁。
11　相馬市災害対策本部（2013）16-17頁。

2.2 原発被害と「ろう城」方針

　3月12日15時36分に福島第一原子力発電所1号機の原子炉建屋で水素爆発が起こり、さらに14日には3号機、15日には2号機と4号機で爆発や火災が起こった。原発の爆発という新事態で相馬市の災対本部でも新たな課題に対処する必要が出てきた。

　3月13日午後の第8回災対本部会議では、隣接する南相馬市からの原発難民が相馬市に来ていると報告され、旧相馬女子高校での受け入れを決めた[12]。14日夜、防護マスクをつけた自衛隊関係者が災対本部を訪れて相馬市民も避難をするようにと指示をしてきた。しかし、市長は国からの避難指示がない限り相馬市民を避難させずにとどまるという「ろう城」方針を決定したのである[13]。

　とはいえ住民はテレビのニュースなどを見て放射能汚染情報に疑心暗鬼となり、個別に避難行動をとるものが1000人近くに及んだ。また、運送トラックの運転手が放射能の不安から郡山市以東に来ないため、物流が止まりガソリン不足など日常生活に支障が出始め、医薬品が確保できず医療機関が止まることも懸念された。そうしたなかで市長は、3月22日の庁内放送で職員に「ろう城」方針を明らかにして協力を求めた。「漠然とした不安にかられて復興計画を遅らせるとしたら、亡くなった人たちに済まない……天明の飢饉はもっとひどかったはずだ。よってろう城をしながらここで頑張る」と呼びかけ、相馬にとどまっていれば最低限の市民生活の保障はするとしたのである[14]。

　この間、市議会は3月15日に定例会を開催し、被災者に対する生活支援金を支給する条例とそのための補正予算案を可決した。これは地震・津波により全半壊等の家屋被害を受けた被災者の生活支援と自立援護を目的として支援金を支給するもので、市の財政調整基金から支出した。この支援金は被災者に対面

12　南相馬市の最も南側の小高区が20km圏の避難指示区域となり、その住民が相馬市にも避難してきたのである。南相馬市役所のある原町区は屋内避難区域となった。

13　相馬市関係者インタビュー、2011年11月13日。

14　災対本部の資料では3月21日から中期的対応のなかに「③ろう城体制の構築」の項目が置かれ、地域行政組織の再構築、倉庫の確保・運営、市独自の輸送体制、相馬港の利活用体制、物資（食料、ガソリン、生活用品）の確保などを課題としている（相馬市災害対策本部（2011）52頁；市長メルマガ No.248（2011年3月24日）、同 No.249（2011年3月26日））。

で支給し、本人や家族の安否情報の収集も兼ねることとした[15]。

3　中期的対応：避難所から仮設住宅へ

　発災後1週間となる3月18日には午前と午後の1日2回の災対本部会議が定例化してきたが、時間の経過とともに新たな中期的課題が出てきた。市長は「短期対応は『救命』と『衣食住』だが、中期的な重点課題は『医職住育』。今回の相馬の場合『備える』を加えて『医職住育備』となる」[16]としている。これらの課題について順次見ていきたい。

3.1　学校の再開

　4月の新学期を控えて学校の再開の課題があったが、学校の再開は被災者の住居問題と関わっていた。市内の多くの小中学校の教室が避難所として使われており、学校の再開には避難者を教室から体育館に移すなど避難所を再編する必要があった。学校の再開にはソフト面の問題もあった。特に南相馬市から移ってきた小中学生の「区域外就学」について南相馬市と取り決めを図り、そのための教員を確保する必要もあった。南相馬市民が多数避難している旧相馬女子高校を南相馬市向けの学校にしようとしたが、この校舎が危険建物と判定されたためその計画はご破算になった。それどころか、同校の避難者を別の避難所に移動させる必要も出てきたのである。

　4月18日に市内の小中学校で入学式が行われた。学校は再開したものの、津波の被害が大きかった集落では生徒数の減少や児童生徒に対する心のケアの必要などの新たな課題も出てきた。市では津波での殉職者の子女を含む震災孤児・遺児に対して生活支援資金を支給する義援金を国内外から募ることとした。そして4月の市議会臨時会は、18歳未満の震災孤児等に学業や生活支援をする相馬市震災孤児等支援金支給条例と、そのための基金条例を制定した[17]。

15　相馬市災害対策本部（2011）41頁；相馬市関係者インタビュー、2011年11月14日。
16　市長メルマガ No.250（2011年4月4日）。

3.2 仮設住宅

　住居を失った被災者はいつまでも避難所生活を続けることはできない。市では民間アパートを借り上げ、雇用促進住宅などを確保して、妊婦や4歳以下の子どものいる人、身体障害者、75歳以上の高齢者などを優先して3月17日から入居の受付を開始した。また仮設住宅ができれば入居することを前提として、民間借り上げアパート入居者にも一定額の家賃補助を行うこととした[18]。

　3月26日、応急仮設住宅の建設の着工が始まった。市長は仮設住宅等に移り自立することは、「それぞれのご家庭がそれぞれのかまどを持つ」ことだとしていた[19]。仮設住宅は市町村の要請を受けて県が建設するが、相馬市は県の委任を受けて市で行うことを強く求めた。市長はかねてから基礎自治体強化論を唱えていたが、仮設住宅建設を市内の建設業者に発注して市民の雇用機会を作ることを考えていたのである[20]。4月に入って県の委任を受けて相馬市が仮設住宅500戸の建設を行うこととなった。

　仮設住宅には別の課題もあった。1つは住民が仮設住宅で孤立しないようにコミュニティづくりを行うことである。家族を失って独居世帯となった被災者の孤独死や寂しさを防ぐ対策として、これまでの地域を基礎としたコミュニティを作ることを基本としたのである。そのために住宅の1列6世帯ごとに戸長を置き、およそ80戸の集会所ごとに組長を置いてコミュニティの基本単位とし、その上に区長を置きこれらを単位として行政サービスを行うこととした[21]。

17　住民の避難誘導に向かった消防団員が10名殉職した（相馬市災害対策本部（2011）105頁；市長メルマガ No.251（2011年4月24日））。なお、この臨時会では被災者で仮設住宅に入居する世帯に対して入居支度金を支給する条例と、震災復興のために議員報酬を10％削減する議員報酬の特例に関する条例も制定された（「相馬市議会会議録」2011年4月26日）。

18　相馬市災害対策本部（2011）67頁。後に県からの補助が出ることになった。

19　市長メルマガ No.249（2011年3月26日）。4月2日には全国市長会長の森民夫・長岡市長が「仮設住宅ができると非常に落ち着くし、対策が進む」という中越地震の経験を話している。なお、中越地震に対する長岡市の対応に関しては、長岡市災害対策本部編（2005）を参照。

20　市長メルマガ No.250（2011年4月4日）。市長の地方政府論は、市長メルマガ No.146（2008年3月21日）、同 No.184（2009年9月4日）。

21　相馬市災害対策本部（2013）20頁。

いま1つは市内に作る仮設住宅に近隣の市町村の住民を受け入れる問題である。原発被害で避難してきた南相馬市小高区や相馬市への通勤者の多い飯舘村大倉地区の住民の仮設住宅を市内に作ることとなった。4月30日には北飯渕地区206戸の仮設住宅への入居が始まり住の問題は一歩を進めたのである[22]。

3.3 医療システムと瓦礫処理

医療は発災直後から問題であった[23]。市内の医療機関は再開ができたが、南相馬市で病院が閉鎖されたり医療関係者が避難したりしたため、相馬市にも深刻な影響が出始めた。南相馬市からの外来患者が激増したし、南相馬市の精神科病院が閉鎖されたため、相馬市民は精神科を受診する場がなくなった。地域の医療システムは自治体の区域を超えた課題であることがこの被災で露呈した[24]。

大量の瓦礫を撤去・処理することも大きな課題であった。当初は行方不明者の捜索や遺体の収容が優先されたため、重機を入れての大量処理には抵抗があった。瓦礫処理が本格化したのは、消防団による集中的な行方不明者の捜索体制が解除された5月に入ってからである。

もう1つの問題はヘドロの処理である。海中深くにあった大量のヘドロが津波で市民の生活領域に流入・堆積し、その量は瓦礫の数倍と見なされた。これが乾燥して粉塵となり、それを吸い込むことによる健康上の問題が懸念されたのである。相馬市では作業員が瓦礫の撤去作業の際にヘドロの粉塵や作業の埃を一般市民の家に持ち込まないように管理する対策をとり、二次災害の防止に努めた。

---

22 仮設住宅は12カ所1500戸のうち4カ所500戸は飯舘村、南相馬市、浪江町などの住民向けのものである（相馬市災害対策本部（2014）12頁）。

23 3月17日の災対本部会議の資料は「中期的対応」として「⑤医療機関等の実情と対応」を取り上げ、「薬の欠乏、特に人工透析、医療機関等職員へのガソリン提供」などを挙げている（相馬市災害対策本部（2011）43頁）。

24 市長メルマガ No.250（2011年4月4日）。

3.4 職の問題

「『職』はもっとも厳しい問題である。これには経済的な危機も含まれる。漁船を漁港もろとも失った漁業者も、田んぼを海水に没した農業者も、生活の手段を失っただけでなく、債務が容赦なく追いかけてくるのだ……何でもいいから被災者に仕事をしてもらい、収入の道を探ることが一番の解決策である」と市長は記していた[25]。

相馬市の漁業は沖合底引網、刺し網など小型漁船による沿岸漁業が中心だったが、直ちに漁業を再開することは困難だった。約530隻あった船のうち360隻ほどが使用不能となっただけでなく、漁港施設が破壊され大量の瓦礫が松川浦内や航路に堆積していたからである。相馬双葉漁業協同組合は福島県、相馬市と提携して5月半ばから瓦礫の撤去を行うとともに、仮設漁港の復旧に向けて動き始めた。瓦礫処理は漁業者に対する臨時の雇用創出という側面もあった[26]。これと並んで5月3日からは、原釜地区の水産業者等が企画して「はらがま朝市」を開催し、以後毎週末に開催することとなった。松川浦では青のりの養殖に加えて潮干狩りや海水浴などの観光客を迎えていたが、松川浦周辺の宿泊施設の約半数が震災・津波で休業または廃業となり、再開可能な施設はさしあたり復旧関係の作業員の宿泊施設として活用していった。

農業の復興も大きな課題である。相馬市の主たる農産物は米とイチゴ・梨などの果樹だが、市内の農地の約40％が津波で浸水した。被災農家が農業を再開するには、ゴミや瓦礫を撤去し、水路などの補修を行い、除塩をして土づくりを行い、農地などの生産力の回復を図ることが必要であった[27]。このほか地盤沈下で作付けができない地域もあり、農機具を津波で流された農家も少なくなかった。直接に被災しなかった農家でも福島県産農産物に対する風評被害で販売が困難になってきたのである。

職をめぐる課題は短期に解決できないものが多いが、市は4月から震災被害者の抱える法律問題に対処するため県弁護士会など専門家による無料の法律相

25　市長メルマガ、No.250（2011年4月4日）；相馬市災害対策本部（2012）119-120頁。
26　相馬市災害対策本部（2013）32頁。なお、漁業者に対しては東京電力による休業補償がある。
27　相馬市災害対策本部（2013）32-33頁。

談会を開催してきた。生命保険の手続、二重ローンなど多重債務の問題、相続、建物処理の問題など多様な問題の相談が寄せられた。「避難民が精神的に破綻しないように、自殺者が出ないように」配慮して相談に応じた[28]。

3.5 放射能対策

　原発事故に対して、万が一避難指示区域に指定された場合に対し備えをするのが「備」である。その際には時間をかけて集団避難を行うこととし、各戸に非常持ち出し用のリュックサックを配布した[29]。

　一方、子どもを持つ保護者や妊婦などに放射線障害に対する不安が広がっているので、東京大学医科学研究所の協力を得て5月15日から市内各地で放射能に対する正確な知識の説明会を開催した。飯舘村に近い内陸部の玉野地区の放射線量が高いため、玉野小中学校では校庭の表土剝ぎなどの除染作業を行った。この地区の住民が自主避難をすると混乱が生ずるので、仮設住宅入居希望者があれば認める方針をとった[30]。

3.6 中期的対応から長期的課題へ

　発災後2カ月を経過すると、当面の課題にある程度のめどがついてきた。1日朝夕2回開催していた災対本部会議は、4月30日からは夕方の開催のみに変更された。休みなしに働いてきた市役所職員に健康診断を受診させるなどの対応もとられた。5月17日の第121回会議の資料では、それまでの「1．短期的対応」が「1．被災状況確定への取り組み」と改められ、中期的対応、長期的対応の課題が多くなってきていた。中期的対応終了の時期は仮設住宅への移動が完了し避難所が閉鎖された6月17日と考えておく。少なくとも「住」問題についてはこの日で1つの画期を迎えたのである[31]。

28　相馬市災害対策本部（2013）22頁。相馬市は2006年8月からドメスティック・バイオレンス（DV）対策として無料の法律相談を行っていた（市長メルマガ No.102（2006年7月14日））。
29　市長メルマガ、No.250（2011年4月4日）。
30　相馬市災害対策本部（2012）185頁。
31　相馬市関係者インタビュー、2011年11月13日。

4 復興会議と復興計画

4.1 復興会議と復興顧問会議

　政府レベルでは４月14日から東日本大震災復興構想会議が発足して復興の方向づけの議論が始まり、６月25日には「復興への提言——悲惨のなかの希望」が発表された。県レベルでも復興計画の検討が始まった[32]。

　相馬市の復興計画は国や県の動きに追随するものではなかった。市長は「国が何をやってくれようが、県が何をやってくれようが、我々の補助的な役割でしかない……自分たちが復興に向けて取り組んでいる誇りを持ってほしい」と指示しており[33]、これに沿って相馬市は独自の復興計画を作ることとなった。このため復興計画策定を行う相馬市復興会議を設置して、復興会議は毎週水曜日に開催し、この日は災対本部会議を休むこととした。

　６月１日、第１回の相馬市復興会議が開催された。委員長は市長、副委員長は市議会議長で被災地区の区長会理事や各団体代表26名が委員である。「復興計画は立てることが目的ではなく、達成するために策定する」を基本方針とし、「被災者がそれぞれの年齢層において人生設計が出来るように」「生活環境、産業振興にかかるソフト事業、ハード事業を検討し計画を策定する」を基本理念とした[34]。市長はさらに７名の有識者からなる相馬市復興会議顧問会議を置いて助言をもらうこととし、第１回顧問会議を６月19日に相馬市役所で開催した[35]。

---

[32] 福島県は４月11日にプロジェクトチームを発足させ、８月に福島県復興ビジョンを公表した。
[33] 相馬市災害対策本部（2013）144、149頁。
[34] 相馬市災害対策本部（2012）195-199頁。
[35] 相馬市災害対策本部（2011）156頁。顧問は北川正恭（早稲田大学大学院教授）、大澤貫寿（東京農業大学学長）、大石久和（財団法人国土技術研究センター理事長）、牧野治郎（社団法人日本損害保険協会副会長）、上昌広（東京大学医科学研究所特任教授）、新浪剛史（ローソン代表取締役社長）、長有紀枝（立教大学大学院教授）。

4.2 基本構想と基本計画

　8月29日の第10回復興会議は「相馬市復興計画　Ver. 1.1」を決定した。「第1章　基本構想」では、「我々相馬市には、報徳仕法で育てられた市民の勤勉性と、古より幾多の苦難を郷土一体となって乗り越えてきた強力な住民の絆があります。近年は、市役所で取得したISO9001などの近代的行政手法を身につけてきました。これら市民の絆と行政の総合力は、本市の持つ大きなパワーです」としたうえで、市民の世代ごとに大きな目標を設定した。すなわち、高齢者には「今後の人生を不安なく安定して生活できるよう、住居整備、生活支援をすること」、子どもたちには「PTSD（心的外傷後ストレス障害）対策をはじめ、健やかに成長できるよう支援するとともに、良好な教育環境を提供すること」、そして青壮年には「被災から立ち直り、新たな人生設計ができるように、職業、住居等において環境整備をすること」を掲げていた。

　計画期間は2015年度までの5年間とし、仮設住宅から恒久住宅への移住と瓦礫の処理は13年度末、漁業の復興は12年度末、農業の復興は15年度末までに完了を目標とし、計画の実績や市内外の情勢変化を踏まえて年度ごとに見直しを行うとしていた。

　「第2章　基本計画」では、大きく「ソフト事業」と「ハード事業」に分類しているがここではその項目だけを掲げる。「ソフト事業」は、応急仮設住宅での生活支援、医療・介護・健康管理、放射能対策、教育・子どもたちの成長、経済対策、孤独死対策、市役所体制の再整備と他の自治体職員・ボランティアの受け入れ体制整備の7項目。「ハード事業」は、瓦礫処理、被災地整理、住宅の整備、漁業基盤整備、農業基盤整備、一般製造業及び第三次産業の支援、相馬港の整備、道路・鉄道の整備、防災体制整備、被災鎮魂記念館の整備、再生可能エネルギー生産の整備、の11項目である。これらの項目に沿って具体的な施策を整理・展開するとしたのである[36]。

36　「相馬市復興計画　Ver. 1.1」（2011年8月29日）。この計画は2012年3月に若干の見直しがされて「相馬市復興計画　Ver. 1.2」となった。

5 復興過程（1）

5.1 「非常時」と「平時」の間

　2011年3月11日の発災以後、災対本部がとってきたのは「非常時」の「臨時」的措置の連続であった。しかし、発災後数カ月を経ると「非常時」態勢を継続しつつも次第に「平時」の市政への復帰というべき動きも始まった。4月に予定されていた「相馬中村開府400年祭」は取りやめたが、伝統行事の相馬野馬追を開催するかどうかは大問題だった。さまざまな協議の後に、規模を縮小して7月23日に「東日本大震災復興　相馬三社野馬追」を開催することとなった。相馬藩の伝統を継承し将来への希望をつなぐ意味が込められたのである[37]。

　災対本部会議は7月1日から週2回（月・金）、9月からは週1回となった。その間、8月1日には市役所の人事異動が行われた。本来は4月1日に異動の予定であったが、震災の発生で3月末退職予定の職員を3カ月間定年延長としたため異動が遅れていたのである。発災直後から各地の自治体の職員の応援を得ていたが、この時期になるとより長期の自治体の職員派遣によってマンパワーの確保を図るようになってきた[38]。

　3月30日には「そうまさいがいFM」を開設し、市役所の動きや生活情報を伝え始めた。市の『広報そうま』は3月、4月は特別紙面編成で罹災直後の必要情報を知らせ、5月以後も号外などの不定期刊行であったが、8月からほぼ発災以前の月2回発行に戻った。

　年末の12月15日からは相馬始発福島駅行きの直通路線バスが運行し始めた。21日からはJR常磐線の原ノ町―相馬間が運行を再開したが、仙台方面への常磐線の復旧はすぐには望めなかった。また、海上では相馬港の内航フィーダー

37　市長メルマガ No.271（2012年7月27日）。

38　2011年度は、新発田市、小田原市、長岡市、西条市から11名、12年度は前記4市のほかに真岡市、足利市、米原市、日光市、稲城市、流山市、広島市、足立区、富山市、飯塚市、三条市、菰野町（三重県）から33名が派遣された（相馬市災害対策本部（2013）74頁）。

コンテナ航路が再開され、物資の搬入・搬出など経済活動にも大きな意味を持つこととなった。

5.2 市議会と市議会議員選挙

市議会は6月定例会で住居半壊以上の被災世帯に支援金10万円を支給する条例、7月臨時会では災害危険区域に関する条例、9月定例会では被災した子どもの学力や心身を育むための事業基金を設置する条例などを制定した[39]。9月議会では「原子力発電からの脱却を求める意見書」を全員一致で可決した[40]。

この年4月は統一地方選挙の予定であったが、被災地の特例法で福島県では11月20日に選挙を行うこととなった。相馬市の市議会議員選挙（定員20名）は前議員3名が引退したところに現職16人、元職3人、新人5人が立候補して激しい戦いとなった。投票率は68.96％で前回を6.11ポイント下回り、現職13人、元職2人、新人5人が当選した。

12月の市議会定例会では、市政のあり方について活発な議論が行われた。市長の政治姿勢に関して、市長が市民との接触の機会を持とうとせず、市民の意見が十分に取り入れられず市の意向も市民に浸透していないという批判があった。災害危険区域の指定に際しても市民の意見が取り入れられていないとの批判もあり、市民会館の建設計画に対する批判もあった。震災後に新たな市民会館が必要かどうかという議論とともに、建設場所が中村城跡の堀跡にあたるため慎重な配慮が必要という意見が出されたのである。議員は放射能対策で住民の不安に積極的な対応をとることを強く求めていた[41]。

5.3 ソフト事業

ソフト事業は、高齢者、子ども、青壮年を対象とする事業とすべての世代に共通する仮設住宅での生活支援と放射能対策だった。

高齢者対策では、独居世帯となった高齢者が孤立するのを防ぐためにさまざ

---

39 「相馬市教育復興子育て基金条例」(2011年9月30日、条例第28号)。
40 「相馬市議会会議録」2011年9月30日。
41 「相馬市議会会議録」2011年12月8、9日。

まな措置をとった。高齢者の災害公営住宅「相馬井戸端長屋」は、高齢者が孤立することなく共助の精神が反映されるように、井戸端に人が集まるような共助のスペースやボランティア活動のスペースもとった住宅である。

　子ども対策では、震災孤児等に対する支援金には国内外から多くの募金が寄せられ7月2日に44名に生活支援金の支給が行われた。募金はその後も続けられ、震災孤児等に対して大学等への修学資金を支給する震災孤児等奨学資金支給条例が制定された[42]。被災した子どもの心のケア対策については、6月から臨床心理士や保健師等による「相馬フォロアーチーム」が市内の児童・生徒を対象に支援を始めた。12月には相馬市の子どもの情操教育とPTSD対策を中心とした実践・教育施設「LVMH子どもアート・メゾン」を寄附してもらう確認書をモエヘネシー・ルイ・ヴィトン社と締結した。

　青壮年対策の核となるのは復興住宅の建設と生産体制の再生であるが、さしあたりは職を失った人の収入を確保することであった。漁業の再開には漁港や漁場の整備が必要であるが、その前提として松川浦や航路の瓦礫撤去や流木回収が必要で、漁業者はこうした作業に従事して収入を確保した。原発事故で海の汚染が問題になり、魚介類の放射能検査や風評被害のため相馬双葉漁業協同組合は操業を自粛せざるを得なかった。一方、原釜地区の船舶関連業や松川浦の旅館業者のグループは中小企業庁のグループ施設等復旧整備補助事業に採択され、復旧の手掛かりとした[43]。

　農業の復興はさらに大きな課題があった。津波で浸水した農地での農業の再開には東京農業大学の支援を受けて、震災で堆積した津波土砂を除去せずに農地の復旧に努めた[44]。市は農業再建のために農業法人化を積極的に奨励し、被災農家は「復興組合」を作って協同して復旧に取り組んだ。一方、放射線量が高い玉野地区では稲の作付けを控えざるを得なかった。この地区に限らず農業生産物も放射能の風評被害にさらされていたのである。

　放射能対策の1つは市内全域の放射線量をメッシュ測定することで、特に学

42　奨学金のための義援金は2012年度末までに5億1000万円集まり、うち海外からは85件、約1600万円だった（相馬市災害対策本部（2013）66頁）。
43　相馬市関係者インタビュー、2012年9月21日。
44　相馬市災害対策本部（2013）35頁。東京農業大学学長は市の顧問会議のメンバーである。

校や玉野地区では詳細なメッシュ測定を行いその結果を公表し、生活圏を中心に子どもの安全確保を優先して除染を行うこととした[45]。除染に伴う除去土砂等の仮置き場は、相馬共同火力発電所の石炭灰の処分場の一部を利用しているが、長期的な問題を抱えている。さらに「放射能は、正しく怖れ、賢く避ける」という観点から、住民に対する放射能の説明会の開催や検診を行うことで、市民の健康不安の解消に努めようとした。

6 復興過程（2）

6.1 復興交付金

　復興計画でのハード事業は、予算の裏付けを待つ必要がある。震災後の国の補正予算は、第1次補正が5月2日、第2次補正が7月25日、第3次補正が11月21日に成立した。第3次補正には災害公営住宅や防災集団移転などに関わる復興交付金（1兆5612億円）や震災復興特別交付税（1兆6635億円）など復興事業関係の経費が含まれており、これを機に復興計画も進むこととなった。

　相馬市の復興交付金の事業計画で2012年3月に決定されたのは、市交付分が28事業184億7800万円、県交付分が4事業12億600万円にのぼった。災害公営住宅整備と防災集団移転促進事業、下水道事業の一部は2011年度から始まるが、残りは主として12年度の事業であった。県交付分で10億円を超える被災地域農業復興総合支援事業は12年度からのものだった。

　3月議会では10億円近い補正予算とともに2012年度の予算も議決された。震災前の相馬市の当初予算は140億円程度の規模であったが、2011年度決算では9回の補正を重ねて当初予算の2.8倍の405億円近くとなり、12年度は当初から383億円の予算を組んでハード事業を進めることとなった。

　45　「相馬市除染計画」（2011年12月28日策定）。メッシュ調査は、2011年6月18日、12年4月26日～5月7日に行われた（相馬市災害対策本部（2013）50-53頁）。

6.2　ハード事業

　災害危険区域の設定と土地利用計画の策定では2011年7月に「相馬市災害危険区域に関する条例」を制定し、市内の原釜、尾浜、磯部、蒲庭地区を災害危険区域に指定してこれら地区の建築制限を行った[46]。8月からは権利制限される住民への説明会や意向調査、土地利用・復興事業・住宅団地に関する説明会を重ねた。2012年からは災害危険地区の買い取りについての説明会を開催し、13年1月から買い取り契約可能な人との随時契約を開始した。防災集団移転促進事業としての住宅団地の整備も14年度末をめどに進めている[47]。

　復興計画では災害公営住宅への移住は2013年度末までとされており、市内9カ所の住宅予定地を確保し順次建設を開始した。高齢者向きの「相馬井戸端長屋」第1号1棟12戸はダウ・ケミカル社が建設し、2012年5月に市に寄贈された。その後も長屋形式の災害公営住宅と戸建の住宅が進み、2013年度末現在では長屋が5棟58戸、戸建て111戸の供用が開始された[48]。なお、希望者には市営住宅の払い下げを予定し、市独自の補助制度の基金を積み立てることとした。

　瓦礫の処理は2011年4月の「相馬市災害廃棄物処理基本計画」に基づいて進められた。災害廃棄物を市内各地から災害ゴミ集積所に集め、分別・破砕ののちに中間・最終処分を行うと想定していたが、廃棄物の量が当初の予定を上回った。さらに国の特別措置法に基づいて、相馬市と新地町の震災瓦礫を焼却処理するための国代行の仮焼却炉を光陽地区に建設し、2013年2月に火入れ式が行われた。この施設は2014年度末までにすべての焼却が終わることを見込んでいるが、新たに焼却灰の処理が課題になってきている[49]。

　漁業の復興の鍵は漁港の整備とその周辺の道路の修復であるが、岸壁の復旧は県と市で事業の調整を行いつつ工事等を進めた。また、漁業者が作業を行う共同利用施設として漁労倉庫を沿岸2地区に建設した。しかし、原発の汚染水処理問題の遅れなどで試験操業自体が困難となっており2012年度末までの復興

46　相馬市災害対策本部（2013）26-31頁。
47　相馬市災害対策本部（2014）48-49頁；「相馬市復興計画 Ver. 2.1」36-40頁。
48　2015年3月26日に最後の災害公営住宅の落成式が行われ410世帯分すべてが完成した（市長メルマガ No.290（2015年3月31日））。
49　相馬市災害対策本部（2014）18-19頁。

達成は困難だった[50]。

　2015年度末が目標の農業の復興では被災農地の復旧が第1の課題で、汚染された水田にカリウムを散布するなどの対策もとった。小区画のほ場を大区画に整備する区画整理を県と調整を図りつつ進めていった。観光農園の和田観光苺組合は復興交付金を活用して水耕栽培施設の整備が進められた[51]。

　道路・鉄道等の整備では、高速道路・常磐自動車道の相馬ICと南相馬ICが2012年4月に開通した。一方、福島市と結ぶ相馬福島道路は相馬西道路が2013年2月に復興支援道路の一部として着工されたが、道路網整備を国へ働きかけ続けている。市内の道路、特に海岸部は地盤沈下したため雨水の排水工事も必要で地盤のかさ上げもともに行った[52]。

　防災体制の整備では、防災備蓄倉庫の建設と地域の交流・防災拠点となる防災集合所を各地区に整備し、市内に防災情報通信ネットワークの整備を図りモーターサイレンを設置するなど市民への緊急情報の伝達を図ることとした[53]。

　原発事故でエネルギー問題へも関心が向けられ、太陽光発電などの再生可能エネルギーの導入を試み、災害危険区域に位置する相馬中核工業団地を貸し付けてメガソーラー事業を開始した[54]。また、宮城県丸森町筆甫地区に産業廃棄物埋立処分場建設の動きが出てきたため、相馬市は福島県や宮城県に強く反対を申し入れている。丸森町を経て流れ込んでいる宇多川が相馬市の農業用水や水道水となっているためである[55]。

50　相馬市災害対策本部（2014）50-51頁。
51　相馬市災害対策本部（2014）52-53頁。
52　相馬市災害対策本部（2013）36-37頁。2014年9月15日から国道6号が全線開通し、南相馬市以南との自由通行が可能となった。
53　相馬市災害対策本部（2013）45、72-73頁。
54　相馬市災害対策本部（2013）38頁。
55　市長メルマガ、No.281（2013年7月8日）。2013年12月に相馬市は丸森町と「放射線内部被ばく検査に関する協定」を締結した。これは丸森町の小学生から高校生までの町民の放射線被曝検診を相馬市内の病院で行うものである（相馬市災害対策本部（2014）172頁）。

6.3 復興事業の評価

相馬市では2008年度から市の事業に対して外部委員会による評価を行ってきた。2011年度は中止したが12年度には再開して63事業についてA評価（さらに推進することが妥当）が56、B評価（現状のまま継続することが妥当）が7、C評価（一部修正・再検討が必要）はなしという評価だった。

しかし、市民は2013年12月の市長選挙で立谷市政にはるかに厳しい評価を下した。4選を目指した立谷市長に対し荒川五郎市議が対抗馬として立候補し、荒川候補は市民目線の市政を唱え、箱物重視の政策は市民の声に沿わず放射能汚染対策が不十分であるとし、さらに市長の多選も批判した。立谷市長が2001年に立候補した際には市長は3期が妥当としていたからである。市長側は自民党、公明党の推薦を受け、「復興から"新生"相馬へ」を掲げ、復興はまだ道半ばであるとして新しい相馬市の絵を描くことを求めたのである。

2013年12月22日の市長選挙では立谷市長が4選された。しかし投票率は過去最低で、得票数は1万票に及ばず対立候補と275票という僅差の勝利だった（表1-1）。この年、福島県内での自治体の首長選挙では、郡山、いわき、福島、二本松などの市で相次いで現職市長が敗れていた。相馬市では現職の落選はなかったが、この票差は市民からの厳しい評価が現れているというべきであろう。

2014年3月の市議会定例会では09年の市長選挙で対立候補だった議員が「今後の4年間は、自分と考えを異にする者たちの声、また、末端の力弱き多くの人々の声に今まで以上に耳を傾け、それらの声も反映した市政運営を心がけていただきたい」と要求し、市長も「復興状況について市民からのご不満が多く

表1-1　相馬市市長選挙結果

投票日（年/月/日）	2001/12/23	2005/12/25	2009/12/20	2013/12/22
立谷　秀清（A）	13,462	無投票	12,025	9,385
対立候補	11,133	なし	9,358	9,110
投票総数（含・無効票）(B)	24,886		21,536	18,744
有権者数（V）	30,537		30,866	29,308
投票率（B/V）(%)	81.49		69.77	63.96
得票率（A/B）(%)	54.09		55.84	50.07

（出所）　相馬市選挙管理委員会資料。

ある中での選挙結果、開票結果であった」と市民の不満を認めざるを得なかった[56]。

7 課題と展望

7.1 復興計画 Ver. 2.1

　第4期の立谷市政は2014年4月に「相馬市復興計画 Ver. 2.1」を策定して、「新生そうま」を目指す2年程度の復興計画を明らかにした[57]。「相馬市民であることに誇りを持てる相馬市の創造」「力強い復興と安心して子育てができる新しい相馬市」を市の将来像とし、8つの主要テーマに基づいて復興施策を展開するとしたのである。このテーマは「速やかな復旧と社会資本の整備」「生活基盤の再整備」「被災者の生活支援と孤独死対策」「放射能対策」「明日の"相馬っ子"人づくり」「"相馬の元気復活"産業づくり」「より強固な防災体制」「震災を乗り越えた相馬の新しい顔づくり」の8つである。

　最初の7項目は、これまでの復興計画（Ver. 1.2）で進めてきた事業を組み合わせたものが中心であるが、新しい「震災を乗り越えた相馬の新しい顔づくり」では、(1)スポーツ・文化交流施設の整備、(2)文化の継承と発信、(3)震災の記録整理と関連施設の整備、(4)再生可能エネルギーの整備、(5)低炭素社会と環境負荷の低減、(6)交流ネットワークの推進、を掲げている。そこでは、関連する施設（歴史資料収蔵館、光陽サッカー場、市民屋内温水プール、被災鎮魂祈念館、国営公園）の建設とこれらをもとにした観光交流の推進を基本とする相馬市の将来像を描いている。

　市は復興に関連して防災備蓄倉庫、漁具倉庫、防災集合所、復興交流支援センター、市民会館、歴史資料収蔵館、LVMH子どもアート・メゾンなどの各種施設を次々と建設し、今後も新市庁舎、体育館、子ども公民館の建設が予定

---

56 「相馬市議会会議録」2014年3月7日。県内では14年1月に南相馬市、伊達市、喜多方市で市長選挙が行われたが、いずれも現職市長が勝利した。

57 この復興計画では、復興の道筋が見えてくる2016年度に「相馬市長期総合計画（マスタープラン）」（2007年度策定）に代わるマスタープランの策定を行う予定としている。

されている。これらは震災以前から計画されていたものもあり、すべてが復興交付金を利用したものではないが、相次ぐ大型施設の建設は継続的な維持管理費という将来の財政負担を遺すであろう。観光交流の推進も滞在型の観光拠点となるかどうかは未知数である。こうした問題を抱えながら相馬市は復興4年目を迎えているのである。

7.2 中央—地方関係

　市長は外出が多く市民との接触が少ない、という市民からの批判があった。実際、市長は他の自治体を訪問し、さまざまな要望のために東京や各地のシンポジウム等に出席して復興の現状や課題を発言する機会が少なくない。これらの対外活動の結果、外からの支援を受けることができた反面、住民向けの対応が十分でないと考えられたのである。

　こうした市長の対外活動と関連づけつつ、中央—地方関係との関連で相馬市の対応について見ておきたい。市は発災後もいくつかの自治体との間で災害時応援協定を締結したが、多くは市長が先方に出かけて締結している[58]。また市長はさまざまな市長会の役職を務めており、政府に要望活動をすることが多い。2012年5月に仙台市で開催された東北市長会総会で「地方整備局及び地方経済産業局存続に関する特別決議」を提案し採択された。この決議では、国の出先機関廃止や地方移管の議論は東日本大震災の教訓を鑑みないもので国民の安心・安全を守る国の体制を弱体化させるものであるとしていた。

　中央政府との関わりでは、相馬市は発災以前から国土交通省の職員を建設部長として受け入れていた。発災後は政府や政党の要人が次々と相馬市に視察に訪れ、市長とこれら要人との個人的な連絡ルートができるようになってきた。市長の行動を見る限りでは、人的交流を経て市長と中央政府とが直結するチャネルが拡大しており、福島県との関係は必ずしも頻度が多くない。市長の行動では市と中央政府の関係が突出しているように見えるが、事務レベルを含めて見るとそれとは異なっている。「職員アンケート」では相馬市も他の被災地域

58　稲城市、小田原市、西条市、米原市、龍ケ崎市、日光市、三条市、大野市、総社市と協定を結んだ。稲城市との協定は相馬市で締結した。

第 1 章　自治体行政の「非常時」と「平時」　45

表 1-2　相馬市歳入歳出内訳

(単位：千円)

相馬市普通会計	2009年度	2010年度	2011年度	2012年度	2013年度
歳入総額	15,345,851	16,382,702	42,462,507	56,054,816	46,806,252
地方税	4,510,445	4,512,368	4,107,505	4,630,608	4,832,594
地方交付税	3,615,769	3,950,684	6,677,642	9,839,038	7,981,096
国庫支出金	1,644,141	2,417,371	21,237,943	25,523,675	10,505,007
県支出金	1,053,155	1,044,920	4,253,714	3,744,068	7,569,135
地方債	796,500	1,133,200	725,400	1,129,300	1,554,200
その他	3,72,5841	3,324,159	5,460,303	11,188,127	14,364,220
歳出総額	14,656,423	14,921,306	40,473,759	53,244,990	43,324,683
義務的経費	6,395,663	6,393,946	8,775,568	6,574,653	6,616,624
人件費	2,832,966	2,242,523	3,170,983	2,614,499	2,728,693
扶助費	2,021,778	2,669,991	4,106,779	2,562,086	2,508,737
公債費	1,540,919	1,481,432	1,497,806	1,398,068	1,379,194
投資的経費	2,098,789	2,733,510	2,392,776	11,516,390	14,200,145
普通建設事業費	2,064,396	2,677,221	1,580,189	9,688,386	12,854,555
補助事業費	293,085	1,732,876	709,395	6,446,527	11,308,950
単独事業費	1,738,352	933,082	866,158	3,237,698	1,539,804
その他	32,959	11,263	4,636	4,161	5,801
災害復旧事業費	34,393	56,289	812,587	1,828,004	1,345,590
その他	6,161,971	5,793,850	29,305,415	35,153,947	22,507,914
積立金	29,148	135,158	17,773,308	22,626,842	4,990,592
その他	6,132,823	5,658,692	11,532,107	12,527,105	17,517,322

(出所)　総務省公表の相馬市決算カードより作成。

同様に県との接触は堅実である。「非常時」に形成された中央政府と基礎自治体の直結が、「平時」化した行政運営にどのような変化をもたらすのかはさらに観察を継続する必要があるだろう[59]。

59　第 3 章を参照。基礎自治体が政府と直結することによって、県と自治体が分断され、自治体相互間の意見の相違が混乱を招いた事例については、佐道 (2014) 114-116頁を参照。

おわりに

　相馬市は大震災の発災直後から独自の対応を素早く行ってきた。また、市民各層の世代ごとに大きな目標設定をするユニークな復興計画も、個性的な市長の強力なリーダーシップの先導で進められた。相馬市の復興計画（Ver. 1.1）は、報徳仕法で育てられた市民の絆と近代的行政手法を「相馬市の大きなパワー」としていた。震災以前から培われてきたこの「大きなパワー」が「非常時」に直面して発揮されたといえるのである。

　しかし、「非常時」は永遠に続くものではない。発災後、数カ月を経るなかで市の行政運営は次第に「平時」の日常業務へ復帰が始まってきた。市の業務が「非常時」から「平時」業務へシフトする時期に、財政的には国や県からの復興関係の支出金が急増する「非常時」の財政運営が始まることとなった（表1-2）。2012年度の当初予算規模は発災前の2.5倍を超えており、決算では3.5倍を超えている。この「非常時」財政もいずれは収束せざるを得ないのであり、そのときまでに持続可能な「平時」の財政運営に軟着陸できるのか。相馬市の持つ「パワー」はこれからも試されるのである。

【参考文献】

佐道明広（2014）『沖縄現代政治史――「自立」をめぐる攻防』吉田書店

相馬市災害対策本部（2011）「平成23年3月11日発生　東日本大震災の記録　第1回中間報告　増刷版　平成23年9月11日現在」

相馬市災害対策本部（2012）「平成23年3月11日発生　東日本大震災の記録　第2回中間報告　詳細版　平成23年3月11日～平成24年3月11日」

相馬市災害対策本部（2013）「平成23年3月11日発生　東日本大震災の記録　第3回中間報告　平成23年3月11日～平成25年3月31日」

相馬市災害対策本部（2014）「平成23年3月11日発生　東日本大震災の記録　第4回中

間報告 平成23年3月11日〜平成26年3月31日」
相馬市ホームページ（http://www.city.soma.fukushima.jp/）
長岡市災害対策本部編（2005）『中越大震災——自治体の危機管理は機能したか』ぎょうせい
福島県いわき市（2013）「いわき市・東日本大震災の証言と記録」
山下祐介・開沼博編著（2012）『「原発避難」論——避難の実像からセカンドタウン、故郷再生まで』明石書店
吉田耕平・原田峻（2012）「概説 原発周辺自治体の避難の経緯」山下祐介・開沼博編著『「原発避難」論——避難の実像からセカンドタウン、故郷再生まで』明石書店

第 2 章　全町避難・全村避難と地方自治

阿部昌樹

1　自治体にとっての「区域」と「住民」

　自治体[1]は、場所的構成要素としての「区域」、人的構成要素としての「住民」、及び法制度的構成要素としての「法人格と自治権」の3要素からなるものと考えられてきた（長野（1953）25-26頁；松本（2013a）106頁；松本（2013b）20-21頁）。「国の領土の一定の地域をもって自己の区域とし、その区域内のすべての住民に対して国から分与された支配権を有する団体」という自治体の定義（松本（2013a）103頁）は、こうした考え方を端的に示したものである。そして、これらの3要素のすべてが具備されて、初めて自治体が成立するという理解が一般的であった。「区域」を有さない自治体や、「住民」のいない自治体や、「法人格と自治権」を持たない自治体は、自治体の定義上存在し得ないものと考えられてきたのである。

　また、これらの3要素のうち「区域」と「住民」に関して、地方自治法は、まず第5条第1項において、「普通地方公共団体の区域は、従来の区域による」と、同法の施行時にすでに存在していた自治体の、それぞれの「区域」と見なされてきた地域を、同法の下でもそれらの「区域」として扱う旨を規定している。そして、そうして確定された自治体の「区域」を前提として、第10条第1項において、「市町村の区域内に住所を有する者は、当該市町村及びこれを包括する都道府県の住民とする」と、それぞれの自治体の住民であるか否かは、

---

[1] 本章では、「自治体」という語は、地方自治法上の普通地方公共団体を示すものとして用いる。

その「区域」のうちに「住所」を有しているか否かによって確定される旨を定めている。まず場所的構成要素としての「区域」が存在し、その「区域」に「住所」を有する「住民」がいて、自治体が成立するというのが、地方自治法が想定する自治体の姿であると考えてよいであろう。

　ところが、地方自治法には、「住所」とは何かを定義した条項は存在しない。この点に関しては、地方自治法は、民事法の住所に関する規定を前提としているという説明がなされるのが通例である。すなわち、自然人に関しては民法第22条の「各人の生活の本拠をその者の住所とする」という規定が、法人に関しては一般社団法人及び一般財団法人に関する法律第4条の「一般社団法人及び一般財団法人の住所は、その主たる事務所の所在地にあるものとする」という規定や、会社法第4条の「会社の住所は、その本店の所在地にあるものとする」という規定が、どのような場所を各人の地方自治法上の「住所」として扱うかに関する規定としての役割も果たすと考えられてきた（松本（2013b）135頁）。

　もっとも、自然人の「生活の本拠」がどこにあるのかは、例えば、勤務の関係で週日は家族と離れて暮らしているが、週末には家族の住む家に帰る単身赴任者や、就学のため学期中は大学近くのアパートで暮らしているが、長期休暇中は帰省する学生等の場合、一義的に明確であるとは言い難い。この点に関しては、行政実務上は、「住所の認定にあたっては、客観的居住の事実を基礎とし、これに当該居住者の主観的居住意思を総合して決定する」ものとされており[2]、裁判所もまた、基本的には、そうした行政実務を是認しているものと解されている[3]。しかしながら、「客観的居住の事実を基礎とし、これに当該居住者の主観的居住意思を総合」した結果として、どのような判断がなされるかは、個々

---

[2] 住民基本台帳事務処理要領。

[3] 福岡高等裁判所昭和24年4月15日判決（『行政裁判月報』15号、101頁）は、「一定の場所が或人の生活の本拠であるかどうかの客観的事実が、その人の住所がその場所に存するかどうかを決定するのであって、その人がその場所に住所をおく意思を有するかどうかは、住所の存否を決するについての独立的要素をなすものではない」と述べたうえで、「住所意思もまた生活の本拠を決定する標準の一つとして考慮にいれられるべきものではあるが、この場合、その住所意思を実現する客観的事実が形成されておらなければならない」と付言している。

の事例の特性に応じて異なって来ざるを得ないというのが実際のところである（地方自治総合研究所監修／佐藤編（2002）253頁）。

　しかしながら、ここで確認しておくべきなのは、自然人に関しては、それぞれの自治体の「区域」に「生活の本拠」を有する者が、地方自治法上、その自治体の「住民」と見なされるという一般原則である[4]。地方自治法は、その第10条第２項において、こうして「住民」と見なされた者は、「法律の定めるところにより、その属する普通地方公共団体の役務の提供をひとしく受ける権利を有し、その負担を分任する義務を負う」旨を規定するとともに、同じ「住民」に、第242条において住民監査請求を求める権利を、第242条の２において住民訴訟を提起する権利を保障している。また、第11条から第13条において、「日本国民」たる「住民」に、参政権及び各種の直接請求権を保障している[5]。

　それでは、特定の自治体の「区域」内に「生活の本拠」を有していた者のすべてが、あるいはその大多数が、何らかの事情によって「区域」外に転出せざるを得ないという事態が生じたときに、こうした地方自治法の論理は、それで

---

[4] 太田匡彦は、この点を捉え、自治体は、「具体的なある個人を自らの構成員とするか否か当該団体の意思によって決することができない」という意味で、「ある個人との関係で開放的団体」である一方、「ある市町村の区域内に住所を有する個人は、当然に当該市町村の住民となり、この個人の加入意思は問われない」という点において、「ある個人との関係において強制加入団体である」と述べ、自治体のこうした法的性格を「開放的強制加入団体」という語で表現している（太田（2008）5頁）。

[5] 山﨑重孝は、この点を捉え、「『住民』という概念には、参政権の行使、公共サービスの提供及び負担分任という３つの要素が包含」されているが、これまでは、「この３つの要素は不可分のものとして考えられてきており、この３つの要素を統一して、『住民』という概念を構成するために、地方自治法は『住民』について、『住所』を有する者という要件を設けているように思われる」と述べている。そして、そのうえで、災害によって長期の避難を余儀なくされた場合のように、「参政権の行使、公共サービスの提供及び負担分任の３つの要素を統一的に構成できなくなるような場合がごくごく例外的にありうることも否定できない」ことから、そのような場合にどのような立法的対応が可能であるかを慎重に検討する必要があることを指摘している（山﨑（2011）13-14頁）。山﨑が、大災害時及びその後における「住民」の権利の保障及び義務の履行という観点から、地方自治法の原則の完徹可能性を吟味する必要性を説いているのに対して、本章は、主として、大災害時及びその後における自治体の存続という観点から、地方自治法の原則の完徹可能性を検討するものである。

もなお維持可能なものなのであろうか。東日本大震災に伴って発生した福島第一原子力発電所（以下、「福島第一原発」という）の過酷事故への対応としてなされた福島県内の6町の全町避難と3村の全村避難は、そうした問いを提起するものであった。

以下においてはまず、全町避難及び全村避難の経緯をたどり、それに法制度がどのように対応したのかを概観したうえで、一部の地域においては避難の長期化が不可避となったことがいかなる問題を生じさせているのかを瞥見し、さらに、そうした事態の推移が自治体にいかなる対応を迫るものであるのかについて、若干の検討を行うことにしたい。

2　全町避難・全村避難と役場機能の区域外移転

2011年3月11日19時3分、福島第一原発に関して、原子力災害対策特別措置法第15条第2項に基づいて、総理大臣により原子力緊急事態宣言が発令された。同法施行後初めての、原子力緊急事態宣言の発令であった。この福島第一原発に関する原子力緊急事態宣言と、翌3月12日7時45分に発令された福島第二原子力発電所（以下、「福島第二原発」という）に関する原子力緊急事態宣言とを踏まえて、総理大臣からこれら2つの原発の立地各町及び周辺市町村の長に対して、住民に避難や屋内退避を指示するようにとの指示が、原子力災害対策特別措置法第15条第3項に基づいて、対象区域を拡張しつつ、順次発せられることになる。また、4月22日には、福島第一原発から半径20km圏内を、原子力災害対策特別措置法第27条の6に基づいて警戒区域とするようにとの指示が、同じく総理大臣から関係市町村の長に対して発せられた（外岡（2012）198-200頁；吉田・原田（2012）366-370頁）。そしてその後も、福島第一原発周辺地域の空間放射線量の変化等に対応して、さまざまな指示が総理大臣から関係市町村の長に対して発せられることとなった。

原子力災害対策特別措置法上、住民に対して避難や屋内退避を指示する権限や、警戒区域を設定し、そこへの立ち入りを禁止もしくは制限する権限は、基礎自治体の長に付与されている（礒野（2013）11頁）[6]。関係市町村の長に対

する総理大臣からの指示は、このことを踏まえたものであった。関係市町村の長は、しかし、必ずしも総理大臣からの指示をそのまま実行に移したわけではなかった[7]。例えば、その区域のほとんどが福島第一原発から15kmから20kmの範囲に入る楢葉町では、福島第一原発から20km圏内に居住する住民等に避難を指示するようにとの総理大臣の指示が3月12日18時25分に発せられるよりも早く、同日の8時に、町長名で全住民への避難指示が発せられている（高木（2012）309頁；吉田・原田（2012）375頁；今井（2014a）42頁）。また、4月22日に、福島第一原発から半径20km圏外に計画的避難区域と緊急時避難準備区域を設定するようにとの指示が発せられるより前には、総理大臣からの指示は常に、福島第一原発もしくは福島第二原発を中心とした半径3km、10km、20km、30kmという同心円的な地域を避難もしくは屋内退避が必要な地域と判断したうえでのものであったが、多くの町村では、そうした判断に厳密に従うことはせず、住民に避難等を指示すべきかどうかを集落を単位として決めており、その結果、総理大臣が指示した範囲よりも広い範囲を対象として、その範囲内に居住する住民に、避難や屋内退避を指示している（今井（2014a）40頁）。その典型は葛尾村であり、村の区域の大部分が福島第一原発から半径20km圏外であるにもかかわらず、3月14日の晩に、村長名で全村民に避難を指示している（吉田・原田（2012）377頁；今井（2014a）139-140頁）。

　さらに、総理大臣からの指示を受け、全住民に避難を指示することを決断した場合に、住民をどこに避難させ、役場機能をどこに移転させるかは、それぞれの町村の長が、幹部職員等と相談しつつ、最終的には自ら判断しなければな

6　原子力災害対策特別措置法において読み替え適用されている災害対策基本法の規定に関して、消防庁防災課編（1995）228-235、244-248頁を参照。なお、柳孝は、1999年12月に原子力災害対策特別措置法が制定されたことを報じる論考において、災害対策基本法と原子力災害対策特別措置法との関係を、「原災法は、原子力災害の特殊性にかんがみ国による積極的な対応を図ることとしているものであるが、防災に関する地方公共団体の役割を何ら減じているものではなく、地方公共団体は、これまでと同様に、現地の状況を直接把握できる立場から、国の指示を待たずに迅速に住民に対して必要な指示等を行うことが可能な枠組みとなっている」と要約している（柳（2006）68頁）。

7　そもそも、関係する自治体のすべてに、総理大臣からの指示が適時に正確に伝わっていたわけではない。この点に関しては、土井（2012）38頁を参照。

らなかった[8]。その結果、楢葉町は、まずはいわき市に役場機能の移転を伴う全町避難をした後に、災害時相互応援協定を結んでいた会津美里町へと移動しているし（高木（2012）310頁；今井（2014a）61-64頁）、双葉町では、町長が個人的な伝手を頼って避難先を探索し、最終的にさいたま市への、役場機能の移転を伴う全町避難を決断している（神田（2013）55、66-77頁）。利用可能な情報が限られた状況において、町村長には、極めて重い決断が迫られたのである。

興味深いのは、特定の地域に全町もしくは全村を挙げて避難するという町村長の決断に、多くの住民が従っていることである。せいぜい数日間の避難であろうと見込んで、さほど深刻に考えることなく従った住民も多かったといわれているが（山下他（2013）93頁；松薗（2013）31頁）、そのことを踏まえてもなお、町村長の決断に多くの住民が従ったことは、特筆に値する。住民のそうした行動を促した重要な要因として、町村長の決断に従い、役場の職員とともに避難すれば、役場の行政組織から支援や情報を得ることができるという期待があったのではないかと推測される。役場の行政組織が提供してくれるであろうものへの期待が、役場の職員と避難をともにするという行動につながったのではないかと考えられるのである。例えば、葛尾村においては、役場の職員とともに会津坂下町まで避難した住民には、「自家用車などの自力の交通手段を持たないか、あるいは高齢等のために自分では遠距離の運転が難しいなど、一般的にいって、避難に際して弱い立場の人たち」が多かったと伝えられているが（今井（2014a）143頁）、このことは、役場の行政組織に頼らざるを得ない人々が、そうであるがゆえに役場の職員と避難をともにしたという推測の妥当性を裏付けている。

役場機能の移転を伴う全町避難もしくは全村避難を実施した町村と各町村の役場機能の移転先は、表2-1に示したとおりである。役場機能をある場所に

8　土井（2012）37頁によれば、大熊町役場は、福島県庁から避難先として田村市を紹介され、双葉町役場も、同じく福島県庁から避難先として川俣町を紹介されたようであるが、それ以外の町村は、「国や県からの支援も乏しい、あるいは全くないなか」で、「自力で避難先を確保」したという。また、大熊町や双葉町も、福島県庁から紹介された避難場所で全町避難を継続したわけではなく、独自の判断によって避難場所を移している。

表2-1 役場機能の移転

町村	主たる役場機能の移転先
大熊町	田村市（2011年3月12日）→会津若松市（2011年4月5日）
富岡町	川内村（2011年3月12日）→郡山市ビッグパレットふくしま（2011年3月16日）→郡山市大槻町（2011年12月19日）
浪江町	浪江町役場津島支所（2011年3月12日）→二本松市役所東和支所（2011年3月15日）→二本松市福島県男女共生センター（2011年5月23日）→二本松市北トロミ（2012年10月1日）
楢葉町	いわき市中央台（2011年3月12日）→会津美里町北河原（2011年3月26日）→会津美里町本郷（2011年12月20日）→いわき市いわき明星大学内（2012年1月17日）→【帰還】（2015年9月5日）
広野町	小野町（2011年3月15日）→いわき市（2013年4月15日）→【帰還】（2012年3月1日）
双葉町	川俣町（2011年3月12日）→さいたま市（2011年3月19日）→加須市（2011年3月31日）→いわき市（2013年6月17日）
葛尾村	福島市（2011年3月14日）→会津坂下町川西公民館（2011年3月15日）→会津坂下町旧法務局庁舎（2011年4月21日）→三春町西方（2011年7月1日）→三春町貝山（2013年4月30日）
川内村	郡山市ビッグパレットふくしま（2011年3月16日）→【帰還】（2012年3月26日）
飯舘村	福島市（2011年6月22日）

（出所）『朝日新聞』及び『福島民報』の記事と各町村のホームページに掲載された情報に基づいて筆者作成。

　移転した後に、別の場所に再移転さらには再々移転している町村も少なくない。そのなかには、まずは会津坂下町に役場機能を移転した後に、役場の職員が、避難を余儀なくされた村民の多くがまとまって暮らすことのできる場所を探索し、結果的に、三春町内に建設された仮設住宅に多くの避難村民が移住することができるようにするとともに、それに合わせて役場機能も三春町内に移動した葛尾村のように、役場の職員の能動的な行動が、役場機能の再移転につながっている例もある（今井（2014a）143-147頁）。その一方で、まずは会津美里町に役場機能を移転させたものの、もともと会津地方に避難した町民よりもいわき市に避難した町民の方が多かったことに加えて、会津地方に避難していた町民のなかにも、避難の長期化につれて、いわき市へと転居する者が増えてきたことを踏まえて、役場機能をいわき市に再移転した楢葉町のように、住民の側の避難先の選択に役場の行政組織が対応せざるを得なくなった例もある（高木（2012）310-312頁）。後者では、町村長の決断とそれを実行に移す役場の職員

の行動に住民が従うという構図が、当初からそれほど確固としたものではなく、避難の長期化とともに、住民の選択が先行し、それに町村長や行政組織が対応するという逆の構図が、より明瞭になっていったと考えることができよう。

　住民の選択に後追い的に町村長や行政組織が対応するというパターンは、全町避難した町や全村避難した村の多くが、役場機能の主たる移転先の事務所に加えて、比較的多くの住民が避難している地域に、出張所や連絡所を設けていることにも現れている。例えば浪江町は、2015年9月1日現在で、役場機能の主たる移転先である二本松事務所に加えて5つの出張所を設けているが、それらはいずれも、比較的多くの浪江町民が避難している地域に設置されている。

　また、全町避難した町や全村避難した村の多くが、役場機能の移転先付近に避難している住民だけではなく、それ以外の地域に避難している住民に対しても、広報誌の郵送や情報端末の配付等を通して情報提供を継続している。この事実も、どこに避難するかに関する住民の選択がまずあって、それに町村長や行政組織が対応するというパターンの現れとして理解することができる。

　避難の長期化とともに、町村長が役場機能の移転先として選択した場所に、町村の職員とともに多くの住民が避難するという、住民が役場の行政組織を頼りにしていることを如実に示す現象が徐々に後景に退き、住民の居住場所の選択に町村長や行政組織が後追い的に対応するという現象が徐々に前景化しているのであるが、そうした変化は、住民と役場の行政組織との相互依存的な関係が、状況次第で異なった形で現象化することを示している。住民は、役場の行政組織が提供する種々の行政サービスに依存しているのに対して、役場の存立は、役場の行政組織が提供する種々の行政サービスを住民が必要としているという事実に依存している。そうした意味において、住民と役場の行政組織とは、相互依存的な関係にある。全町避難もしくは全村避難が行われた当初やそれから間もない頃には、住民の多くが役場の行政組織が提供する情報や支援に依存しているという事実が、顕著に現出した。しかしながら、時の経過とともに、住民の役場の行政組織への依存度は徐々に低下し、むしろ役場の行政組織の側が、その存続のために、住民の多様な選択を尊重しつつ、多くの住民が何らかの意味で役場の行政組織に依存しているという状態を維持し続けることに腐心せざるを得なくなる。そうした変化が生じてきているのである。

それはともかく、「住所」すなわち「生活の本拠」とは、客観的事実として、実際にそこに暮らしている場所であると考えるならば、全町避難及び全村避難は、何よりもまず、自治体の「区域」に「住所」を有する「住民」が存在しない町村を現出させた。そうした事態への法的対応として興味深いのが、東日本大震災における原子力発電所の事故による災害に対処するための避難住民に係る事務処理の特例及び住所移転者に係る措置に関する法律（以下、「原発避難者特例法」という）の制定である。

3　特例法による「例外」の創出

　原発避難者特例法が制定されたのは、発災から5カ月弱が経過した2011年8月5日のことである[9]。同法は、「指定市町村」、すなわち、福島第一原発が立地する各町及び周辺市町村のうち総務大臣が指定する市町村の住民で、それまで居住していた市町村の区域外に避難することを余儀なくされた者を、「避難住民」と「住所移転者」とに区別したうえで、後者の一部をさらに「特定住所移転者」と区分けし、このうちの「避難住民」と「特定住所移転者」に対して、避難元市町村、避難先市町村、国等がとるべき措置を定めるものである。
　「避難住民」とは、「指定市町村」からその区域外に避難しているが、避難元市町村に転出届を出していない者である（同法第2条第3項）。それらの者は、避難元市町村の長に避難場所を届け出ることにより、避難先市町村から所定の範囲の行政サービスの提供を受けることができる（同法第6条第1項）。これに対して「特定住所移転者」とは、「指定市町村」からその区域外に避難し、避難元市町村に転出届を出すとともに、避難先市町村に転入届を出した者のうちで、避難元市町村の長に、その市町村との関係の維持や、その市町村の住民やその市町村から避難した他の特定住所移転者との交流のために、その市町村が実施する施策の対象となることを希望する旨を申し出たものである（同法第2条第5項）。それらの者は、その希望した施策の対象となることができると

9　原発避難者特例法の立法経緯に関しては、今井（2011）及び植田（2011）を参照。

ともに、避難元市町村が、特定住所移転者を対象とした施策に関して意見を聴取するために、条例により「住所移転者協議会」を設置した場合には、その構成員となることができる（同法第11条、第12条）。

　ある自治体の「住民」とは、その自治体の「区域」に「住所」すなわち「生活の本拠」を有する者であり、かつ「生活の本拠」とは、客観的事実として、実際にそこに暮らしている場所であると解するならば、「避難住民」も「特定住所移転者」も、避難先市町村の住民であり、避難元市町村の住民ではあり得ない。これに対して、「単なる滞在は住所を有することと区別すべきであり、この滞在が長期にわたるものであっても、たとえば、出稼者、災害による避難者等についてはその住所は別にあるものと考えられる」（松本（2013b）136頁）という考え方をとるならば、「避難住民」も「特定住所移転者」も避難元市町村の住民であるという理解も可能である。

　原発避難者特例法は、このいずれの考え方をも採用することなく、原発の過酷事故に起因する大規模避難という事態の特異性を踏まえて、新たな法的カテゴリーを創出した。まず、「避難住民」とは、避難元市町村の住民ではあるが、その区域外に避難を余儀なくされているために、避難元市町村から行政サービスの提供を受けることが実際上不可能であり、それゆえに、自らが住民として所属する市町村とは異なる市町村から行政サービスの提供を受ける必要がある人々のことであり、避難元市町村との関係では、「特例的住民」とでも言うべき存在である。これに対して、「特定住所移転者」とは、もはや避難元市町村の住民ではなくなっているが、転出理由の特殊性ゆえに、その者の、避難元市町村とのつながりを維持し続けたいという思いを格段に尊重する必要のある人々のことであり、避難元市町村との関係では、「特例的非住民」とでも言うべき存在である。すなわち、それまでの地方自治法制の下では、人は、ある特定の自治体との関係では、「住民」であるかないかのいずれかでしかなかったのに対し、原発避難者特例法は、「住民」と「非住民」との間に、実質的には「特例的住民」及び「特例的非住民」として理解可能な、2つの新たな法的カテゴリーを作り出したのである。

　ある者が、これらのうちから「住民」を除いた「避難住民」「特定住所移転者」及び「非住民」の3つのカテゴリーのいずれに区分されるかは、その者が、客

観的事実としてどこに暮らしているかによってではない。いずれのカテゴリーに分類されるかを決定づけるのは、その者が特定の作為もしくは不作為をなすことによって表明した、その者の意思である。「避難住民」とは、それまで暮らしていた市町村の区域から避難したものの、避難元市町村に転出届を出さず、そうした不作為によって、避難元市町村の住民であり続けたいという思いを表明している者である。「特定住所移転者」とは、避難元市町村に転出届を出し、避難先市町村に転入届を出したものの、避難元市町村とのつながりを完全に断ち切ることには躊躇を覚え、その思いを、「特定住所移転者」として扱われることを望む旨を避難元市町村の長に申し出るという作為によって表明した者である。「非住民」とは、避難元市町村に転出届を出したうえで、避難先市町村に転入届を出し、なおかつ、「特定住所移転者」として扱われることを望む旨を避難元市町村の長に申し出ないという不作為によって、避難元市町村との関係の継続を望んではいないことを表明した者である。避難元市町村との結びつきをどれほど重視し、それを維持し続けることをどれほど強く望んでいるかが、いずれのカテゴリーに区分されるかを決定づけるのである[10]。

　それまで暮らしていた市町村の区域外に避難した人々が、避難元市町村との結びつきを維持し続けることを望むのは、いずれは避難元市町村の区域に帰還したいと考えるからであろう。原発避難者特例法が「避難住民」や「特定住所移転者」という法的カテゴリーを設け、それぞれのカテゴリーに分類された人々に与えられるべき処遇を法定したのは、この帰還したいという思いへの配慮に基づいてのことであると、まずは考えることができる。しかしながら、この法律が施行されることには、帰還したいという思いが尊重されるという効果だけではなく、帰還したいという思いが強化されるという効果もあるように思われ

10　もちろん、避難元市町村に転出届を出し、避難先市町村に転入届を出した者のすべてが、避難元市町村との結びつきを維持し続けることを、さほど強くは望んでいないというわけではない。松薗祐子が指摘しているように、「避難先への定住意志があまりないことを理由に雇用を断られ、住民票がないためローンが組めず、住宅取得や事業再開が難しい」といった状況に直面し、断腸の思いで避難先市町村の住民となった者も少なくない（松薗（2013）34頁）。ただし、そのような者に関しても、避難元市町村との結びつきを維持し続けることよりも重要なことがあり、それゆえに、避難元市町村との結びつきを維持し続けることを最優先するという判断はなされなかったことは確かである。

る。自らが「避難住民」もしくは「特定住所移転者」であることを意識することには、いずれは帰るべき場所があるという思いを強める作用があるのではないかと考えられるし、避難元市町村が実施する「特定住所移転者」を対象とした施策の対象となることで何らかの恩恵を受けたり、「住所移転者協議会」の構成員となったりしたならば[11]、帰還したいという思いは、よりいっそう強化されるであろう。原発避難者特例法によって設けられた法的カテゴリーや、それらのカテゴリーに分類された人々を対象とした施策には、避難の長期化とともに帰還したいという思いが減退していくことを食い止め、むしろそうした思いをより強化するという効果が、多少なりともあるように思われるのである。そして、原発避難者特例法が制定された背景には、そうした効果への期待もあったのではないかと推測したとしても、あながち誤りであるとは言い切れないように思われる。

　しかしながら、それまで暮らしていた市町村の区域外に避難した人々の、いずれは帰還したいという思いの減退を抑止するという効果を発揮することへの期待がより明瞭に現れているのは、いわゆる「仮の町」の構想である。

4　「仮の町」構想

　「仮の町」という名称を最初に用いたのは、双葉町長であった井戸川克隆であるという。それは、全町避難を強いられた町民の多くが、帰還できるまでの間、ある程度まとまって暮らすことができる場所を示す語として用いられていた。そして、そうした「仮の町」には役場の仮庁舎が設けられ、そこに勤務する職員が、可能な範囲内で各種の行政サービスを町民に提供することが想定されていた。「仮」という語は、いずれは帰還することを前提とした暫定的な居住空間であるという意味で、また、「町」という語は、町民が集まって暮らす場所であるという意味で用いられていた。井戸川がそうした「仮の町」を構想したのは、2011年末に、それまでの警戒区域と計画的避難区域を、帰還困難区

11　ただし、これまでのところ、条例により住所移転者協議会が設置された例はない。

域、居住制限区域、及び避難指示解除準備区域に再編する案が、政府から示された際であったという[12]。その案では、双葉町の区域の大半が、相当長期にわたって帰還することのできない帰還困難区域となっていた。そうであるとしたならば、町の区域の大半が居住可能となるまでの間、町民の多くが、将来における帰還を前提として、まとまって暮らす場所を町の区域外に作らなければ、いずれ町民はちりぢりになってしまい、町の再生は不可能になると考えたことが、「仮の町」構想へとつながったのである[13]。

　実は、井戸川の「仮の町」構想と同様の、将来の町の再生を見据えて町の区域外にまとまって暮らすという発想は、2011年6月に、「富岡町を応援するおせっかいプロジェクトチーム」という被災者支援団体が公表した「心つなぐ・未来つくる"新・真"富岡復興ビジョン」にも、「セカンドタウン」構想として示されていた。この「復興ビジョン」においては、「富岡町復興のためには、できるかぎり多くの富岡町民が、バラバラになることなく共に暮らせる場所づくりを、今から始め」る必要があるという認識が示され、その富岡町の区域外において「共に暮らせる場所」に「セカンドタウン」という名称が与えられていた。そして、この「セカンドタウン」には、町外避難を余儀なくされている町民の住居や町役場の仮庁舎に加えて、そこで暮らす人々に働く場を提供するための種々の産業基盤をも整備することが提言されていたのである（山下他（2012）82-86頁；今井（2014a）123-124頁）。

　確認しておくべきなのは、「仮の町」構想も「セカンドタウン」構想も、将来の町の復興のためには、町民がまとまって暮らすことが必要であるという認識に基づいたものであるということである。これらの構想においては、町の区

12　総理大臣から関係市町村長に対して指示された区域指定のうち、緊急時避難準備区域については、2011年9月30日に、その解除が、同じく総理大臣から関係市町村長に対して指示され、それに従って解除がなされていたため、総理大臣の指示に基づく市町村長による区域指定として2011年末に存続していたのは、警戒区域と計画的避難区域のみであった。なお、それらとは別に、総理大臣自らの指定によるものとして、特定避難勧奨地点が伊達市内、南相馬市内、及び川内村内に複数箇所指定されていたが、伊達市内及び川内村内のものは2012年12月14日に、南相馬市内のものは2014年12月28日に、すべて解除されている。

13　『福島民報』2011年12月24日。

域外に避難している町民が、将来の町の復興の担い手となることが想定され、そうした役割を引き受けようという意識ないしは意欲を減退させないための、あるいは強化していくための方策として、まとまって暮らすことが重視されているのである。その後、富岡町においては「サテライト」という語によって、また、浪江町と大熊町においても「町外コミュニティ」という語によって、同様の構想が語られていくことになるが[14]、いかなる名称を用いるにせよ、その名称で指し示されているものが、被災時まで暮らしていた町の区域にいずれは帰還することを前提として、それまでの間まとまって暮らす場所である点に変わりはない。

　それでは、もともと暮らしていた町の区域外に避難している人々が、「仮の町」的な場所でまとまって暮らすことを望んでいるのかといえば、そうした希望を抱いている者は必ずしも多くはないのが実状である。そのことを如実に示しているのが、復興庁が実施した被災者意向調査の結果である。復興庁は、被災市町村と共同で、これまで3回にわたって被災者意向調査を実施している。平成24年度調査は2012年8月から2013年1月にかけて、平成25年度調査は2013年8月から2014年1月にかけて、平成26年度調査は2014年8月から2015年1月にかけて、市町村ごとに順次実施された[15]。このうち平成24年度調査では、その時点において「仮の町」的なものの建設を検討している旨を表明していた大熊町、富岡町、浪江町、及び双葉町の避難住民に対して、「仮の町」的なものが整備された場合における、そこに居住する意向をたずねているが、表2-2に示したように、4町のいずれにおいても、居住すると回答した者は、全回答者の4分の1以下にとどまっていた。調査の時点ではまだ決めかねていた者が多いが、

14　双葉町においても、井戸川が町長を辞任した2013年2月以降は、「仮の町」という名称の使用は避けられるようになり、同年6月に策定された「双葉町復興まちづくり計画（第一次）」においては、「仮の町」ではなく、「双葉町外拠点」という名称が用いられた。そのこともあって、新聞報道等でも、2013年の中盤以降は、「仮の町」という名称が使用されることはほとんどなくなった。

15　調査及び調査結果の概要が、復興庁のホームページにおいて公表されている（http://www.reconstruction.go.jp/topics/main-cat1/sub-cat1-4/ikoucyousa/index.html、2015年9月10日最終アクセス）。なお、4回めにあたる平成27年度調査が2015年8月から2016年1月にかけて実施される予定となっている。

表2-2 「仮の町」的な場所への居住意向

(%)

	居住する	現時点では判断できない	居住しない	無回答
大熊町	22.8	50.8	24.2	2.2
富岡町	24.0	48.3	24.4	3.3
浪江町	19.5	47.6	30.3	2.7
双葉町	6.7	45.5	42.8	5.0

(注) 町ごとに、実際に使用された質問票の選択肢の表現には若干の相違があるが、比較を容易にするため、大熊町及び浪江町で使用されたものにあわせている。また、富岡町については、「(建設場所が)富岡町であれば居住する」「(建設場所が)富岡町でも富岡町以外でも居住する」「(建設場所が)富岡町以外であれば居住する」のいずれかの選択肢を選択した者を合算して「居住する」を選択した者として扱っている。
(出所) 復興庁「平成24年度 原子力被災自治体における住民意向調査結果報告書」2013年5月、18頁より筆者作成。

「仮の町」的な場所には居住しないと決心している者も、相当数にのぼっていたのである。

　なお、2012年3月に制定された福島復興再生特別措置法が翌2013年4月に一部改正され、「生活拠点形成事業」すなわち「避難先市町村の区域内における公営住宅の整備その他の居住制限者の生活の拠点を形成する事業」に対する国の交付金が新設され、この新たな交付金を「仮の町」的なものの整備に用いることができるようになった。しかしながら、「仮の町」的なものの建設場所の最有力候補であるとされてきたいわき市は、役場の仮庁舎を中心に住宅や公共施設を1カ所にまとめて新たに整備する「集約型」の生活拠点の建設には難色を示し、住宅や公共施設を市内の数カ所に分散して建設する「分散型」の生活拠点とすることを受け入れの条件とした[16]。そのことを踏まえて、例えば双葉町では、役場の仮庁舎、小中学校、多くの避難住民がまとまって入居する復興公営住宅等を、比較的近い場所に設置することによって、「半集約型」の生活拠点を形成する方向が目指されることになった。双葉町自身がもともと望んでいた「集約型」といわき市が受け入れ条件とした「分散型」との、いわば折衷案を選択したのである。

　ちなみに、いわき市が同市の区域内に「集約型」の生活拠点が建設されるこ

---

16 『福島民報』2012年8月29日。

とに難色を示したのは、何よりもまず、そこに居住する人々の、もともと暮らしていた町の区域への帰還が実現した時点で、その場所が、大きな無人地帯となってしまうことを嫌ってのことであったという[17]。いずれかの時点で皆で帰還するためには、それまでの間まとまって暮らしたほうがよいという、「仮の町」的なものが構想されるそもそもの基盤となっていた発想が、「仮の町」的なものが建設されるかもしれない地域にとっては、受け入れ難いものなのである。

　それでは、「仮の町」やそれに類似する構想が、そして、程度の差こそあれ、「避難住民」や「特定住所移転者」という法的カテゴリーを創出した原発避難者特例法もまた、もともと暮らしていた町村の区域外への避難を余儀なくされている人々の、いずれは帰還したいという思いに応じるとともに、そうした思いの減退を抑止したいという意図を持ったものであるとして、もともと暮らしていた町村の区域外に避難している人々の帰還したいという思いは、実際のところ、どの程度強固なものなのであろうか。また、そうした思いは、避難の長期化に伴い、どのように変化してきているのであろうか。

5　避難住民の帰還の意思

　既述のとおり、復興庁は、被災市町村と共同で、これまで計3回にわたって被災者意向調査を実施しており、いずれの調査においても、全町避難もしくは全村避難を余儀なくされている町村の避難住民を対象とした調査票には、もともと暮らしていた町村の区域への帰還の意思を問う質問項目が含まれている。それらの質問項目への回答の分布状況は表2-3に示したとおりである。いずれの町村においても、確固とした帰還の意思を保持している者は、それほど多くはない。また、多くの町村においては、「戻らない」という回答をした者の割合が、平成24年度調査よりも平成25年度調査において増加し、平成26年度調

17　こうした将来における無人地帯の発生を問題視する見解は、いわき市の市長や職員が公式に表明しているわけではないが、『福島民報』2012年4月10日が、「仮の町から人が出て行った跡に巨大な廃墟ができるようでは困る」といういわき市民の意見を紹介している。

表2-3　帰還の意思

(%)

大熊町	戻りたい	判断がつかない	戻らない	無回答
平成24年度調査	11.0	41.9	45.6	1.4
平成25年度調査	8.6	19.8	67.1	4.5
平成26年度調査	13.3	25.9	57.9	2.9

(%)

富岡町	戻りたい	判断がつかない	戻らない	無回答
平成24年度調査	15.6	43.3	40.0	1.1
平成25年度調査	12.0	35.3	46.2	6.5
平成26年度調査	11.9	30.7	49.4	8.0

(%)

浪江町	戻りたい	判断がつかない	戻らない	無回答
平成24年度調査	39.2	29.4	27.6	3.8
平成25年度調査	18.8	37.5	37.5	6.2
平成26年度調査	17.6	24.6	48.4	9.5

(%)

楢葉町	戻りたい	判断がつかない	戻らない	無回答
平成24年度調査	42.8	34.0	22.3	0.9
平成25年度調査	40.2	34.7	24.2	0.9
平成26年度調査	45.7	30.5	22.9	0.8

(%)

双葉町	戻りたい	判断がつかない	戻らない	無回答
平成24年度調査	38.7	26.9	30.4	4.1
平成25年度調査	10.3	17.4	64.7	7.5
平成26年度調査	12.3	27.9	55.7	4.1

(%)

葛尾村	戻りたい	判断がつかない	戻らない	無回答
平成24年度調査	39.6	30.7	27.1	2.6
平成25年度調査	25.6	45.0	23.9	5.5
平成26年度調査	実施せず			

(%)

飯舘村	戻りたい	判断がつかない	戻らない	無回答
平成24年度調査	21.9	47.1	27.8	3.2
平成25年度調査	21.3	36.1	30.8	11.9
平成26年度調査	29.4	32.5	26.5	11.5

(注)　町村ごとに、また、同じ町村においても各回の調査ごとに、実際に使用された質問票の選択肢の表現にはかなりの相違があるが、比較を容易にするため、「条件が整えば戻りたい」「自宅であれば戻りたい」「二地域居住する」等の選択肢を選択した者は「戻りたい」を選択した者に、「わからない」を選択した者は「判断がつかない」を選択した者に、「戻れないと考えている」を選択した者は「戻らない」を選択した者に合算している。

(出所)　復興庁「平成24年度　原子力被災自治体における住民意向調査結果報告書」2013年5月、8-9頁；同「平成25年度　原子力被災自治体における住民意向調査結果」2014年6月、14-15頁；同「平成26年度　原子力被災自治体における住民意向調査結果」2015年3月、20-22頁より筆者作成。

査においても、平成24年度調査の水準までは低下していない[18]。

　とりわけ、平成24年度調査と平成25年度調査との間に実施された区域再編によって、町の区域の大半が帰還困難区域に指定された大熊町と双葉町では、この間における「戻らない」と回答をした者の割合の増加が顕著である。もっとも、大熊町と双葉町における「戻らない」と回答をした者の割合の著しい増加を、全面的に区域再編の効果と見なすことには慎重でなければならない。これら2町における平成25年度調査においては、戻らないと決めているのではなく、戻れないと考えている場合にも、「戻らない」という選択肢を選択するよう求めており、このことが、この選択肢を選択した者の数を増加させているとも考えられるからである。他の町村における平成25年度調査では、戻れるのであれば戻りたいが、現状では戻れないと考えている者の多くは、「判断がつかない」と回答し、そのことが、大熊町及び双葉町と他の町村との間の回答分布の違いとなって現れている可能性を否定できないのである。

　いずれにせよ、戻れるのであれば戻りたいが、現状では戻れないと考えている者が、いずれの町村の住民のなかにも相当数含まれていることは確かであろう。そして、強固な帰還の意思を有しているわけではないが、かといって絶対に戻らないと決めているわけでもない、そうした人々に対しては、原発避難者特例法による「避難住民」や「特定住所移転者」という法的カテゴリーの創出や、「仮の町」的なものの整備は、戻らないという方向へ意識が傾いていくことを食い止めるための、それなりに有効な対応なのかもしれない。それらは、強固な帰還の意思を有している者に対しては、その意思を、政策形成主体としての国や町村は、十分に尊重しているというメッセージを伝達する効果を有するのに対して、戻るとも戻らないとも決めかねている者に対しては、戻らないという決断を抑止し、あるいは先送りにさせるような効果を発揮し得るのではないかと考えられるのである。

　もっとも、「仮の町」的なものが、戻るとも戻らないとも決めかねている者

18　帰還の意思を有する者の減少は、今井照が朝日新聞社と共同で実施した、4次にわたる「原発災害避難者の実態調査」においても確認されている（今井（2014b）79頁）。なお、今井（2014b）80頁でも指摘されているとおり、帰還の意思の喪失は、「環境によって強いられた結果」である場合がほとんどであることを看過すべきではないであろう。

の意識の、戻らないという方向への傾斜をどの程度抑止し得るかは、その具体的な整備の仕方次第であろう[19]。既述のとおり、復興庁の平成24年度調査では、大熊町、富岡町、浪江町、及び双葉町の避難住民を対象とした調査票には、「仮の町」的な場所での居住の意向を問う質問項目が含まれていたが、表2-2に示したとおり、この質問項目に関しては、いずれの町の避難住民の間でも、「現時点では判断できない」という趣旨の選択肢を選んだ者が、回答者のほぼ半数を占めていた。このことは、多くの避難住民にとって、「仮の町」的なものは、けっして無条件で魅力的な提案ではなく、その整備の仕方次第では、「仮の町」的な場所には暮らさないという決断をするとともに、それとあわせて、もともと暮らしていた町村の区域には、将来的にも戻らないという決断をもする者が、相当数現れる可能性があることを示唆しているように思われる。

6 全町避難・全村避難が問いかけるもの

「区域」と「住民」とのいずれを欠いても自治体は存在し得ないとしたならば、「区域なき自治体」や「住民なき自治体」は、概念矛盾である。ところが、福島第一原発の過酷事故は、それが立地する大熊町及び双葉町とその周辺町村に、町村の「区域」に客観的事実としての「生活の本拠」を有し、そこで日々の生活を営んでいる者が一人もいないという事態をもたらした。「住民」であるか否かは、もっぱら客観的な居住の事実によって判断すべきであるとしたならば、「住民なき町村」が現出したことになる[20]。

地方自治法制は、「避難住民」という新たな法的カテゴリーを創出することによって、そうした状況に対応した。この対応によって、全町避難もしくは全村避難を余儀なくされた町村も、法的観点から見る限りは、「住民なき町村」

---

19 飯島淳子は、「仮のまちが、受入先自治体の領域に位置し、また、受入先自治体の住民社会とつながりを持っていく以上、領域性と社団性の両面から、受入先自治体への『統合』がなされていくという方向が、——ある意味では容赦のない——自然の力学であろう」と、「仮の町」的なものが、そこに暮らす人々の帰還の意思の減退を食い止める役割を果たす可能性に対する、悲観的な観測を表明している（飯島（2013）171頁）。

ではないということになった。この「避難住民」というカテゴリーを法定する原発避難者特例法の制定によって、「特定住所移転者」という法的カテゴリーもまた、新たに創出された。

　原発避難者特例法の制定によって創出されたこれらの法的カテゴリーには、もともと暮らしていた町村の区域外への避難を余儀なくされた人々の、避難元町村との関係を維持し続けたいという思いを尊重するとともに、その減退を抑止するという効果が伴うと考えられるが、しかし、もともと暮らしていた町村の区域外への避難が長期化するならば、そうした法的カテゴリーの創出をもってしても、避難元町村との関係を維持し続けたいという思いの減退は避けられないかもしれない。そこで提唱されたのが、避難住民が避難元町村の区域外にまとまって暮らすという「仮の町」ないしはそれに類似した構想であった。こうした構想の背後には、将来のいずれかの時点における町や村の復興の担い手となるべき人材を確保しておきたいという意図があることは、すでに指摘したとおりである。

　しかしながら、全町避難もしくは全村避難を余儀なくされている町村の、その区域外に避難している住民のうちで、「仮の町」的な場所での居住を望んでいる者や、いずれはもともと暮らしていた町村の区域に帰還したいと考えている者は、けっして多くはないのが実状である。「避難住民」や「特定住所移転者」のような法的カテゴリーの創出や「仮の町」的な場所の整備によっては、町外もしくは村外への避難の長期化とともに進行する帰還の意思の減退を抑止する

20　自治体の本質は「人の集まり」であると考えるならば、全町避難及び全村避難は、「人の集まり」としての町村が、それまでその町村固有の集まりの場として用いていた「区域」を、集まりの場として用いることができなくなったという意味で、「区域」の喪失すなわち「区域なき自治体」の現出として理解されることになる。しかしながら、人見剛が指摘しているとおり、現行の地方自治法制を前提とする限り、全町避難した町や全村避難した村は、全町避難もしくは全村避難した後も、それ以前の「区域」をその町村の「区域」として存在しているのであり、「区域なき自治体」となったわけではない（人見（2014）60頁）。これに対して、今井照は、自治体の本質は「人の集まり」であるという認識を前提に、地方自治法制をそうした前提認識と整合的なものとしていくべきことを提言している（今井（2014a）26頁）。なお、「区域なき自治体」の可能性に関しては、金井（2012）4-5頁も参照。

ことは困難であるというのが、実際のところなのかもしれない。

　帰還の意思の減退を避け難いものとして受け入れつつ、それでもなお、いずれかの時点における町や村の復興を構想するとするならば、復興策としてまず考えられるのは、復興の担い手を、発災前に住民であった者以外にも求めることであろう。実際、そうした構想を掲げる町が現れている。大熊町である。全町避難を続けている同町が2014年3月に公表した「大熊町復興まちづくりビジョン」では、「町土復興・再生の第一ステップ」として、同町内の大川原地区に、除染、廃炉、環境、ロボット技術等の研究施設を核とした復興拠点を整備することを掲げているが、この「大川原復興拠点」には、町外に避難している発災前からの住民で、避難場所から帰還する者が約1000人、他の市町村からの転入者が約2000人暮らすことが想定されている。除染や廃炉等の技術者や作業員及びその家族が他の市町村から転入してきて、復興の担い手となることに、大きな期待が寄せられているのである。

　そうした復興構想に対しては、「危険でも仕事があればよい、カネがもらえればよい」と考えるような者ばかりが集まってくる「危険自治体」の形成につながりかねない、「人間なき復興」構想であるという、否定的な評価もないわけではない（山下他（2013）266-269頁）。しかしながら、一人ひとりの避難者の居住場所を選択する自由を最大限に尊重しつつ、それと両立可能な復興策を構想するとするならば、発災時において住民であった者以外の者にも、復興の担い手としての役割を期待するほかないように思われる。新住民を復興の担い手として積極的に受け入れていこうという構想には、むしろ、自治体としての存続が根底から脅かされている町の、存続に向けてのしたたかな、そしてまた、しなやかな自治の営みを読み取るべきであろう。そして、そうした自治の営みは、まず場所的構成要素としての「区域」が存在し、その「区域」に「住所」を有する「住民」がいて、自治体が成立するという地方自治法の想定に完全に合致したものなのである。

【参考文献】

飯島淳子（2013）「住民」『公法研究』第75号、166-175頁
礒野弥生（2013）「避難指示の解除をめぐる法的課題——福島原発事故をめぐって」『人間と環境』第39巻第1号、9-17頁
今井照（2011）「原発災害事務処理特例法の制定について」『自治総研』第395号、89-118頁
今井照（2014a）『自治体再建——原発避難と「移動する村」』ちくま新書
今井照（2014b）「原発災害避難者の実態調査（4次）」『自治総研』第424号、70-103頁
植田昌也（2011）「原発避難者特例法について」『地方自治』第767号、56-93頁
太田匡彦（2008）「住所・住民・地方公共団体」『地方自治』第727号、2-22頁
金井利之（2012）「『空間なき市町村』の可能性」『自治体学』第26-1号、2-5頁
神田誠司（2013）「飛び出した町」朝日新聞特別報道部『プロメテウスの罠4——徹底究明！福島原発事故の裏側』学研パブリッシング、53-113頁
消防庁防災課編（1995）『逐条解説 災害対策基本法』ぎょうせい
外岡秀俊（2012）『3・11 複合被災』岩波新書
高木竜輔（2012）「いわき市における避難と受け入れの交錯——『オール浜通り』を目指して」山下祐介・開沼博編著『『原発避難』論——避難の実像からセカンドタウン、故郷再生まで』明石書店、303-331頁
地方自治総合研修所監修、佐藤竺編著（2002）『逐条研究 地方自治法Ⅰ』敬文堂
土井妙子（2012）「福島原発事故をめぐる避難情報と避難行動——双葉郡各町村に着目して」『環境と公害』第42巻第1号、34-40頁
長野士郎（1953）『逐條地方自治法——解釈とその運用』学陽書房
人見剛（2014）「原発事故避難者住民と『仮の町』構想」『学術の動向』第19巻第2号、59-63頁
松薗祐子（2013）「警戒区域からの避難をめぐる状況と課題——帰還困難と向き合う富岡町の事例から」『環境と公害』第42巻第4号、31-36頁
松本英昭（2013a）『要説 地方自治法——新地方自治制度の全容』（第8次改訂版）ぎょうせい
松本英昭（2013b）『新版 逐条地方自治法』（第7次改訂版）学陽書房
柳孝（2000）「原子力災害対策特別措置法等について」『ジュリスト』第1172号、

66-69頁

山﨑重孝（2011）「住民と住所に関する一考察」『地方自治』第767号、2-14頁

山下祐介・吉田耕平・原田峻（2012）「ある聞き書きから――原発から追われた町、富岡の記録」山下祐介・開沼博編著『「原発避難」論――避難の実像からセカンドタウン、故郷再生まで』明石書店、57-90頁

山下祐介・市村高志・佐藤彰彦（2013）『人間なき復興――原発避難と国民の「不理解」をめぐって』明石書店

吉田耕平・原田峻（2012）「概説 原発周辺自治体の避難の経緯」山下祐介・開沼博編著『「原発避難」論――避難の実像からセカンドタウン、故郷再生まで』明石書店、365-389頁

第3章　自治体の震災対応と職員意識

松井　望

はじめに

　震災の発生以降、各自治体のみならず、学術機関、新聞社では多くの意識調査を実施した。これらの調査を、調査対象ごとに分類すると、2種類に分けることができる。
　1つは、首長に対する調査がある。これらは新聞社（全国紙）やメディア機関が実施したものが多い。これらの調査結果からは、復旧・復興の現状や国の方針や復興の進捗度に対する首長の評価を把握できる。もう1つは、被災された住民への調査がある。これは、被災自治体、地方紙、学術機関が実施してきた。また、国レベルでも復興庁が「原子力被災自治体における住民意向調査」として、住民に直接、定期的に意識調査を実施したことは特徴的であった。これらの調査結果からは、被災者の生活実態や先行きの見通し、自治体による復旧・復興政策への評価や意識が明らかになった。特に、被災自治体が実施した調査では、避難所、仮設住宅、災害復興住宅への移転希望や避難住民への帰還の意思もたずねられ、住民の意向を踏まえながら、生活者支援の各種事業を進めることにもつながった。
　これらの各種意識調査は、後世、災害復興研究において重要な資料となることは間違いないだろう。他方で、本班では、以上の意識調査を見たとき、把握されていない調査対象があるように考えた。それは、被災自治体の職員の意識である。震災のなかで通常の行政機能が一時期停止した自治体があった。物理的に役所や役場自体を失った自治体もあった。そのようななかでも、復旧・復興過程では、自治体職員が果たした役割は大きかった（今井（2014）95頁）。

自治体職員による活動記録としては、応援職員による手記（東京都（2012）（2013）（2014））や、医師・看護師、教員等の専門職や職員組合関係者（日本看護協会出版会編集部編（2011）；国民教育文化総合研究所編（2013））により、断片的ではあるが記録されている。他方で、実際に復興に取り組んできた一般職の職員に関しては、必ずしも体系的に集積されたデータは現在のところはない。しかしながら、復旧・復興事業の当事者である一般職の職員たちが、どのような意識を持ちながら実際の復旧・復興に取り組んできたかを記録しておかなければ、復旧・復興過程のなかでの行政・地方自治の総体を捉えきれないと考えた。

　以上のような問題意識から、本班では、震災後3年目にあたる2014年に、被災3県（岩手県、宮城県、福島県）と、同3県内の沿岸部37市町村に勤務する課長職の職員（1325名）に対して郵送質問紙調査を実施した[1]。本章は、同調査結果の内容をまとめたものとなる。ただし、調査結果は膨大であるため、本章では次の3つのテーマに焦点を当てる。

　1つめは、災害関連業務への対応と意識である。復旧・復興時に職員たちはどのように対応し（第1節）、復旧の時期をいつ頃であると認識したか（第2節）をまとめる。2つめは、復興業務を進めるうえでの主体との接触についてである。住民（第3節）、国や県という政府間関係（第4節）では、どの程度被災市町村や県が接触し、いかなる意識を持っていたのかをまとめる。3つめは、復興を進めるための要因や体制についてである（第5節）。以下では、3つのテーマに関連する設問をもとに調査結果をまとめていく。なお、本章内の各数値には、紙幅の関係上、表としては掲載されていない数値も含まれていることをご

---

[1] 本調査の名称は、「東日本大震災学術調査に係る被災自治体職員アンケート調査」である。調査方法は、郵送により調査票を送付し郵送で回収を行った（郵送調査法）。また、希望者にはWEB上での回答手段も用意した。回収数（率）は、対象者1325名に対して、有効回収数1018（有効回収率76.8％）であった。
　調査対象の市町村名は次のとおり。岩手県内の市町村は、洋野町・久慈市・野田村・普代村・田野畑村・岩泉町・宮古市・山田町・大槌町・釜石市・大船渡市・陸前高田市。宮城県内の市町村は、気仙沼市・南三陸町・女川町・石巻市・東松島市・利府町・松島町・塩竈市・七ヶ浜町・多賀城市・仙台市・名取市・岩沼市・亘理町・山元町。福島県内の市町村は、新地町・相馬市・南相馬市・浪江町・双葉町・大熊町・富岡町・楢葉町・広野町・いわき市である。

了承いただきたい。

1　業務の変化への対応

　行政組織は、分業と協業によって動く。しかしながら、被災後には、あらかじめ定められた事務分掌を越えた業務に直面する場合がある。新たに発生した災害関連業務に対して職員たちは、既存の事務分掌内で対処が可能な場合もあれば、事務分掌とは異なった新たな業務を引き受ける場合がある。では、復旧・復興過程では、職員たちはどのように業務を担当したのであろうか。

　まずは、37市町村を見てみると、通常業務に災害関連業務が加わったと回答した職員が55.2％であった。他方で、従来業務から災害関連に改められた職員は36.6％であった。このことからは、復旧・復興過程では、通常業務と災害関連業務の双方を担当し、既存の事務分掌に新規の災害関連業務を追加しながら業務を果たす様子がうかがえる。これは、災害関連業務と所属部局との業務の関連をたずねた設問への回答からもわかる（表3-1）。「大半が関連する仕事」が最も多く、次いで、「すべて関連する仕事」(21.8％)との回答がある。このように、53.0％の市町村職員は、通常業務と関連する災害関連業務を分掌していたのである。ただし、一部関連やすべて関連しない業務も46.3％の職員は引き受けており、通常業務とは全く異なる災害関連業務を担当する職員もいた。

　次いで、県を見ると、3県もまた同様に、通常業務に災害関連業務が加わった職員が半数を占めている（表3-2）。これは、前記の市町村よりも通常業務との関連から分掌されており（30.2％、40.4％）、県では所属部署という通常業務を基本にした業務の分掌化がうかがえた。

　ではなぜ、既存の分掌には関連しない新たな業務を受け入れたのか。その理由としては、37市町村では、上司からの職務命令を契機と挙げる回答が最も多かった（44.3％）。換言すれば、職員が自主的な判断や、職員間での議論の結果、職員自らの判断で新しい業務を引き受けることには限定的であった様子がうかがえる。これは3県でも市町村と同様であり、上司に命じられたことを主たる

表3-1 震災後の業務（37市町村）

災害関連の仕事は、所属部局に関連する仕事か

	すべて関連する仕事	大半が関連する仕事	一部関連する仕事	すべて関連しない仕事	無回答	計 %	計 N
岩手県	21.1	36.0	24.2	17.4	1.2	100	161
宮城県	26.0	32.0	23.7	17.7	0.6	100	350
福島県	11.8	23.5	30.9	33.8	—	100	136
合計	21.8	31.2	25.3	21.0	0.6	100	647

表3-2 震災後の業務（3県）

災害関連の仕事は、所属部局に関連する仕事か

	すべて関連する仕事	大半が関連する仕事	一部関連する仕事	すべて関連しない仕事	無回答	計 %	計 N
岩手県	32.0	49.3	14.7	4.0	—	100	75
宮城県	42.6	36.2	11.7	9.6	—	100	94
福島県	19.0	37.9	24.1	19.0	—	100	116
合計	30.2	40.4	17.5	11.9	—	100	285

理由に挙げた（42.9％）。

　以上の回答結果からは、次のような現状がわかる。まず、災害関連業務を非ルーティン業務、被災以前から分掌された業務をルーティン業務と分類すれば、災害のなかでもルーティン業務と非ルーティン業務を双方担当していたことがわかった。むしろ、災害直後であっても、非ルーティン業務のみに専従したわけではなかったのである。そして、新たな業務は、職務命令に基づき分担された。これは、被災者でもある職員は、行政組織のなかでは一人の職員、組織人であることを意味する。そのため、既存の職層、職務体系に準じた対応をとったのである。そのため、災害関連業務に取り組んだ職員や職場の業務変化への対応としては、被災以前の職員体制や事務分掌に依拠する様子がうかがえた。

2 復旧時期の意識

　東日本大震災の復旧・復興過程では、復興庁や各県が中心に事業の進捗度を示すデータが定期的に公表されてきた。このように復旧・復興過程の「見える」化を進めたことは、東日本大震災の復旧・復興過程における行政対応の特徴であろう。公表されている数値からは、震災後3年間を経過した時点では、社会資本整備を中心に復旧段階は達成しており、生活支援でも徐々に進みつつある様子はうかがえた。では、実際に復旧・復興業務に携わる職員たちは、どの時点で復旧したと考えたのだろうか。

　まずは、37市町村を見てみる（表3-3）。震災前の状態には、1年以内で戻ったとの回答が20.4％ある。一方で、まだ戻っていないとする回答も20.1％あった。他方、県別では少し異なった結果が見られた。それは、岩手県内市町村は23.5％、宮城県内市町村では21.7％であったが、福島県内市町村では13.1％と、地域間での復旧時期の認識には差が生じていた。ここからは、復旧時期が長期化しているような印象を持つが、回答結果のうち1カ月以内、3カ月以内、半年以内、1年以内はいずれも1年以内であるため合算してみると、55.1％は1年以内には震災前に戻っていたとの認識であったこともわかる。つまり、震災後1年が境となり、通常業務に移行したと考える職員が多数であった様子をうかがうことができた。

　次いで、3県を見てみる（表3-4）。3県の回答では、37市町村に比べると業務が復元したとの意識は低い。例えば、まだ戻っていないとの認識が、どの時期よりも多く35.8％であった。県別では、福島県が3年を経過した時点でも39.7％は復元していないと回答している。これは、福島県の市町村が28.3％の認識であったことに比べても高い割合である。また、3県でも、37市町村と同様に1年以内の回答を合算してみると、37.9％が1年以内で通常業務に復元したと認識していることがわかる。しかしながら、37市町村に比べれば17.2ポイント低い。

　以上見てきたことから、3県では1年以降でも復旧過程の意識は続き、37市

78　第1部　震災と自治体

表3-3　震災前の仕事への復帰（37市町村）

いつ頃から震災以前の仕事の状態に戻ったか

	1カ月以内	3カ月以内	半年以内	1年以内	2年以上後	まだ戻っていない	前の仕事に戻らず新しい職務についた	無回答	計 %	計 N
岩手県	7.0	11.2	16.6	23.5	5.9	19.8	15.5	0.5	100	187
宮城県	2.9	15.0	18.8	21.7	10.2	17.2	13.7	0.5	100	373
福島県	2.8	11.7	15.2	13.1	10.3	28.3	17.9	0.7	100	145
合計	4.0	13.3	17.4	20.4	9.1	20.1	15.0	0.6	100	705

表3-4　震災前の仕事への復帰（3県）

いつ頃から震災以前の仕事の状態に戻ったか

	1カ月以内	3カ月以内	半年以内	1年以内	2年以上後	まだ戻っていない	前の仕事に戻らず新しい職務についた	無回答	計 %	計 N
岩手県	4.8	8.4	18.1	12.0	8.4	33.7	14.5	—	100	83
宮城県	2.9	6.7	12.5	15.4	5.8	32.7	24.0	—	100	104
福島県	3.2	6.3	7.9	17.5	4.8	39.7	19.8	0.8	100	126
合計	3.5	7.0	12.1	15.3	6.1	35.8	19.8	0.3	100	313

町村では1年を境に復旧から復興へと移行する意識がうかがえた。3県と37市町村の間に認識の差があるのは、3県側では3年を経過したなかでも災害関連業務が中心となる意識があり、37市町村では通常業務を中心に職務を進めていたからである。前節で述べた業務変化への対応を踏まえれば、一定期間（1年以内）のなかで、37市町村の大半は、災害関連の業務を従来の通常業務として取り入れたのであろう。もちろん、37市町村すべてが同じ意識にあったわけではない。例えば、部署ごとの意識では差異がある（図3-1）。農水産系、議会系、商工観光系、福祉保健系では、1年以内で通常業務へと移行したと認識がある一方で、都市整備系、復興系、教育系ではまだ戻っていないとの意識も多

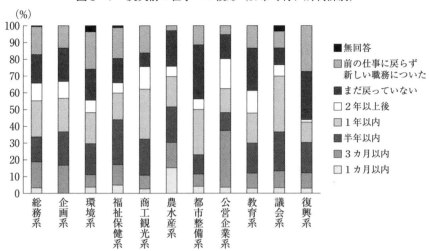

図3-1　震災前の仕事への復帰（37市町村、所属課別）

かった。そのため、1年以内で通常業務に復元したとの意識がわかるものの、各市町村のなかでも業務によっては、復旧時期に差異もあった。

このように、通常業務の状態に戻ったとの認識があるとはいえ、未だに戻っていないと考える職員も一定数いる。では、何が通常業務へと戻らないと考える要因なのだろうか。本調査では、住民の意向、職員、権限、財源の各資源の調達という観点から質問をしたなかで、37市町村と3県ともに職員不足が指摘された（56.3％、43.8％）。職員たちにとっては、職員不足が通常業務への復元に対する制約要因であると捉えられていた。他方、財源や権限はあまり主要な要因であったとは考えられていないようであった。ただし、前記の観点以外にも「その他」の回答が多く、37市町村では57.0％、3県では77.7％であった。そのため、前記の観点以外の要因が、通常業務へと復帰するうえでの制約要因になっていたのであろう。

3　住民との接触と対応

自治体は、日常時も被災時も「住民の意思反映は生命線」（金井（2014）25頁）

表3-5 住民からの問合せ（37市町村）

震災後の3年間に住民からの直接の問い合わせ、依頼、要求を受けた程度

	非常に多く受けた	かなり多く受けた	あまり受けなかった	全く受けなかった	無回答	計	
						%	N
岩手県	21.9	43.3	27.3	5.9	1.6	100	187
宮城県	26.5	41.6	24.7	7.2	—	100	373
福島県	44.8	35.2	17.2	2.8	—	100	145
合計	29.1	40.7	23.8	6.0	0.4	100	705

表3-6 住民からの問合せ（3県）

震災後の3年間に住民からの直接の問い合わせ、依頼、要求を受けた程度

	非常に多く受けた	かなり多く受けた	あまり受けなかった	全く受けなかった	無回答	計	
						%	N
岩手県	10.8	34.9	41.0	12.0	1.2	100	83
宮城県	17.3	34.6	33.7	12.5	1.9	100	104
福島県	17.5	39.7	32.5	9.5	0.8	100	126
合計	15.7	36.7	35.1	11.2	1.3	100	313

である。住民に最も身近な自治体は、住民対応こそが自治体の業務の中核を占める。例えば、37市町村では、被災前に部署によって頻度に多寡はあるものの、住民との直接の接触があった。各部署に配属される職員にとっては、業務に関連する住民が主な対応の対象となるため、各部署で日常的に接する住民の範囲は限定される。また、住民への対応も専門分化するのが日常的である。

では、震災後3年間では、どの程度、住民からの問い合わせがあり、対応したのだろうか（表3-5～3-8）。37市町村では「あまり受けなかった」(23.8%)、「全く受けなかった」(6.0%) との回答からもわかるように、7割の市町村では、住民から何らかの問い合わせを受けている。特に、「かなり多く受けた」(40.7%) との頻度の高さもうかがえる。ただし、37市町村では、3県の間での差異が大きい。福島県内市町村では「非常に多く受けた」「かなり多く受けた」を合算すると80.0％を占めた。他方で、岩手県内市町村は65.2％、宮城県内市町村は68.1％と、福島県での住民対応の頻度の高さが特徴的である。そして、住民からの問い合わせの内容は、「一部で想定できない内容」(59.7%) が最多であっ

表3-7　住民への対応（37市町村）

住民からの具体的な要求に応えることができたか

	十分に応えられた	かなり応えられた	あまり応えられなかった	全く応えられなかった	無回答	計 %	計 N
岩手県	1.7	63.0	32.4	1.2	1.7	100	173
宮城県	4.6	54.6	36.1	1.2	3.5	100	346
福島県	3.5	34.8	55.3	4.3	2.1	100	141
合計	3.6	52.6	39.2	1.8	2.7	100	660

表3-8　住民への対応（3県）

住民からの具体的な要求に応えることができたか

	十分に応えられた	かなり応えられた	あまり応えられなかった	全く応えられなかった	無回答	計 %	計 N
岩手県	6.9	62.5	30.6	—	—	100	72
宮城県	3.4	46.1	47.2	2.2	1.1	100	89
福島県	1.8	37.2	54.9	1.8	4.4	100	113
合計	3.6	46.7	46.0	1.5	2.2	100	274

たように、想定の範囲を超えていたようである。全体的にも83.5％が予測不能な依頼であった。片や、3県では、震災後3年間で、53.7％が問い合わせを受けているものの、「あまり受けなかった」(35.1％)、「全く受けなかった」(11.2％)の割合が高い。つまり、3県では、住民からの問い合わせという点では、37市町村と比べれば割合は低い。これは、日常時からの接触頻度の差異が背景にあるためだろう。

　具体的な要求への対応では、37市町村で56.2％が応えられたとしている。ただし、37市町村も県間では対応の差異がうかがえる。福島県内市町村では、59.6％（「あまり応えられなかった」(55.3％)、「全く応えられなかった」(4.3％)の合計）が応えられなかったとの認識が示された。これは、岩手県内市町村(33.6％)、宮城県内市町村(37.3％)に比べると高い結果であった。応えられなかった場合の理由をたずねたところ、所管に関わる事柄ではありながらも人手不足(39.9％)、制度での対応が不可な事項(39.9％)であったと回答している。加えて、所管外の問い合わせであったという回答も3割あった。このこと

から、概ね7割は、所管内での要求ではあったものの、人手と制度の不足が制約要因になっている様子がうかがえる。

3県での対応は（表3-8）、50.3％が応えられたと回答する。これは、37市町村に比べれば限られている。応えられなかった理由としては、所管に関わる事柄であったものの、制度での対応不可（46.9％）が主たる理由に挙げられており、37市町村では多かった人手不足は23.8％であった。

4　政府間での接触と認識

　復旧・復興過程では、自治体以外の他機関との間での多くの連携が不可欠であった。その範囲は、行政と民間組織、行政と住民組織、行政と他行政機関といったように、多層かつ多元的な連携が進められたことも、今回の復興過程の特徴とされる（伊藤（2014）79頁）。このような多機関での連携に際しても、しばしば、国が大きな役割を果たしたことを指摘する議論がある（牧原（2014）57頁）。

　確かに、自衛隊の復旧活動や復興庁を司令塔とした復興施策の設計などでは、国の役割は極めて大きいといえる。また、復興関連諸制度を被災自治体が実施する段階では、国からの支援により実施された部分もある。例えば、復興交付金制度では、個別市町村と国が直接相談や交渉を進めながら、実質的な復興交付金の申請内容を確定する過程が観察されている。そのため、復旧・復興過程では、制度設計と財源に関する決定権限を有する国に集権化し、片や実施体制では、国と市町村との間での融合化が進んでいるようでもある。他方で、行政機関のなかでも県の存在は「希薄だ」との認識を示す論者もいる（西尾（2013）208頁）。

　本節では、多機関での連携の下で進められた過程のなかでも、被災市町村と国、県との間という政府間での連絡頻度に焦点を絞り、実際にはどの程度の接触があったのかを見ていく。

　本調査では、回答者に調査時点から震災後1カ月と震災後3年という2時点での、政府間での連絡頻度を振り返ってもらった。まず、37市町村の震災後1

カ月である（表3-9）。その結果、各県との間では、60.5％の市町村では、接触があった。他方で、国を見てみると、各省庁は19.8％、出先機関は25.7％である。つまりは、県との接触頻度は高く、国は限定的である。そのため前記の論評や予測に反して、市町村職員の認識では、他の政府間のなかでも県との間での接触の高さがうかがえる。これは、3県でも同様である。まず、県内市町村との接触が70.0％と同様の結果がある（表3-10）。他方で、県以外の機関との接触を見てみると、各省庁に37.6％、出先機関に対しては32.6％であった。震災後1カ月段階では、市町村と県の間の接触頻度は、国レベルへの接触頻度よりは高いことがわかる。

　この傾向は、震災後3年での接触頻度の状況を見てみても大きくは変わらない。37市町村では、県との接触が64.6％と最も高く接触する相手である。ただし、高い接触頻度も、3年の間で変化もしている（図3-2）。県別で見た場合、震災1カ月の時点では、「ほぼ毎日」か「ほぼ2～3日に1回」の接触があったのに対して、3年後には「ほぼ1カ月に1回」程度の接触に移っている。37市町村による国との接触では、各省庁とは30.5％、出先機関は36.2％と震災後1カ月に比べればその頻度が高まっている。つまり、県との接触は依然高いなかで、国との接触が増加しているのが3年後の変化である。ただし、頻度から見れば「ほぼ1カ月に1回」の接触であることにも留意が必要である（図3-3、図3-4）。県への接触頻度に比べれば、国との接触は限定的ともいえる。また、3県では、震災後3年でも、県内市町村との接触は69.1％と災害直後とほぼ同値であり、国に対しては、各省庁は58.1％、出先機関は44.8％である（表3-10）。

　つまり、巷間伝わるような、県の役割は限られていたとの理解に対して、復旧・復興過程の担当者の認識からは、むしろ相反する結果が出ているようである。被災市町村にとって、最も接触頻度を持つ機関とは県であり、県においてもまた県内市町村がそうであったのである。

　しかしながら、高頻度の接触が両者の関係を良好にするとは限らない。むしろ、両者の相手側での認識に影響があるかのような結果が出ている。それは、意見や見解の相違に関する回答結果である。37市町村では、震災後1カ月では、35.4％の市町村で県との間での意見・見解の相違があったと回答する。他方で、

第1部 震災と自治体

表3-9 被災市町村による
震災後1カ月と震災後3年の関係機関・組織との連絡頻度

震災後1カ月	ほぼ毎日	ほぼ2〜3日に1回	ほぼ1週間に1回	ほぼ1カ月に1回	特になし	無回答	総数 %	総数 N
(1)国の災害対策本部	3.0	2.0	2.0	2.3	84.7	6.1	100	705
(2)国の各省庁	2.6	3.5	5.0	8.7	73.9	6.4	100	705
(3)国の出先機関	4.8	6.2	6.8	7.9	67.9	6.2	100	705
(4)消防	20.3	5.4	8.2	6.4	53.8	6.0	100	705
(5)警察	17.4	6.0	7.9	7.1	56.3	5.2	100	705
(6)自衛隊	24.4	5.8	7.1	2.8	55.0	4.8	100	705
(7)県	18.9	15.3	16.2	10.1	35.3	4.3	100	705
(8)県内の他の市町村	5.8	7.9	15.2	14.0	51.8	5.2	100	705
(9)県外の市町村	3.3	4.8	9.4	9.5	66.8	6.2	100	705
(10)住民組織（自治会、町内会など）	19.9	11.1	8.7	7.2	47.2	6.0	100	705
(11)社会福祉協議会	11.5	10.5	9.5	7.0	55.5	6.1	100	705
(12)ボランティア団体・NPO	12.5	10.8	11.2	7.0	52.8	5.8	100	705
(13)医療機関	11.8	7.9	7.0	5.7	62.1	5.5	100	705
(14)電力会社	6.5	7.0	8.5	7.7	64.8	5.5	100	705
(15)通信会社	5.8	5.4	7.8	7.4	67.9	5.7	100	705
(16)その他	11.2	3.5	2.0	0.3	42.7	40.3	100	705

表3-10 被災3県に
震災後1カ月と震災後3年の関係機関・組織との連絡頻度（3県）

震災後1カ月	ほぼ毎日	ほぼ2〜3日に1回	ほぼ1週間に1回	ほぼ1カ月に1回	特になし	無回答	総数 %	総数 N
(1)国の災害対策本部	6.4	2.6	1.3	3.5	80.2	6.1	100	313
(2)国の各省庁	8.9	12.1	9.6	7.0	58.1	4.2	100	313
(3)国の出先機関	9.9	4.8	10.9	7.0	62.3	5.1	100	313
(4)消防	7.0	2.2	5.4	5.1	74.8	5.4	100	313
(5)警察	9.3	3.8	6.4	7.3	68.1	5.1	100	313
(6)自衛隊	11.8	5.1	4.5	3.2	70.6	4.8	100	313
(7)他都道府県	6.7	8.3	11.2	11.8	57.8	4.2	100	313
(8)県内の市町村	34.2	17.6	12.1	6.1	26.8	3.2	100	313
(9)県外の市町村	1.9	1.9	2.6	4.8	82.7	6.1	100	313
(10)住民組織（自治会、町内会など）	5.1	2.9	5.8	7.7	72.8	5.8	100	313
(11)社会福祉協議会	2.6	2.6	5.4	5.8	78.0	5.8	100	313
(12)ボランティア団体・NPO	4.2	5.8	8.6	6.7	69.6	5.1	100	313
(13)医療機関	6.1	2.9	2.9	3.8	78.6	5.8	100	313
(14)電力会社	2.9	3.5	5.8	5.8	77.0	5.1	100	313
(15)通信会社	2.9	2.2	4.2	3.5	82.1	5.1	100	313
(16)その他	17.6	7.3	3.2	1.0	42.5	28.4	100	313

他機関への接触度（37市町村）

震災後3年	ほぼ毎日	ほぼ2〜3日に1回	ほぼ1週間に1回	ほぼ1カ月に1回	特になし	無回答	総数 %	総数 N
(1)国の復興庁	1.1	2.8	4.3	20.0	65.7	6.1	100	705
(2)国の各省庁	0.4	2.4	5.4	22.3	63.7	5.8	100	705
(3)国の出先機関	0.9	2.8	6.5	26.0	57.6	6.2	100	705
(4)消防	1.8	1.8	4.5	13.6	71.6	6.5	100	705
(5)警察	1.0	0.4	4.1	12.9	75.3	6.2	100	705
(6)自衛隊	1.0	1.1	1.6	4.7	84.7	7.0	100	705
(7)県	2.7	8.7	18.6	34.6	30.9	4.5	100	705
(8)県内の他の市町村	0.6	2.1	9.1	34.8	47.9	5.5	100	705
(9)県外の市町村	0.1	0.9	3.4	17.6	72.1	6.0	100	705
(10)住民組織（自治会、町内会など）	2.0	3.4	10.6	22.4	55.2	6.4	100	705
(11)社会福祉協議会	1.3	2.8	4.8	14.5	70.4	6.2	100	705
(12)ボランティア団体・NPO	0.9	2.3	7.1	17.7	66.0	6.1	100	705
(13)医療機関	0.3	1.4	2.7	10.5	79.1	6.0	100	705
(14)電力会社	0.3	1.1	1.8	12.3	78.0	6.4	100	705
(15)通信会社	0.1	0.9	1.7	8.9	81.8	6.5	100	705
(16)その他	1.8	1.4	1.7	3.7	50.9	40.4	100	705

よる他機関への接触度

震災後3年	ほぼ毎日	ほぼ2〜3日に1回	ほぼ1週間に1回	ほぼ1カ月に1回	特になし	無回答	総数 %	総数 N
(1)国の復興庁	0.6	1.0	5.4	24.9	62.0	6.1	100	313
(2)国の各省庁	1.9	8.6	12.8	34.8	37.4	4.5	100	313
(3)国の出先機関	1.9	4.5	10.9	27.5	49.2	6.1	100	313
(4)消防	0.3	0.0	0.3	3.5	89.8	6.1	100	313
(5)警察	0.0	0.0	1.0	7.3	85.6	6.1	100	313
(6)自衛隊	0.0	0.3	1.0	2.9	89.8	6.1	100	313
(7)他都道府県	1.0	1.3	6.1	41.5	44.7	5.4	100	313
(8)県内の市町村	5.8	11.8	19.2	32.3	27.5	3.5	100	313
(9)県外の市町村	0.6	0.0	1.3	5.8	86.6	5.8	100	313
(10)住民組織（自治会、町内会など）	0.6	1.0	2.2	11.5	78.6	6.1	100	313
(11)社会福祉協議会	0.0	0.3	1.0	5.8	87.2	5.8	100	313
(12)ボランティア団体・NPO	0.0	1.0	3.2	15.7	75.1	5.1	100	313
(13)医療機関	0.3	0.6	1.3	7.0	85.0	5.8	100	313
(14)電力会社	0.3	1.0	0.0	8.9	83.1	5.8	100	313
(15)通信会社	0.0	0.3	0.0	4.5	89.5	5.8	100	313
(16)その他	5.8	2.6	5.8	4.8	52.1	29.1	100	313

86　第1部　震災と自治体

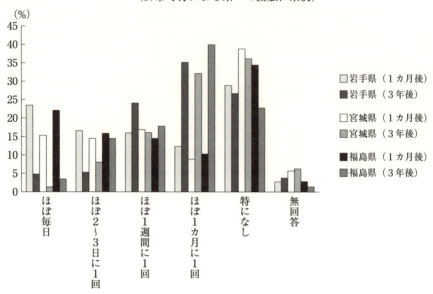

図3-2　被災市町村による他機関への接触度の変化
（37市町村による県への接触、県別）

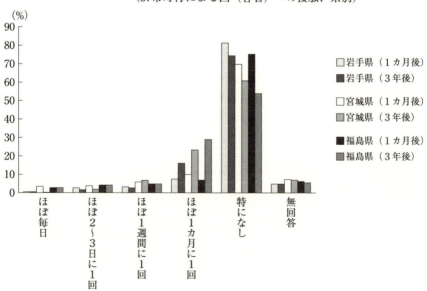

図3-3　被災市町村による他機関への接触度の変化
（37市町村による国（各省）への接触、県別）

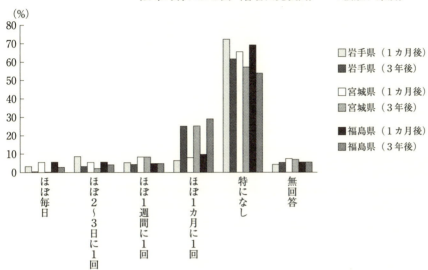

図3-4 被災市町村による他機関への接触度の変化
（37市町村による国（各省出先機関）への接触、県別）

国との間での意見・見解の相違を見ると、各省庁では23.7％、出先機関は20.8％とあり、県との間での認識の差異の方が大きい（表3-11）。片や、3県では、県内市町村との間での意見や見解の相違は27.8％であり、国との間では各省庁では31.6％、出先機関は19.5％であった（表3-12）。

このような市町村と県との間の認識のずれは、時間が経過しても大きな変化は見られない。被災37市町村の震災後3年では、県との間での意見・見解の相違は36.1％であり、震災直後とほぼ同値であった。ただし、国との間では、各省庁は35.9％、出先機関は28.4％となっている。つまり、各省庁、出先機関ともに意見・見解の相違を感じる割合が高まっているようでもある（表3-11）。片や、3県では、震災後3年での県内市町村との間では、29.4％と、震災直後からは漸増している。ただし、この増加率は、国に対しては、各省庁では44.4％、出先機関では28.8％と被災後1カ月段階からは約10ポイント増加していることに比べれば、各省庁との間での認識や見解の相違を感じる割合が高まっている様子がうかがえる（表3-12）。

88　第1部　震災と自治体

表3-11　被災市町村による他機関

震災後1カ月と震災後3年の関係機関・組織との意見や見解の相違

震災後1カ月	大変感じた	ある程度感じた	あまり感じなかった	感じなかった	特に関係なかった	無回答	総数 %	総数 N
(1)国の災害対策本部	6.7	10.4	4.3	3.4	68.8	6.5	100	705
(2)国の各省庁	7.4	16.3	6.5	5.0	58.7	6.1	100	705
(3)国の出先機関	5.8	15.0	8.5	8.7	55.3	6.7	100	705
(4)消防	0.4	2.7	14.8	29.2	45.8	7.1	100	705
(5)警察	0.9	4.3	15.5	24.5	48.7	6.2	100	705
(6)自衛隊	1.3	3.5	13.9	29.4	46.2	5.7	100	705
(7)県	11.6	23.8	18.9	14.8	26.8	4.1	100	705
(8)県内の他の市町村	1.0	7.4	18.6	24.5	43.0	5.5	100	705
(9)県外の市町村	0.7	5.7	13.0	18.9	55.0	6.7	100	705
(10)住民組織（自治会、町内会など）	4.5	17.9	14.6	17.2	39.3	6.5	100	705
(11)社会福祉協議会	0.9	5.4	19.4	20.4	47.2	6.7	100	705
(12)ボランティア団体・NPO	2.8	11.9	16.6	17.7	45.0	6.0	100	705
(13)医療機関	1.3	4.7	14.0	19.7	54.2	6.1	100	705
(14)電力会社	3.0	4.8	11.2	19.0	55.9	6.1	100	705
(15)通信会社	1.3	4.1	12.2	16.6	59.4	6.4	100	705
(16)その他	0.9	2.8	5.4	8.2	41.8	40.9	100	705

表3-12　被災3県による

震災後1カ月と震災後3年の関係機関・組織との意見や見解の相違（3県）

震災後1カ月	大変感じた	ある程度感じた	あまり感じなかった	感じなかった	特に関係なかった	無回答	総数 %	総数 N
(1)国の災害対策本部	8.9	7.7	6.4	5.1	66.8	5.1	100	313
(2)国の各省庁	11.8	19.8	11.8	8.3	44.4	3.8	100	313
(3)国の出先機関	4.8	14.7	13.1	9.6	52.4	5.4	100	313
(4)消防	0.0	0.3	9.6	15.3	69.6	5.1	100	313
(5)警察	0.0	1.0	12.8	18.2	62.6	5.4	100	313
(6)自衛隊	0.0	2.2	10.2	16.9	65.5	5.1	100	313
(7)他都道府県	1.3	8.0	17.3	20.8	48.2	4.5	100	313
(8)県内の市町村	3.5	24.3	25.6	22.7	21.4	2.6	100	313
(9)県外の市町村	0.3	3.5	5.1	7.3	78.3	5.4	100	313
(10)住民組織（自治会、町内会など）	1.9	6.7	11.2	8.3	66.5	5.4	100	313
(11)社会福祉協議会	0.0	2.2	8.6	7.7	76.0	5.4	100	313
(12)ボランティア団体・NPO	1.6	11.8	8.3	9.6	64.5	4.2	100	313
(13)医療機関	0.3	5.1	8.3	6.4	74.8	5.1	100	313
(14)電力会社	2.6	3.5	6.4	10.9	71.6	5.1	100	313
(15)通信会社	0.0	1.0	6.4	8.9	78.6	5.1	100	313
(16)その他	2.2	6.4	8.3	9.9	43.5	29.7	100	313

第3章　自治体の震災対応と職員意識

との意見や見解の相違（37市町村）

震災後3年	大変感じた	ある程度感じた	あまり感じなかった	感じなかった	特に関係なかった	無回答	総数 %	総数 N
(1)国の復興庁	14.0	24.0	6.1	4.7	45.1	6.1	100	705
(2)国の各省庁	10.5	25.4	10.5	6.4	41.0	6.2	100	705
(3)国の出先機関	6.0	22.4	15.0	10.1	40.3	6.2	100	705
(4)消防	0.1	1.7	13.8	22.7	54.6	7.1	100	705
(5)警察	0.1	2.4	13.9	19.9	57.2	6.5	100	705
(6)自衛隊	0.1	1.0	9.4	19.1	63.0	7.4	100	705
(7)県	8.2	27.9	21.0	16.0	22.3	4.5	100	705
(8)県内の他の市町村	0.6	8.1	23.7	25.7	35.7	6.2	100	705
(9)県外の市町村	0.4	6.5	14.9	17.9	53.2	7.1	100	705
(10)住民組織（自治会、町内会など）	1.8	18.0	18.0	13.9	41.0	7.2	100	705
(11)社会福祉協議会	0.1	3.1	18.2	16.9	55.2	6.5	100	705
(12)ボランティア団体・NPO	1.4	9.8	17.2	16.0	48.9	6.7	100	705
(13)医療機関	0.4	2.8	13.3	14.5	62.4	6.5	100	705
(14)電力会社	2.3	3.4	11.2	13.3	63.0	6.8	100	705
(15)通信会社	0.4	3.1	11.5	12.5	65.4	7.1	100	705
(16)その他	0.7	1.8	4.1	6.1	45.5	41.7	100	705

他機関との意見や見解の相違

震災後3年	大変感じた	ある程度感じた	あまり感じなかった	感じなかった	特に関係なかった	無回答	総数 %	総数 N
(1)国の復興庁	16.6	25.2	7.3	5.4	40.6	4.8	100	313
(2)国の各省庁	13.7	30.7	15.7	8.9	27.8	3.2	100	313
(3)国の出先機関	5.8	23.0	18.5	9.3	38.7	4.8	100	313
(4)消防	0.0	0.3	5.8	6.7	81.5	5.8	100	313
(5)警察	0.0	0.6	8.3	8.9	76.4	5.8	100	313
(6)自衛隊	0.0	1.3	5.8	6.7	80.5	5.8	100	313
(7)他都道府県	0.6	15.3	18.8	22.7	37.7	4.8	100	313
(8)県内の市町村	2.2	27.2	26.2	20.1	20.4	3.8	100	313
(9)県外の市町村	0.0	3.2	4.2	6.7	80.2	5.8	100	313
(10)住民組織（自治会、町内会など）	1.3	11.5	5.1	5.8	70.0	6.4	100	313
(11)社会福祉協議会	0.0	1.6	6.1	5.4	81.2	5.8	100	313
(12)ボランティア団体・NPO	0.6	9.3	9.9	9.9	65.2	5.1	100	313
(13)医療機関	0.0	2.6	6.1	6.1	79.6	5.8	100	313
(14)電力会社	4.2	4.8	5.1	4.8	75.4	5.8	100	313
(15)通信会社	0.0	1.3	3.8	4.2	85.0	5.8	100	313
(16)その他	1.6	4.2	5.8	7.0	50.8	30.7	100	313

5 復旧・復興の促進要因と職員体制

最後に、復旧・復興を促進するうえで職員が必要と考える要因を見ておく。

37市町村では、復旧・復興の進捗には、職員の意欲（92.8％）、職員数（89.8％）、財源（88.5％）、首長のリーダーシップ（86.6％）、信頼（85.6％）、目標数値（76.7％）が影響を与えると見ている（表3-13）。つまり、職員次第であるとの自覚がうかがえる。これは、3県でも同様の結果を見て取れる。復旧・復興の進捗への影響には、職員の意欲（94.8％）、首長のリーダーシップ（90.5％）、職員数（89.1％）、財源（89.8％）、信頼（87.9％）、目標数値（75.7％）の順となる（表3-14）。

今回の震災では、本書第7章でも論じるように、自治体間相互による支援体制が拡がったことが特徴であった。支援体制のなかでも、不足する職員への応援職員は、広く活用されてきた。しかし市町村側では、どのような職員を求めているのだろうか。この点もたずねてみた。すると、37市町村では、必要な技能・知識を備えている公務員を求める割合が最も高かった（56.2％）。次いで、必要な技能・知識を備えていれば誰でもよいという回答が続いた（32.3％）。この2つの回答からは、応援職員には技能・知識を有することを優先的に希望

表3-13 担当業務での復旧・復興の進捗への影響の程度（37市町村）

	特に影響があると思う	影響があると思う	あまり影響があると思わない	影響があると思わない	担当業務では関わりがない	無回答	計	
							%	N
(1)住民の行政に対する信頼	40.4	45.2	6.1	0.4	7.1	0.7	100	705
(2)職員数の確保	55.2	34.6	3.8	0.6	5.7	0.1	100	705
(3)業務実施のための財源の確保	60.4	28.1	4.1	1.0	5.8	0.6	100	705
(4)復興計画上の目標・達成年度	25.1	51.6	13.9	1.6	6.8	1.0	100	705
(5)首長のリーダーシップ	53.0	33.6	5.7	0.7	6.4	0.6	100	705
(6)職員の意欲	51.8	41.0	2.0	0.0	4.8	0.4	100	705

表3-14 担当業務での復旧・復興の進捗への影響の程度（3県）

	特に影響があると思う	影響があると思う	あまり影響があると思わない	影響があると思わない	担当業務では関わりがない	無回答	計 %	N
(1)住民の行政に対する信頼	40.6	47.3	5.4	0.6	5.1	1.0	100	313
(2)職員数の確保	54.3	34.8	6.4	1.0	2.2	1.3	100	313
(3)業務実施のための財源の確保	60.4	29.4	5.1	0.6	3.2	1.3	100	313
(4)復興計画上の目標・達成年度	13.7	62.0	17.3	2.2	3.5	1.3	100	313
(5)首長のリーダーシップ	51.8	38.7	5.4	0.3	2.2	1.6	100	313
(6)職員の意欲	46.6	48.2	2.2	0.3	1.6	1.0	100	313

していたことがうかがえる。これは、3県でも同様であった。37市町村と同様に必要な技能・知識を備えている公務員を求める割合が最も高い（60.7％）。また、必要な技能・知識を備えていれば誰でもよいという回答もそれに次いで多かった（29.7％）。

おわりに

本章では、震災後3年めのなかでの職員意識調査の結果の一部を記述した。本調査から得られた知見をまとめれば、次の3点である。

1つめは、自治体の業務執行に関する知見である。自治体が、日々変化する復旧・復興関連業務を業務として受け入れる場合、震災以前での日常的な業務体制に基づき集約された様子をうかがうことができた。国では、復旧の段階から、「餅は餅屋」と各省による分担管理を通じた復旧・復興を進めてきた。片や、自治体もまた、新たな業務は日常的な分掌のなかで処理をしてきた様子をうかがうことができた。いわば、非ルーティン業務はルーティン次第であったのだろう。

2つめは、政府間関係に関する知見である。東日本大震災では、国の役割の大きさを指摘する議論がある。確かに、復興関連の諸制度の設計や財源保障の

点では、国の役割は大きかった。しかし、このことから、都道府県という広域自治体の役割が「希薄」であったとは、論理的に導かれるものではない。それにもかかわらず、県の希薄化が指摘されてきた。本調査では、むしろ、県との接触の高さを明らかにした。では、両者の関係が良好であったかといえば、本調査では、首肯しかねる結果も明らかになった。両者の間では、他の機関に比べれば、意見や見解の相違がむしろ多いことがわかった。これは、高頻度で接触したことで、認識のずれがより自覚的になったのであろう。

　3つめは、職員像に関する知見である。特に、復旧・復興過程のなかで、期待される職員体制を把握できた。職員にとっては、首長のリーダーシップや一人ひとりの意欲というような精神的な支えが重要と考えた。そして、不足する職員体制を補うための職員には、技能や知識といった専門性が重要と考えられている。つまり、制度や財源は、もちろん不可欠であるものの、復興の現場で活動する職員には、精神と専門性がまずは必要なのだろう。

　本調査にご協力を頂いた職員のなかには、家屋への被害を受け避難を余儀なくされた方も多い（37市町村28.4％、3県10.6％）。さらには、家族が亡くなった方（37市町村4.8％）、家族が負傷した方（37市町村2.4％）もいる。つまりは、本調査の回答者は、職員であるとともに一人の被災者でもあった。そのため、被災をしながら職員として活動することへのディレンマを常に感じていたことが、本調査からもうかがえた。調査結果からは、震災のなかで市町村職員であることの意味として、家族や親戚の安全に十分気を配れなかったとする回答が最も多い（73.6％）。他方で、職責による救助や復興に十分に貢献できたとの回答は44.8％あり、職責としては貢献できなかったとの回答（23.1％）よりも20ポイントほど高い結果が出ている。3年を経過したとき、この間、一人の被災者として家族を優先するよりも、公務を優先してきた職員の姿を本調査から見て取ることができた。

【参考文献】

天川晃（1986）「変革の構想――道州制論の文脈」大森彌・佐藤誠三郎編『日本の地

方政府』東京大学出版会、111-137頁

伊藤正次（2014）「多重防御と多機関連携の可能性」御厨貴・飯尾潤責任編集『別冊アステイオン「災後」の文明』阪急コミュニケーションズ、64-81頁

今井照（2014）『自治体再建——原発避難と「移動する村」』ちくま新書

金井利之（2014）「被災地における住民の意思反映と自治体行政職員」日本都市センター編『被災自治体における住民の意思反映——東日本大震災の現地調査・多角的考察を通じて』日本都市センター、9-30頁

国民教育文化総合研究所 東日本大震災と学校 資料収集プロジェクトチーム編（2013）『資料集 東日本大震災・原発災害と学校——岩手・宮城・福島の教育行政と教職員組合の記録』明石書店

東京都（2012）「東日本大震災 支援活動報告——復興を支える都職員の記録」3月

東京都（2013）「東日本大震災における東京都支援活動報告書——本格的な復旧・復興に向けて」3月

東京都（2014）「東日本大震災における東京都支援活動報告書——本格的な復旧・復興に向けてⅡ」3月

西尾勝（2013）『自治・分権再考——地方自治を志す人たちへ』ぎょうせい

日本看護協会出版会編集部編（2011）『ナース発 東日本大震災レポート——ルポ・そのとき看護は』日本看護協会出版会

牧原出（2014）「二つの『災後』を貫く『統治』」御厨貴・飯尾潤責任編集『別冊アステイオン「災後」の文明』阪急コミュニケーションズ、42-63頁

依田博編（2000）『阪神・淡路大震災——行政の証言、そして市民』くんぷる

第2部　復興を担う組織と人

第4章　復興推進体制の設計と展開

伊藤正次

　行政組織の設立をめぐる政治過程は、アクターが各自の「利益」に基づいて新たな組織構想という「アイディア」を闘わせるプロセスであると同時に、既存の行政組織「制度」の選択肢によって規定されるプロセスでもある。このことは、東日本大震災という未曾有の危機に直面し、その後の復興を図るための推進体制を組織的に整備する局面においても当てはまる。

　しかし、今回の震災復興推進体制の制度設計には、これまでの類例には見られない特徴があることもまた事実である。2012年2月10日に設置された復興庁は、内閣府と並んで各省より「一段上」の組織として内閣に置かれ、その長を内閣総理大臣とするとともに、復興大臣を置き、復興政策の一元的窓口機関として、被災3県に復興局を置くという体制がとられている。この復興推進体制は、どのような論理の下に創設され、どのような特徴を持っているのであろうか。

　以下、まずは復興庁の設立過程を概観し、復興庁の制度的な特徴を明らかにする。次いで、政権交代に伴う復興推進体制の変化を明らかにしたうえで、復興推進体制の実態を検討する。これらの作業を通じて、復興に向けた組織体制のあり方を展望する。

1　復興庁の創設過程

1.1　発災後の組織対応

　2011年3月11日の発災後、被災者の救援・生活再建に加え、福島第一原子力発電所（以下、「福島第一原発」という）の事故への対応もあり、多数の対策本部・会合等が次々と設立された[1]。これらの組織は、発災から2カ月後の

図 4-1　政府における東日本大震災関係の対策本部等の概略図（2011年5月9日現在）

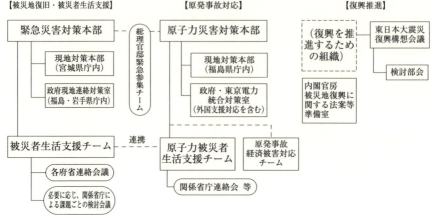

（出所）内閣府ホームページ（http://www.cao.go.jp/shien/3-info/2-taisei/1-taisei.pdf）に基づき筆者が簡略化して作成。

2011年5月初旬頃までには、次のような3つの系統に整理されていった（図4-1）。

第1は、地震・津波の被害を受けた被災地の復旧と被災者への生活支援を目的とした組織系統である。菅直人内閣は、発災直後の3月11日14時50分に官邸対策室を設置するとともに、緊急参集チームを招集した。その後、15時14分に、東日本大震災の応急対策を強力に推進するため、災害対策基本法に基づき、内閣総理大臣を本部長とする「平成23年（2011年）東北地方太平洋沖地震緊急災害対策本部」を閣議決定により設置した（内閣府（2012）24頁）。その後、地震・津波による被災者に対する生活支援に関し、府省をまたがる課題に対処するため、3月17日に緊急災害対策本部の下に「被災者生活支援特別対策本部」が設置された（内閣府（2012）37-38頁）。この被災者生活支援特別対策本部は、5月9日に「被災者生活支援チーム」に名称を変更した[2]。

第2は、原発事故に対処するための組織の系統である。福島第一原発の事故

1　発災から復興推進体制の検討に至る組織的な対応については、松本（2013）が詳細な検討を行っている。

発生を受け、3月11日19時3分に原子力災害対策特別措置法に基づく原子力緊急事態宣言が発せられ、内閣総理大臣を本部長とする「原子力災害対策本部」が設置された。3月29日には同対策本部の下に「原子力被災者生活支援チーム」が設置され、当初福島第一原発からの30km圏内からの避難者を中心とする被災者の生活支援等に当たることになった（内閣府（2012）68頁）。

　第3は、復興を推進するための組織系統である。菅内閣は、発災から1カ月後の4月11日の閣議決定に基づき、有識者や被災3県の知事等で構成される「東日本大震災復興構想会議」（以下、「復興構想会議」という）を設置した。この復興構想会議には、被災地の「未来に向けた骨太の青写真」を描くことが期待されたが、同時に、内閣として、震災復興の基本方針を定め、被災自治体や出先機関と連携して復興を図るための行政組織を設立することが課題となった。以後、復興推進体制の制度設計をめぐって、政府・与党と野党から異なる構想が提出され、政治的な駆け引きが展開されるとともに、第1の被災者生活支援に関する組織系統は、復興推進のための組織系統が整備されるに従い、そのなかに引き継がれていくことになる。

1.2 「復興対策本部」から「復興庁」へ

　2011年5月13日、菅内閣は、「東日本大震災復興の基本方針及び組織に関する法律案」を衆議院に提出した。同法案は、内閣総理大臣を本部長とし、全閣僚が本部員となる「東日本大震災復興対策本部」を置き、同本部が復興に関する企画立案・総合調整を担当することを明らかにするとともに、復興に関する重要事項の調査審議等を行う合議制の組織として、すでに活動を開始していた「東日本大震災復興構想会議」を位置づけることをその内容としていた。このような「本部型」の復興推進組織を置き、有識者等で構成される審議会等を配置する組織体制の構想は、阪神・淡路大震災の例にならったものである。

　すなわち、総理府本府令一部改正及び阪神・淡路復興委員会令の制定により、

2　「本部」という名称が多用されるなど、組織の名称に一貫性がなく、外部から見て組織間の関係がわかりにくい等の問題が指摘されていた。そこで、「本部」の名称を緊急災害対策本部と原子力災害対策本部に加え、新たに復興のために設置を予定している本部の3つに限定するという趣旨で行われた措置である（松本（2013）30-32頁）。

阪神・淡路大震災発災から約1カ月を経た1995年2月15日に「阪神・淡路復興委員会」が設置された。また「阪神・淡路大震災復興の基本方針及び組織に関する法律」に基づいて内閣総理大臣を本部長、全閣僚を本部員とする「阪神・淡路復興対策本部」が2月24日に設置された。阪神・淡路大震災の際にも、関東大震災からの復興を担った「帝都復興院」のような組織の新設が検討された。しかし、結果としてこのような「本部型」の組織が選択された。それは、「今回の復興作業がスピードと柔軟性を必要とするものであること、独立した行政機関を新たに設立したとしても本格的に稼動に至るまで最低限数日が要すること、また全省庁の関係部署を早急に復興作業に着手させることを優先したほうが効果的という判断が下された」(原文ママ)ためであるとされている。そして、帝都復興院のような「政府機関で立てた復興計画に沿って地方が推進する方式」を採用したとするならば、「官主導・中央集権から民自立・地方分権へと大きく時代が変わりつつあるなかで」、「地元の強靱な復興に向けたエネルギーを引き出すことは困難であったと思われる」と総括されている(伊藤(2005)92頁)。

菅内閣は、こうした阪神・淡路大震災の先例に従って復興推進体制を設計することを試みた。政治学の合理的選択制度論の枠組みを援用すれば[3]、この制度設計は次のように説明することができる。

菅内閣の側から見れば、実施機能まで担う組織を新設することは、復興政策を一元的に実施できるというメリットがあるが、その一方で組織の立ち上げや国土交通省等の既存省庁との事務の切り分け等にかかるコストを抱えることになる。そのため、内閣と一体で企画立案・総合調整機能を発揮できる「本部型」の制度選択を志向したものと考えられる。

これに対し、当時の野党・自民党は、2011年5月18日に「東日本大震災復興再生基本法案」を衆議院に提出した。同法案は、復興計画の策定と実施を一元的に担う「東日本大震災復興再生院」を内閣に設置し、担当大臣を配置することを盛り込んでいた。また、公明党も、5月19日に「東日本大震災復興基本法案骨子」を公表し、復興事業の実施までを一元的に担う「復興庁」を設置し、「復

---

3 合理的選択制度論に基づく行政組織の制度選択に関する研究として、Horn(1995)、Lewis(2003)、伊藤(2003)を参照。

興特区制度」を創設することを提案していた。当時の野党は、「本部型」(阪神・淡路大震災モデル)ではなく、「復興院型」(関東大震災モデル)の制度選択を志向していたといえよう。

　このように、野党の側では、「ねじれ国会」を前提に、菅内閣主導の復興推進体制の構築を阻害するため、一元的な組織の新設を要求したと考えることができる。ただし、新設される一元的な組織に高い独立性を付与すれば、政権側から見たエージェンシー・コストは高くなり、将来野党が政権交代を経て新内閣を組織する際の足かせとなる可能性がある。当時の菅内閣が震災対応を理由として退陣の引き延ばしを図るなかで、当面の解散総選挙はないと判断した自民党・公明党は、政権側から見たエージェンシー・コストを高める目的で、「復興院型」の組織の新設を迫ったものと考えられる。

　菅内閣が提出した東日本大震災復興の基本方針及び組織に関する法律案には、こうした野党側への配慮も含まれていた。同法律の施行後1年以内に「東日本大震災により被害を受けた特定の地域の復興のための行政各部の施策の統一を図るため必要となる事項の企画及び立案並びに総合調整を行う行政組織」としての「復興庁」を創設することを含め、必要な法制上の措置を講ずることを附則に盛り込んでいたのである。

　与野党はさらに協議を重ねた。その結果、菅内閣は野党案の提案を受け入れ、内閣総理大臣を本部長とする「東日本大震災復興対策本部」が移行する形で復興政策を一元的に担う「復興庁」を新設することを法案本則に盛り込む修正案を提示した。そして、民主・自民・公明の3党の合意に基づき、政府・野党とも法案を撤回し、6月9日に東日本大震災復興特別委員長が東日本大震災復興基本法案を衆議院に提出し、6月20日の参議院本会議において、民主・自民・公明等の賛成多数により可決・成立した(岩崎(2011))。

　この東日本大震災復興基本法第3条に基づき、7月29日には「東日本大震災からの復興の基本方針」が決定された。そこでは、新設する「復興庁」について、①復興に関する国の施策に関し、既存省庁の枠組みを超えて自治体のニーズにワンストップで対応できるようにすること、②復興についての検討を集中的に行うための体制を立ち上げること等が定められた。これに基づき、8月25日、内閣官房に復興庁設置準備室が設置され、11月1日、衆議院に「復興庁設

置法案」が提出された。同法案に対しては、所掌事務や復興大臣の勧告の尊重義務、復興局等に関する事項について、与野党から修正提案が行われ、最終的には12月9日の参議院本会議において多数をもって可決され、成立した（櫻井他（2012）17-18頁）。

このように、復興庁の創設に至るプロセスは合理的選択制度論の枠組みで説明することができる。しかし、その組織の詳細設計を検討してみると、既存の国家行政組織制度に照らして特殊な点が散見される。次節では復興庁という組織の制度的な特徴を整理し、その国家行政組織制度上の意味を再検討することにしたい。

2 復興庁の制度的特徴

2.1 復興庁の特殊性

復興推進体制の中核を担う行政組織として設置された復興庁は、現行の国家行政組織制度上、極めて特殊な位置づけが与えられている。

第1に、復興庁は、10年間の時限組織として、内閣府設置法及び国家行政組織法の適用を受けない行政組織として創設された。復興庁設置法第2条は、「内閣に、復興庁を置く」と規定している。これは、内閣府設置法第2条が「内閣に、内閣府を置く」と規定しているのと同様であり、復興庁が、各省より「一段上」に位置する内閣府と同格の組織と位置づけられていることを意味する。また、復興庁の長は、内閣府と同様、内閣総理大臣とされている。

このように、復興庁が内閣府ではなく内閣に設置された理由は、公明党の構想を取り入れたためであるとされている。その背景には、内閣総理大臣を長とする内閣直轄組織とすることで、被災者等の安心感を得て復興政策を推進することへの期待があったという[4]。

第2に、復興庁には、内閣総理大臣のほか、復興大臣が設置されている。復興大臣は、内閣府設置法における内閣官房長官に類似した位置づけが与えられ

---

4 復興庁勤務経験者へのインタビュー（2014年4月26日）による。

ている。すなわち、復興大臣は、「内閣総理大臣を助け、復興庁の事務を統括し、職員の服務について統督する」（復興庁設置法第8条第3項）と位置づけられている。これは、内閣官房長官が、「内閣総理大臣を助けて内閣府の事務を整理し、内閣総理大臣の命を受けて内閣府（中略）の事務（次条第一項の特命担当大臣が掌理する事務を除く。）を統括し、職員の服務について統督する」（内閣府設置法第8条第1項）と位置づけられている点とパラレルに理解することができる。

　この復興大臣を設置するという構想も、当時の野党側の意向に配慮したものであるという。仮に内閣府に復興庁を設置するということになると、復興庁は内閣府の外局となり、そのトップは「長官」となる。防衛庁の防衛省昇格後、いわゆる大臣庁は存在せず、内閣府外局の長官には官僚が充てられている。そこで、政務主導で復興を担うために、復興庁を内閣に直接置いたうえで復興大臣を配するという構想が具体化していった。ただ、長である内閣総理大臣のほかに大臣を配する制度設計は類例が少なく、長ではない復興大臣を設置するに際しては、内閣法制局との調整を要したという[5]。

　第3に、復興大臣は、内閣府設置法上の内閣官房長官の権限に加え、内閣府特命担当大臣の権限も併せ持つ国務大臣職として設計されているが、その権限には特殊性も見られる。復興大臣には、関係行政機関の長に対する資料提出・説明要求（復興庁設置法第8条第4項）、勧告（同条第5項）、勧告に関する報告要求（同条第6項）、内閣総理大臣に対する意見具申（同条第7項）といった権限が与えられている。これらは、内閣府設置法第12条各項が定める内閣府特命担当大臣の権限に関する規定と同様である。ただし、復興庁設置法第8条第5項には、関係行政機関の長に対し、復興大臣の勧告に関する尊重義務を課す規定（「この場合において、関係行政機関の長は、当該勧告を十分に尊重しなければならない。」）が盛り込まれている。これは、法案の国会審議の過程で議員修正により設けられた規定であるが、復興政策の実効性を確保するための

---

[5] 復興庁勤務経験者へのインタビュー（2014年4月26日）による。長である内閣総理大臣のほかに国務大臣を配置した例として、占領期に内閣直属の組織として置かれた経済安定本部（内閣総理大臣を総裁とし、その下に国務大臣である総務長官を配置）を挙げ、左大臣・右大臣のように、長でない大臣という用語法もあるといった説得を行ったという。

手段を追加的に復興庁に与えていると解することができよう。

2.2 「司令塔」と「ワンストップ」

　以上の経緯から明らかなように、復興庁には、首相直属の組織として復興政策の企画立案と事業官庁間の総合調整や自治体との連携を担う機能を果たすことが期待されている。この機能は、復興庁設置法案の審議過程において、「司令塔」という用語で表現された。同時に復興庁は、自民党・公明党の主張を取り入れて復興政策の実施を「ワンストップ」で行う組織としても設計された[6]。

　このうち、政策の総合調整機能を高めるために、新設する行政組織に「司令塔」機能を付与するという改革構想は、中央省庁等改革以降、しばしば提起されてきた。例えば、中央省庁等改革によって創設された経済財政諮問会議には、小泉内閣の下で「経済財政政策の司令塔」としての位置づけが与えられた。この経済財政諮問会議が提起した統計制度改革の過程では、統計制度の「司令塔」機能を担う組織として、内閣府に統計委員会が設置された（松井（2012）112-117頁）。さらに2009年9月には、「消費者行政の司令塔」として消費者庁が設置された。

　近年では、内閣官房・内閣府の複雑化・肥大化が自民党などから問題視されているが、その原因の1つに「司令塔」組織の濫設が挙げられている。例えば、2013年5月から2014年8月まで内閣府に設置された「司令塔連携・調整会議」は、山本一太内閣府特命担当大臣（当時）所管の6分野に関する「司令塔」（総合科学技術・イノベーション会議、知的財産戦略本部、高度情報通信ネットワーク社会推進戦略本部（IT総合戦略本部）、宇宙開発戦略本部、総合海洋政策本部、領土・主権対策企画調整室）について、相互の連携・調整の推進やさらなる機能向上に向けた意見交換を行い、提言をとりまとめた。この提言では、「司令塔」を、「内閣官房・内閣府に設置され、特定の分野において重要施策を企画・立案し、総合調整を行うこと等を任務とし、当該分野における政策に関する基本的な計画や予算、人材等の資源配分方針を定めたり、当該分野における重要

---

[6]　「第179回国会参議院本会議録第11号」野田佳彦内閣総理大臣答弁、2011年12月7日、4頁。

事項について調査審議し、企画立案、推進、総合調整等を実施する組織」と位置づけている[7]。

　復興庁は、内閣に直接置かれているため、厳密にいえばこの提言にいう「司令塔」ではない。では、復興庁には、具体的にはどのような「司令塔」機能が期待されているのだろうか。

　復興庁事務次官を務める岡本全勝は、復興政策の「司令塔」を作る意義を、①情報の集約と業務の調整、②各組織の補完、③見える組織、の３点に求めている（岡本（2013）8頁）。「市町村主体の復興」が叫ばれ[8]、多くの復興事業の企画立案を実質的には各省が担うなかで、復興庁が、関係機関に対してトップダウンの統制機能を発揮することは、現実的には困難である。現に、経済財政諮問会議の運営方式は内閣によって異なり、新たな統計委員会を設置した後も分散型の統計作成機構が持続し、消費者庁は関係省庁との複雑な共管関係のなかで「隙間事案」に対処していくことが求められている。日本における「司令塔」組織は、その語感やイメージとは裏腹に、むしろ総合調整を表象するシンボリックな主体として、現実には既存の行政主体を補完する機能を担っていると捉えることができよう。

　復興庁のもう１つの組織的性格、すなわち「ワンストップ」対応も、この補完機能の延長線上に位置づけられる。復興庁の出先機関としての復興局には、自治体や出先機関を強力に糾合するのではなく、自治体等の相談機関・窓口機関として、関係機関間の連携を促す役割が期待されているのである。

　しかし、復興庁を特徴づける「司令塔」と「ワンストップ」という機能は、実際にはどのように展開されてきたのであろうか。次節では、政権交代に伴う復興推進体制の変化を整理した後、復興庁の「司令塔」機能と「ワンストップ」対応の展開過程を明らかにすることにしたい。

7　「『司令塔連携・調整会議』提言（『司令塔』の更なる活性化に向けて）」2014年８月。
8　東日本大震災復興構想会議「復興への提言――悲惨のなかの希望」2011年６月25日、16頁。

3　復興推進体制の展開

3.1　政権交代と復興推進体制の変化

　2012年2月10日、野田佳彦内閣の下で、復興庁設置法の施行に伴い復興庁が設置された。新設の復興大臣には内閣府特命担当大臣（防災）を務めていた平野達男が就任し、副大臣3名、大臣政務官4名（いずれも他府省との兼務を含む）という政務三役の体制で業務を開始した。また、復興庁設置法第13条に基づき、復興施策の実施と関係府省間の調整を行うため、全閣僚で構成される「復興推進会議」が復興庁に設置され、2月14日に第1回会議が開催された。さらに、3月19日には、被災3県知事や有識者等で構成される「復興推進委員会」の第1回会議が開催された。この復興推進委員会は、復興構想会議の議長を務めた五百旗頭真（防衛大学校長、神戸大学名誉教授）を委員長、同じく議長代理を務めた御厨貴（東京大学教授）を委員長代理とし、同検討部会長を務めた飯尾潤（政策研究大学院大学教授）を委員に加えるなど、復興構想会議との連続性の強い審議機関として発足した（肩書きはいずれも当時）[9]。

　このように、震災から約11カ月を経て、ようやく復興推進体制が本格的に稼働し始めたが、2012年11月16日に野田首相は衆議院を解散した。12月16日に施行された総選挙において与党民主党は大敗し、12月26日に自民党・公明党を与党とする第2次安倍晋三内閣が発足した。この政権交代に伴い、復興推進体制は新たな局面を迎えることになった。

　安倍首相は、2013年1月28日の所信表明演説において、震災復興に関する「政府の体制を大転換」する方針を表明し、「これまでの行政の縦割りを排し、復興庁がワンストップで要望を吸い上げ、現場主義を貫」き、補正予算を通じて被災地の復興と福島の再生を加速する姿勢を明らかにした[10]。復興大臣に任命された根本匠は、復興を加速化し、「新しい東北を創造」するため、施策の総

9　復興構想会議の運営に際しては、政治学者の五百旗頭、御厨、飯尾が「三人会」を構成し、会議対策を行っていた（御厨（2014）94頁）。

点検と再構築、現場主義の徹底、復興の司令塔機能の強化の3点を強調するとともに[11]、復興推進委員会の委員の入れ替えを示唆するに至った[12]。安倍内閣は、民主党政権下における復興の「遅れ」を批判し、復興推進体制を転換する方針を明確にしたのである。

こうしたなかで、復興推進委員会は、震災からの2年間を総括し、今後の課題について報告するため、2013年2月に「復興推進委員会　平成24年度審議報告」をとりまとめた。その末尾には「復興の槌音高くあらんことを願い、我々は白みゆく空を眺めながら、今後ともどこにいようと、復興への献身を惜しまぬつもりだ〔圏点引用者〕」[13]との文言が記されている。果たして2013年3月に復興推進委員会の委員は、被災3県知事を除いて全面的に入れ替えられた。復興推進委員会は、それまでの復興構想会議に連なる政治学者を中心とする体制から、伊藤元重委員長（東京大学大学院経済学研究科・経済学部教授、総合研究開発機構理事長）ら経済学者やエコノミスト、財界人等を中心とする体制へと転換したのである（表4-1）。

そのうえで、復興推進委員会は、2013年6月5日に「『新しい東北』の創造に向けて（中間とりまとめ）」、2014年4月18日には「『新しい東北』の創造に向けて（提言）」を公表した。この新体制の下でとりまとめられた「提言」は、復興庁の機能強化を図るため、①現場主義の徹底（双方向型の国と地方の関係、復興交付金運用の柔軟化等）、②司令塔機能の強化（東京・福島2本社体制、タスクフォースの設置等）、③予算・復興財源フレームの見直し（復興財源フレームの見直し、予算の迅速かつ柔軟な執行等）を行うという方針を掲げた[14]。政権交代に伴う復興推進体制の見直しは、復興推進委員会の審議体制の転換を伴

10　「第183回国会における安倍内閣総理大臣所信表明演説」2013年1月28日、8頁（http://www.kantei.go.jp/jp/96_abe/statement2/__icsFiles/afieldfile/2013/02/28/20130128syosin.pdf）。

11　「根本復興大臣記者会見録（2012年12月27日（木）2:20～2:32　於：復興庁記者会見室）」1頁（http://www.reconstruction.go.jp/topics/241227.html）。

12　「根本復興大臣記者会見録（2013年1月8日（火）11:05～11:16　於：復興庁記者会見室）」2-3頁（http://www.reconstruction.go.jp/topics/20130108_kaikenroku.pdf）。

13　「復興推進委員会　平成24年度審議報告」2013年2月、25頁（http://www.reconstruction.go.jp/topics/20130207_shingihoukoku.pdf）。

表4-1 復興推進委員会委員名簿

2012年3月19日		2013年3月6日	
◎五百旗頭　真	防衛大学校長、神戸大学名誉教授	◎伊藤　元重	東京大学大学院経済学研究科・経済学部教授、総合研究開発機構（NIRA）理事長
○御厨　貴	東京大学教授		
飯尾　潤	政策研究大学院大学教授		
牛尾　陽子	財団法人東北活性化研究センターアドバイザリーフェロー	○秋池　玲子	ボストンコンサルティンググループパートナー＆マネージング・ディレクター
大井　誠治	岩手県漁業協同組合連合会代表理事会長	秋山　弘子	東京大学高齢社会総合研究機構特任教授
清原　桂子	兵庫県理事	岩渕　明	岩手大学理事・副学長、三陸復興推進機構長
佐藤　雄平	福島県知事		
重川　希志依	富士常葉大学大学院環境防災研究科教授	大山　健太郎	アイリスオーヤマ代表取締役、仙台経済同友会代表幹事
達増　拓也	岩手県知事		
星　光一郎	福島県社会福祉施設経営者協議会長	菊池　信太郎	医師、「郡山市震災後子どものケアプロジェクト」マネージャー
堀田　力	弁護士、公益財団法人さわやか福祉財団理事長	佐藤　雄平	福島県知事
村井　嘉浩	宮城県知事	白根　武史	トヨタ自動車東日本取締役社長
横山　英子	仙台経済同友会幹事、（株）横山芳夫建築設計監理事務所代表取締役社長	大仁　邦彌	公益財団法人日本サッカー協会会長
吉田　文和	共同通信社編集局長	達増　拓也	岩手県知事
		田村　圭子	新潟大学危機管理室　災害・復興科学研究所（協力）教授
		中田　俊彦	東北大学大学院工学研究科教授
		松原　隆一郎	東京大学大学院総合文化研究科教授
		松本　順	みちのりホールディングス代表取締役
		村井　嘉浩	宮城県知事

（注）　◎：委員長、○：委員長代理。肩書きはいずれも委員就任当時。
（出所）　復興庁ホームページ（http://www.reconstruction.go.jp/topics/000813.html）より筆者作成。

いつつ、復興庁の「司令塔」機能と「ワンストップ」対応をさらに充実強化するという方向で進められることになったのである。

14　復興推進委員会「『新しい東北』の創造に向けて（提言）」2014年4月18日、2頁（http://www.reconstruction.go.jp/topics/main-cat7/sub-cat7-2/20140425_01_teigen.pdf）。

では、こうした復興庁の「司令塔」機能と「ワンストップ」対応は、実際にはどのような展開を見せているのであろうか。次に、復興庁の組織と人事、復興局をめぐる組織間関係という観点から、復興推進体制の展開を明らかにすることにしたい。

3.2 「司令塔」機能の展開：復興庁の組織と人事
3.2.1 柔軟な組織編制と各府省出向体制

復興庁は、東京の本庁（内部部局）と岩手・宮城・福島の3県に置かれる復興局、青森県・茨城県に置かれる事務所で構成されている。復興庁には、行政資源を最大限活用して「司令塔」機能を発揮することが期待されているが、その組織編制と人事運用には次のような特徴が見られる。

第1に、復興庁の内部部局は、局や課を置く内閣府外局の庁（警察庁、金融庁、消費者庁）や、原則として部を置く各省外局の庁（文化庁、林野庁、資源エネルギー庁等）とは異なる組織編制を採用している。復興庁の内部部局には、局・部・課を置かず、事務次官以下、統括官（局長級分掌職）、統括官付審議官（中二階総括整理職）、統括官付参事官（局長級分掌職を助ける課長級の職）を配置している。そのうえで、各業務を担当する班が、総括・企画、被災者支援・健康・くらし、地震・津波被害からの復旧・復興、福島・原子力災害復興という分野ごとに大括りで編制される仕組みになっている。関東大震災後に設置された帝都復興院は、総裁官房のほか計画局、土地整理局、建築局、土木局、物資供給局、経理局で構成されていたが、「復興院型」を志向して制度設計が行われた復興庁では、局・部・課という階統型の組織編制を採用していない。復興庁は、復興の課題に柔軟に対応するため、班を中心とする柔軟な組織編制を採用しているのである[15]。

第2に、復興庁の職員体制は、各府省からの出向人事で成り立っている。2015年7月31日現在、事務次官は総務省（旧自治省）、3名の統括官は国土交通省（旧建設省）2名と経済産業省、統括官付審議官（2名）は財務省、岩手復興局長は農林水産省、宮城復興局長は国土交通省（旧建設省）、福島復興局

---

15 復興庁勤務経験者へのインタビュー（2014年4月26日）による。

表4-2　復興庁幹部職員名簿（2015年7月31日現在）

官　職	氏　名	出身府省
復興庁事務次官	岡本　全勝	総務省
統括官	吉田　光市	国土交通省
統括官	内海　英一	国土交通省
統括官	熊谷　敬	経済産業省
統括官付審議官	大鹿　行宏	財務省
統括官付審議官	西田　直樹	財務省
岩手復興局長	今井　良伸	農林水産省
宮城復興局長	武政　功	国土交通省
福島復興局長	田谷　聡	総務省

（出所）　復興庁ホームページ（http://www.reconstruction.go.jp/topics/main-cat12/150731_kanbumeibo.pdf）より筆者作成。

　長は総務省（旧自治省）の出身者がそれぞれ就任しており（表4-2）、復興庁発足以来、幹部ポストは基本的に各府省の「指定席」となっている[16]。なかでも国土交通省は、初代から第3代までの事務次官、統括官、宮城復興局長という枢要ポストを確保しており、国土交通省を中心とする各府省出向体制が確立しているといえよう。

　関連して第3に、復興庁では、総括官付参事官等について各府省との併任人事を行うことにより、各府省との柔軟な連携を図っている。復興庁の予算定員は2014年7月時点で183名（本庁等：116名、復興局：67名）であるが、職員数は、2015年2月1日時点で約690名（本庁：約290名、岩手復興局：約110名、宮城復興局：約140名、福島復興局：約140名）とされている。これは、非常駐の併任者約400名のほか[17]、臨時職員や民間からの派遣職員等を加えた数値であると考えられる。このうち、総括官付参事官の定数は、併任の者を除いて9名であるが（復興庁組織令第3条第3項）、2015年7月末現在、併任の者を含めて30名という陣容になっている[18]。総定員法により国家公務員の総数が限られているなかで、復興庁は、併任人事を活用することにより「最大動員」（村松（1994））を図るとともに、復興の課題に関係府省と連携して対応できる職

16　なお、後述の福島対応体制の強化に伴い、2013年2月1日付で福島担当の統括官が1名増員されて経済産業省出身の統括官付審議官が昇任し、統括官は計3名となった。

17　復興庁「（参考）復興の取組と関連諸制度」2015年3月10日、3頁（http://www.reconstruction.go.jp/topics/main-cat1/sub-cat1-1/20150310_torikumi_seido.pdf）。

員体制を構築することに努めているといえよう。

3.2.2　「東京・福島2本社体制」とタスクフォース

　これまでに見た復興庁の組織・人事体制は、2012年12月の政権交代後、「司令塔」機能の強化が叫ばれるなかで、次のような変化を経験している。

　第1は、いわゆる「東京・福島2本社体制」の構築である。これは、第5回復興推進会議（2013年1月10日）において、安倍首相が、復興局幹部を含めて現地で福島復興の意思決定ができるような体制を整備するように指示したことに基づいている[19]。この指示を受けて、2013年2月1日付で福島市に「福島復興再生総局」、東京の復興庁に「福島復興再生総括本部」が設置された。このうち、復興大臣を長とする福島復興再生総局は、福島復興局、環境省福島環境再生事務所、原子力災害現地対策本部を統括し、現地駐在の復興副大臣・大臣政務官と原子力災害現地対策本部長（経済産業副大臣）、環境副大臣を構成員とするものである。この福島復興再生総局の事務局長には、前復興庁事務次官の峰久幸義内閣官房参与を充て、復興庁事務次官、福島担当の統括官、福島復興局長のほか、原子力災害現地対策本部副本部長（経済産業省）、福島環境再生事務所長（環境省）等で事務局を構成し、現地組織の一体運用を行うこととした。

　他方、東京の「福島復興再生総括本部」は、福島の復興に関する政府中枢機能を強化することを目的に設置された。この福島復興再生総括本部の長は復興大臣であり、関係省庁の局長クラスを復興庁との併任をかけたうえで本部員とし、復興大臣が各本部員に対して直接指揮することを企図している[20]。同時に、避難指示区域の運用・見直し等を担当する内閣府原子力被災者生活支援チーム

18　総括官付参事官の出身府省の内訳は、内閣府1名、総務省4名、外務省1名、財務省2名、文部科学省1名、厚生労働省2名、農林水産省3名、経済産業省4名、国土交通省11名、環境省1名である。ただし、うち総務省からの1名は、2015年8月18日までの併任である（米盛編著（2015）及び復興庁の人事異動に関するホームページ（http://www.reconstruction.go.jp/topics/main-cat12/jinji/index.html）の情報に基づいて筆者算定）。

19　「復興推進会議（第5回）議事録」2013年1月10日、7頁（http://www.reconstruction.go.jp/topics/20130314_gijiroku05.pdf）。

を復興庁の庁舎に移し、福島復興再生総括本部の指示の下、福島復興再生総局とも連携して現地対応に充てることになった（柳瀬（2013）1-4頁）。

第2は、復興大臣を中心とするタスクフォースの設置である。これは、復興大臣等が中心となり、テーマごとに関係省庁の局長クラスを集めて省庁横断的に編制し、課題解決の方向性を打ち出すことを目的に設置された。2013年1月に「除染・復興加速のためのタスクフォース」が設置されたのを皮切りに、2015年3月末までに「住宅再建・復興まちづくりの加速化のためのタスクフォース」「原子力災害による風評被害を含む影響への対策タスクフォース」「被災者に対する健康・生活支援に関するタスクフォース」及び「産業振興の推進に関するタスクフォース」が設置され、活動を行っている。

以上のように、復興庁は、各府省出向体制という「寄り合い所帯」ながらも、併任人事の活用により、主に人的交流を通じて各府省との連携の維持を図っている。しかし、2013年2月以降、「司令塔」機能の強化を目指して導入された試みについては、その目的に照らして十分に機能しているかどうかを判断することは難しい。

例えば「住宅再建・復興まちづくりの加速化のためのタスクフォース」が8回にわたって開催され、「住宅再建・復興まちづくりの加速化措置」が第5弾まで打ち出されるなど、タスクフォース方式は一定の実績を上げているといえる。他方、福島復興再生総括本部は、2013年2月15日に第1回会合が開催された後、3月7日に「早期帰還・定住プラン」をとりまとめたが、その後、2015年7月末現在、本部会合の開催は確認されていない。これは、福島の復興が困

---

20 本部員は次のとおりである。復興庁事務次官、復興庁統括官、内閣審議官（内閣官房副長官補室）、内閣官房原子力発電所事故による経済被害対応室長、内閣府原子力被災者生活支援チーム事務局長補佐、警察庁警備局長、消費者庁審議官、総務省自治行政局長、文部科学省大臣官房総括審議官、文部科学省研究開発局長、厚生労働省医政局長、厚生労働省職業安定局長、農林水産省大臣官房総括審議官、経済産業省地域経済産業審議官、経済産業省資源エネルギー庁長官、国土交通省総合政策局長、国土交通省住宅局長、環境省大臣官房廃棄物・リサイクル対策部長、環境省総合環境政策局環境保健部長、環境省水・大気環境局長、原子力規制庁原子力地域安全総括官（「〔資料1〕福島復興再生総括本部の設置について」福島復興再生総括本部第1回会合、2013年2月15日（http://www.reconstruction.go.jp/topics/20130215_sokatsuhonbu_shiryo1.pdf））。

難な課題であることを反映しているのかもしれないが、少なくとも現状では、復興庁の「司令塔」機能は、復興大臣によるトップダウンというよりも、併任人事やタスクフォースの運営を通じた各府省との連携によって担保されているといえるのではなかろうか。

3.3 「ワンストップ」対応の展開：復興局をめぐる組織間関係
3.3.1 「ワンストップ」対応の限界

　復興庁の地方支分部局である復興局には、復興交付金や復興特区に関する事務を実施し、被災自治体、特に市町村に対する「ワンストップ」の窓口機関・相談機関としての役割を発揮することが期待されている（図4-2）。しかし、被災自治体からは、復興局はこうした役割を十分に果たしていないのではないかとの批判が寄せられてきた。特に復興交付金については、当初、その第1回配分（2012年3月2日）に際して村井嘉浩宮城県知事が「復興庁ではなく査定

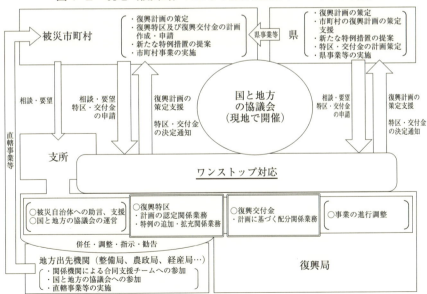

図4-2　現地（復興局）における総合調整とワンストップ対応

（出所）　復興庁ホームページ（https://www.reconstruction.go.jp/topics/recon_onestop.pdf）。

庁だ」と述べたように[21]、被災自治体の復興交付金事業計画について現地の復興局では一元的な対応ができず、復興庁が事業官庁や財務省の意向を忖度するあまり、自治体の申請に対して消極的な対応を行っているとの批判がなされていた。

その後、2013年3月8日の第5回配分に際して、基幹事業の採択対象の拡大や効果促進事業等の対象拡大等、復興交付金の運用が柔軟化された。そのため、被災自治体の不満は従前に比べて和らぎつつあると考えられるが、復興事業の展開に際して、現地の復興局が「ワンストップ」機能を十分に発揮しているとは必ずしもいえない状況にある。

第1に、復興局における「ワンストップ」対応の遅れや復興交付金の使い勝手の悪さを指摘する声は依然根強い。例えば、2013年2月に設置された福島復興再生総局について、地元の要望が窓口で一元化され、各省が同時に対応できる体制が整いつつあるとの評価がある一方、除染等における対応の遅れが指摘されている[22]。また、復興交付金について、例えば南三陸町は、漁港と高台移転した集落を結ぶ生活道路の整備に際し、2013年末に14本、総延長9.5kmの集落道の申請を予定していたという。しかし、申請段階での復興庁の「事前査定」により1.4kmにまで削られたと報じられている[23]。

第2に、東日本大震災復興特別区域法に基づく復興特区制度の運用に際して、出先機関を通じた関係省庁の関与は依然として残されている。復興特区制度の下では、復興整備事業の実施に必要な土地利用等に関する法定手続（都市計画区域の指定、変更または廃止、保安林の指定または解除、農地転用の許可等）について、個別法の手続によることなく、関係機関が一堂に会する復興整備協議会での協議を経て復興整備計画を策定するスキームを採用している（原田（2012）181-182頁）。

しかし、このスキームの下でも、個別法令上、各権限者の同意が必要とされる事項については、通常の手続と同様、大臣または知事の同意を要することと

---

21 『毎日新聞』2012年3月4日。
22 『福島民報』2014年1月30日。
23 『毎日新聞』2014年3月9日。

されている。復興特区制度における土地利用の再編等に関する「ワンストップ」処理とは、市町村が個別法令に従って県や出先機関と協議を行い、必要に応じて各権限者の同意を得るという煩瑣な手続を、復興整備協議会の場で一体的に行うことができるという限りでの簡素化・迅速化を意味する（礒崎（2012）31-32頁）。復興局には、そもそも各省が持つ権限を集約して市町村との協議に臨むことは求められていない。復興局に期待されているのは、復興整備事業の策定や復興整備協議会の開催等に関する市町村からの相談や要望を受け付け、復興整備計画の策定に向けた側面支援を行うことであるといえよう。

　第3に、県がむしろ「ワンストップ」対応体制の構築を呼びかけ、その制度化を試みるといった事象が観察される。例えば岩手県は、復興事業にかかる複数の許認可手続等を迅速化するため、2014年1月に県の事業所管部局・許認可等所管部局・広域振興局・復興局等で構成される「復興事業円滑化チーム」を編成する方針を明らかにした[24]。復興局と県の間では、市町村に対する「ワンストップ」対応をめぐる潜在的な組織間競争があるといえる。復興事業の展開に伴って、こうした組織間競争が顕在化しており、「ワンストップ」対応という組織目標を復興局が独占することはできなくなる局面も現れているのである。

3.3.2 復興加速化とアウトリーチ

　こうしたなか、復興庁・復興局は、復興の加速化措置の一環として、いうなれば「ワンストップ」対応のアウトリーチ（現場展開）戦略を展開しつつある[25]。

　第1に、復興庁は、2014年2月に「用地加速化支援隊」を結成した。復興庁は、2013年10月に災害公営住宅等の用地取得を前倒しで進めるために「用地取得加速化プログラム」をとりまとめたが、用地の取得が困難な理由・事由等には個別性が高く、市町村の現場では加速化措置を講ずることが難しいという課題があった。そこで、新たに結成した用地加速化支援隊が、対象となる土地の

24　岩手県ホームページ（http://www.pref.iwate.jp/anzen/machizukuri/18197/001810.html）。

25　復興庁宮城復興局「復旧・復興の加速化の取り組み」2014年9月27日（http://www.thr.mlit.go.jp/Bumon/B00097/K00360/taiheiyouokijishinn/kasoku1/140927shiryou6.PDF）。

個別情報を市町村から聞き取り、復興庁・復興局、法務局、地方整備局が、司法書士会等の関係機関と連携して手続的な課題を解決していくことを目指している。そのため2014年1月からは、復興庁が司法書士を職員採用し、市町村に常駐させる方針をとっている。

　第2に、2014年8月には、災害公営住宅の建設工事実施段階の課題を解決するため、「工事加速化支援隊」が設置された。この工事加速化支援隊は、復興庁の市町村担当参事官等や復興局職員で構成され、国土交通省と連携しながら、直接、県・市町村に出向いて状況を聞き取り、市町村への支援を行うことを使命としている。

　第3に、復興局は、被災者の生活再建支援という点でも「ワンストップ」対応のアウトリーチを進めている。例えば、防災集団移転促進事業等による宅地供給が増加し、個人住宅の建築が増加する一方、その手続等に関する情報を「ワンストップ」で被災者に提供する必要性が生じている。そのため、宮城復興局は、2014年5月から関係機関（東北財務局、市町、弁護士会、司法書士会、ハウスメーカー・工務店、金融機関等）と連携して「住宅自立再建ワンストップ説明会」「住宅再建まるごと相談会」を県内各地で開催している。

　こうしたアウトリーチ戦略は、現地における復興局の「ワンストップ」対応が、制度や行政資源の面での制約を受けるなかで、復興局がそれまでの「受け身」の姿勢から「攻め」の姿勢へと転換しようとしていることの現れであるとも考えられる。それは、復興の進展につれて変化していく被災地のニーズを受け止めつつ、復興推進をめぐる組織間競争に生き残るための復興庁・復興局の戦略として理解することができよう。

4　復興推進体制の展望

　復興庁は、発災時の内閣が当初構想した「本部型」の組織とは異なり、内閣に直接置かれる特殊な行政組織として創設された。そして、復興事業の展開と2012年の政権交代に伴い、その「司令塔」機能と現場における「ワンストップ」対応への期待はますます高まっている。

しかし、本章を通じて明らかになったように、復興庁に求められる期待と現実の対応の間にはギャップがある。復興庁が現に発揮している「司令塔」機能とは、復興に必要な行政資源を一元的に管理し、関係府省に対する強力な総合調整権限を発動しながら復興事業を主導していく「統率型」の機能ではない。むしろ復興庁は、関係機関との人的交流に基づいて柔軟な組織体制を模索しながら復興を推進する「連携型」の機能を担っている。復興局の「ワンストップ」対応も、そこに相談すれば被災自治体の要望がすべて満たされるといった類いのものではなく、被災自治体の側面支援を行う場を提供し、課題を抱える現場に手を差し伸べることを企図したものである。

こうした期待と現実のギャップこそ、復興の「遅れ」を批判する議論の根拠になっているのかもしれない。だが、仮に復興庁が「司令塔」機能と「ワンストップ」対応を字義どおりに追求するならば、「市町村主体の復興」や県レベルでの復興事業の調整・支援は後景に退かざるを得ない。地方自治の尊重と復興の加速化という2つの課題に応えるには、復興庁が、自治体を含む関係機関と連携しつつ、関係機関間の連携を取り持つことによって、その主導性を発揮していくことが求められているように思われる。いわば多機関連携[26]のハブ機能を果たす復興庁という姿こそ、「行政の現実」（牧原（2009））を踏まえた復興推進体制の望ましいあり方なのではないか。

設置期限を迎える2020年度末まで、復興庁には、「司令塔」機能と「ワンストップ」対応の充実強化という組織目標を実現することが求められ続けるであろう。そうしたなかで、復興庁には、被災地に寄り添いながら連携の実績を着実に積み重ね、柔軟な課題対応を図ることにより、多義的に用いられる「司令塔」機能と「ワンストップ」対応という言説の意味内容を確定し、自らの使命を再定義していくことが求められるのではなかろうか。

---

26 行政の多機関連携に関する予備的な考察として、伊藤（2014）（2015）を参照。

【参考文献】

礒崎初仁（2012）「東日本大震災復興特別区域法の意義と課題（下）――円滑・迅速な復興と地方分権」『自治総研』第405号、26-56頁

伊藤滋（2005）「検証テーマ『復興体制――復興の推進体制』」兵庫県・復興10年総括検証・提言データベース（http://web.pref.hyogo.jp/wd33/documents/000038664.pdf）

伊藤正次（2003）『日本型行政委員会制度の形成――組織と制度の行政史』東京大学出版会

伊藤正次（2014）「多重防御と多機関連携の可能性」御厨貴・飯尾潤責任編集『別冊アステイオン「災後」の文明』阪急コミュニケーションズ、64-81頁

伊藤正次（2015）「多機関連携としてのローカル・ガバナンス――就労支援行政における可能性」宇野重規・五百旗頭薫編『ローカルからの再出発――日本と福井のガバナンス』有斐閣、81-101頁

岩崎忠（2011）「東日本大震災復興基本法の制定過程」『自治総研』第394号、48-62頁

岡本全勝（2013）「東日本大震災からの復興――試される政府の能力」『年報行政研究48　東日本大震災における行政の役割』ぎょうせい、2-19頁

櫻井敏雄・政木広行・柳瀬翔央（2012）「復興推進体制の整備――復興特区法、復興庁設置法、福島特措法」『立法と調査』329号、14-25頁

内閣府（2012）『平成23年版　防災白書』

原田大樹（2012）「震災復興の法技術としての復興特区」『社会科学研究』第64巻第1号、174-191頁

牧原出（2009）『行政改革と調整のシステム』東京大学出版会

松井望（2012）「統計制度――『司令塔』の設計と『省庁共同体』の持続」森田朗・金井利之編著『政策変容と制度設計――政界・省庁再編前後の行政』ミネルヴァ書房

松本敦司（2013）「東日本大震災対応に関する政府の組織面での対応について」『季刊 行政管理研究』第143号、21-36頁

御厨貴（2014）『知の格闘――掟破りの政治学講義』ちくま新書

村松岐夫（1994）『日本の行政――活動型官僚制の変貌』中公新書

柳瀬翔央（2013）「福島の復興・再生に向けた体制の強化——福島・東京2本社体制の構築と福島復興再生特別措置法の改正」『立法と調査』341号、3-13頁

米盛康正編著（2015）『復興庁名鑑 2016年版』時評社

Horn, Murray J.（1995）*The Political Economy of Public Administration: Institutional Choice in the Public Sector*, Cambridge University Press

Lewis, David E.（2003）*Presidents and the Politics of Agency Design: Political Insulation in the United States Government Bureaucracy, 1946-1997*, Stanford University Press

第5章　被災自治体に対する政府の財政措置

北村　亘

はじめに

　2011年3月11日に発生した東日本大震災の復旧・復興事業のために政府が講じた財政措置は被災地域の地方自治体の財政にどのような影響を及ぼしたのだろうか。
　一般的に大災害からの真の復興には、各種証明書の迅速な発行から社会資本整備、教育、社会保障に至るまでの日常的な生活に不可欠な住民サービスを提供する地方自治体の機能を回復させなければならない。壊滅的な被害を受けた地域社会を復興させるためにも、いかにして地方自治体を復興させるのかが重要となる。そのためには、被災自治体に対して政府がどのような財政措置を講じたのか、そして、その結果、被災自治体の活動がどのように変化したのかということを明らかにしておくことには重要な意義がある。特に、この作業は、広範囲に点在する小規模自治体を大災害が再び襲ってくることが想定されるなかで、対応策を検討する際に不可欠である。
　東日本大震災の被害規模は、1995年1月17日の阪神・淡路大震災と比較することで、その凄まじさが明らかになる。まず、被害者数から見てみると、阪神・淡路大震災の場合、全国で死者6434名、行方不明者3名、重軽傷者4万3792名となっている（兵庫県企画県民部災害対策局災害対策課「阪神・淡路大震災の被害確定について（2006年5月19日消防庁確定）」）[1]。他方、東日本大震災では、

---

[1]　兵庫県ホームページを参照（http://web.pref.hyogo.lg.jp/pa20/pa20_000000015.html、2014年7月1日閲覧）。

全国で死者１万5889名、行方不明者2598名、重軽傷者6152名となっている（警察庁緊急災害警備本部「2011年東北地方太平洋沖地震の被害状況と警察措置」2014年10月10日）。次いで、被害額を見てみると、阪神・淡路大震災では総計約10兆円であるのに対して、東日本大震災では2011年6月の段階ですでに総計16兆円から25兆円と推計されていた。しかも、東日本大震災では、太平洋沿岸地域に広範囲にわたって大規模な被害が発生していた。

　本章は、広範囲で甚大な被害を引き起こした東日本大震災の復興に対する政府の財政措置が被災自治体の財政に与えた影響を明らかにする。結論をあらかじめ要約しておくと、政府は発災直後の2011年度内に巨額の財政支出の枠組みを決定し、以後、政府から県、そして県から復興事業のために住民の合意が得られた市町村に財源を移転していったことが明らかになる。しかも、地方への財政支援は、予算年度を越えて活用できる「取り崩し」型の復興基金によって行われたことが大きな特徴である。

　本章は、以下の順で分析を進める。第1に、2011年度及び2012年度の政府の一般予算や補正予算を見ることで、政府の財政支援の枠組みを明らかにする。第2に、政府の財政措置が被災地の地方自治体の歳入に及ぼした影響を明らかにする。第3に、同様に、政府の財政措置が被災地の地方自治体の歳出に及ぼした影響を明らかにする。第4に、地方債と基金の推移についても変化の特徴を明らかにする。第5に、被災地自治体を丸ごと受け入れた地方自治体の財政の変化について分析を行う。最後に、知見を要約して、全体の財政的対応について評価を試みる。

　なお、参照する財政データは、総務省が毎年実施している「地方財政状況調査」である（計数処理の関係上、合計と合致しない場合がある）。発災以前の2009年度、そして発災年度の2010年度、発災以後の2011年度、2012年度の決算統計を用いる。

　分析対象となる地方自治体は、岩手、宮城、福島の被災3県、そして被災3県内の沿岸部42市町村である[2]。いずれも、東日本大震災によって、津波や原子力発電所の事故などにより甚大な被害を受けた結果、膨大な復旧・復興事業を抱えている自治体である。ただし、東北地方の最大都市であり、県の権限の8割を持つ政令指定都市でもある仙台市は適宜統計から外して考える。

1 政府の対応：政府はどの規模の財政措置を講じたのか

　まず、2011年3月11日の発災以後の政府の財政措置から明らかにしていく。菅直人首相率いる民主党内閣は、世論や有権者の反発を恐れ、迅速かつ巨額の財政支出を早々に固めていた。地方自治体の財政負担の軽減を目指す総務省も早々に地方税財政制度の特例を打ち出す方針を固めるとともに、財源要求を財務省に行っていた。他方、財務省も、復興の遅れが発生した場合に同省に対する責任追及に発展することを恐れ、財政支出の拡大を容認した。その結果、発災からわずかな期間で巨額の予算が確保された。この方式は、2012年12月に発足した安倍晋三首相率いる自民党・公明党の連立内閣の下でも継承され、最終的には25兆円規模の財政措置が講じられることになった。

　しかし、その財源確保の方法については、国債市場での混乱を恐れた財務省の主張どおり、増税や財政支出、税外収入などによることになった。

1.1　全体的特徴

　第1に、発災直後の2011年度及び2012年度の復興関連予算を見てみると、巨額な予算が短時間で次々に成立し、復興財源が確保されていることがわかる。総額4兆156億円の2011年度第1次補正予算は、発災から1カ月後の2011年4月22日に閣議決定され、5月2日には国会で成立している。次いで、総額1兆9988億円の第2次補正予算は7月5日に閣議決定され、7月25日に国会で成立している。さらに、総額11兆5688億円の第3次補正予算は10月21日に閣議決定され、11月21日に国会で成立し、続いて総額1兆1118億円の第4次補正予算も

2　具体的には、岩手県宮古市、大船渡市、久慈市、陸前高田市、釜石市、大槌町、山田町、岩泉町、田野畑村、普代村、野田村、洋野町、宮城県仙台市、石巻市、塩竈市、気仙沼市、名取市、多賀城市、岩沼市、東松島市、亘理町、山元町、松島町、七ヶ浜町、利府町、女川町、南三陸町、福島県いわき市、相馬市、田村市、南相馬市、川俣町、広野町、楢葉町、富岡町、川内村、大熊町、双葉町、浪江町、葛尾村、新地町、飯舘村である。この選定については復興庁担当者（当時）のご示唆を得た。

12月20日に閣議決定され、2012年2月8日に成立している。3兆7753億円の復興関連予算を含む2012年度予算は、4月5日に国会で成立するが、その後、10兆2027億円の補正予算が2013年2月26日に国会で成立している。

阪神・淡路大震災のときの総額10兆円の被害に対応していくことに何年もかかったことと比較して、東日本大震災では政府は発災年に「寄せ集めの予算」だとしても巨額な補正予算で迅速に対応したと評価できよう[3]。

第2に、復興関連予算と関連して被災自治体の財政負担をゼロとする仕組みも導入されている。まず、2011年10月には第2次補正予算で増額された特別交付税のうちの1960億円を原資として復興基金が創設される。これは「取り崩し型」基金であり、復興関連事業のために予算年度を越えて活用することを可能としている。次いで、12月に東日本大震災復興交付金制度が創設される。これは、地域づくりに必要なハード事業（5省40事業）を復興のための基幹事業と位置づけ、それぞれに対する補助金を一括化したものである。さらに復興交付金制度と並んで、震災復興特別交付税制度が導入された。これは、従来の地方交付税とは別枠とされ、使途の自由度の高い資金が被災自治体に交付される仕組みである。

一連の財政制度的な措置によって、単年度主義を越えた復興事業に取り組むことが可能となった。しかも、復興事業に関して被災自治体の財政負担は「負担ゼロ」である。つまり、元来、財政的に脆弱な被災自治体であっても、財源を考慮せずに復興事業に邁進できるようになったのである。

第3に、巨額の復興関連予算の財源は、増税を中心として確保されていることも重要である。2011年11月に復興財源確保法及び地方財源確保法が成立し、2012年4月から新規増税が施行される。復興特別所得税の導入（2013年から25年間）、個人住民税均等割の増税（2014年度から10年間）、退職所得控除の廃止、復興特別法人税（2012年4月以降に始まる事業年度から3年間の予定であったが2014年3月末にて課税終了）などによって10兆5000億円の財源確保を見込んでいる。また、財政投融資特別会計の積立金の取り崩しや、日本たばこ産業、

3　異なる評価として片山善博元総務大臣の一連の回顧が重要である（薬師寺（2011））。詳細な検討については北村（2014）を参照のこと。

東京メトロの株式売却などの税外収入や、公務員人件費の削減などで、さらに5兆円程度の財源確保を見込んでいる。

　本来、財政学の教科書的な対応からいえば、大災害のときにこそ国債発行を行うことで、迅速に財源を確保し、世代間で復興の負担均衡を図るべきであろう（持田（2009）230-231頁）。しかし、一般政府部門の総負債残高が1000兆円を突破している状況では、大量の国債を一気に発行すれば、債券市場でいっそうの不安感を招いていた可能性も否定できない。このため、増税や歳出削減によって財源を確保したことを即座に批判することは難しい。

1.2　復興に関する財政スキームの発展的継承

　政府内部での政策決定という観点から復興のための一連の財源措置を考えてみると、政府与党首脳も総務省も、巨額の復興関連予算の支出を迅速に確保できただけでなく、被災自治体に財政負担を強いることなく大幅な裁量を与えることに成功したといえよう。他方、財務省は、巨額の財政支出には応諾するが、財源確保の方法において国債の大幅発行ではなく、増税を中心にして確保することに成功したといえる（北村（2014））。こうして、批判されることの多い民主党内閣の下で、発災１年で復興のための財政的なスキームが確立した。

　このスキームは、2012年12月に発足した安倍晋三首相率いる自民党と公明党の連立内閣においても継承されただけでなく、その延長線上で復興予算の規模と財源の追加見直しが行われる。2013年１月の復興推進会議で、議長でもある安倍首相は集中復興期間（2011年度から2015年度までの５年）の復旧・復興事業の規模と財源について19兆円から25兆円規模への引き上げを打ち出した。財源としては、日本郵政の株式売却収入（４兆円程度）や2011年度決算剰余金等（２兆円程度）を見込んだ数字であり、さらに2013年２月に成立した2012年度第１次補正予算（総額10兆2027億円）では成長重視戦略の一環として復興事業への支出拡大も盛り込まれた。

2 地方歳入での特徴：財源はどのように被災自治体に行き渡ったのか

2.1 全体的特徴

　国は積極的に補正予算を成立させ、被災地を支援すべく地方自治体向けの財政措置を拡充させていったことが確認できた。次の課題は、その結果として、被災地の地方自治体の財政にどのような変化が生じたのかを理解することである。国が確保した財源が被災自治体に、どのタイミングで、どのように行き渡ったのかということを財政データから確認する。

　2009年度から2012年度までの被災3県及び沿岸42市町村の歳入から、2つの特徴が指摘できる。第1に、復興に向けて本格的に動き出した2011年度予算を見ると、被災自治体全体での急激な予算膨張が観察できる。第2に、2012年度予算になると、被災3県の歳入は減少に転じるが、沿岸42市町村の歳入はさらに増加している。

　被災3県の歳入総計を見てみると、2010年度は2兆4460億円であったのに対して、2011年度では5兆6114億円に倍増し、2012年度には5兆51億円に落ち込んでいる。他方、沿岸42市町村の歳入総計では、2010年度は1兆678億円であったのに対して、2011年度では被災3県と同様、2兆109億円にほぼ倍増し、2012年度にはさらに膨れ上がって3兆2055億円となっている。

　被災3県及び沿岸42市町村の歳入総額の内訳を見てみると、政府などからの復旧・復興関連の移転財源分が半分を占めている。復旧・復興関連分を除く「通常収支分」に着目すると、被災3県であっても沿岸42市町村であっても予算規模は一定あるいは微減となっている（図5-1参照）。つまり、被災自治体の予算が膨張したのは、政府の講じたさまざまな財政措置が被災自治体に到達したからといえる。換言すれば、地方自治体の通常の行政規模が膨張したわけではない。控えめに言えば、被災した各自治体では、しばしば批判されるような焼け太り的な行政をしていると即断することはできない。

図5-1 被災自治体の歳入の内訳

(出所) 総務省「地方財政状況調査」各年度版より筆者作成。以下の図表についても、出所はすべて同じなので表記を省略する。

2.2 地方税収の推移

2009年度からの被災3県、沿岸41市町村の財政の推移を詳細に見ていく(表5-1及び表5-2参照。なお、沿岸42市町村から大都市として景気の変動に左右されやすい仙台市は分析から除外した)[4]。まず、地方税収でいえば、被災3県、沿岸41市町村ともに2011年度にそれまでの税収から落ち込んでいる。ただし、2012年度決算では再び税収が伸びている。被災3県の地方税収は、景気回復と震災特需の影響を受けて、大震災発災の影響を受けていない2009年度の水準にまで回復している。他方、沿岸41市町村では2012年度に微増に転じたとはいえ、大震災以前の水準には戻っていない。

---

4 政令指定都市である仙台市は、法人市民税も固定資産税も景気の変動で大きく税収が変わってしまうという意味で、県と同じ問題を抱えている(北村(2013))。また、仙台市は、他の沿岸市町村とは人口規模も経済規模も圧倒的に異なるので、税収を考えるときに基礎自治体の1つとして沿岸市町村に含めることは適さない場合もある。

128　第2部　復興を担う組織と人

表5-1　被災3県の歳入内訳

被災3県　　　　　　　　　　　　　　　　　　　　　　　　　　　（単位：百万円）

区分	2009年度	2010年度	2011年度	2012年度
地方税	588,641	548,477	529,758	583,996
地方譲与税	41,368	76,461	78,993	80,974
地方特例交付金等	6,362	7,001	6,111	1,493
地方交付税	597,819	627,901	1,255,810	1,014,587
分担金・負担金	20,837	26,182	13,801	16,270
使用料・手数料	39,048	24,679	23,668	24,155
国庫支出金	458,396	334,158	2,192,916	1,228,748
交通安全対策特別交付金	2,043	1,942	1,887	1,832
財産収入	6,496	5,909	7,333	7,720
寄附金	630	2,516	75,891	13,677
繰入金	51,152	83,623	347,810	721,992
繰越金	31,932	39,568	113,853	325,083
諸収入	284,633	290,122	536,252	620,604
地方債	384,010	377,490	427,278	363,975
歳入合計	2,513,370	2,446,030	5,611,362	5,005,105

(注)　1.　各数値は、対象地方公共団体の単純合計であり、各地方公共団体が構成員となる一部事務組合等の決算は含まれない。
　　　2.　「地方特例交付金等」には、利子割交付金、配当割交付金、株式等譲渡割交付金、地方消費税交付金、ゴルフ場利用税交付金、特別地方交付金、自動車取得税交付金、軽油引取税交付金を含む。
　　　3.　「国庫支出金」には、国有提供施設等所在市町村助成交付金が含まれる。

2.3　移転財源の推移

　また、地方交付税や国庫支出金などの移転財源による収入に目を転じると、急膨張していることがわかる。この結果、歳入全体に占める比率で見たとき、2011年度に落ちていたが2012年度に回復軌道に乗っている地方税収の比率が、大きく落ち込んでいるように見えてしまう。歳入全体に占める地方税収の比率は、全国平均で3割であるのに対して、被災3県では約1割、沿岸41市町村では2割となっている。

　地方交付税の場合、特別交付金の特例交付や、復興基金創設のための特別交付税措置、震災復興特別交付税の交付などが続いたため、大幅な伸びになっている。2011年度決算では、被災3県の交付税などの交付額は1兆2558億円、沿岸41市町村の交付税などの交付額は3716億円（仙台市を含めると4605億円）と

第5章　被災自治体に対する政府の財政措置　129

表5-2　沿岸41市町村の歳入内訳

被災3県沿岸等市町村（仙台市除き）　　　　　　　　　　　　　　　　　（単位：百万円）

区分	2009年度	2010年度	2011年度	2012年度
地方税	186,328	181,885	139,642	156,101
地方譲与税	7,864	7,664	7,326	6,995
地方特例交付金等	19,023	19,139	18,079	17,171
地方交付税	167,315	181,261	371,556	386,212
分担金・負担金	3,135	3,020	2,804	3,867
使用料・手数料	13,510	12,516	9,066	12,439
国庫支出金	90,491	85,419	456,425	1,346,212
交通安全対策特別交付金	286	271	265	255
都道府県支出金	35,901	40,843	237,735	270,188
財産収入	2,740	3,069	2,677	4,638
寄附金	440	774	16,880	6,412
繰入金	16,871	14,954	24,596	183,184
繰越金	24,049	17,254	26,025	90,623
諸収入	26,553	25,409	45,563	39,625
地方債	60,873	63,462	61,011	57,177
歳入合計	655,378	656,940	1,419,648	2,581,100

（注）1.　各数値は、対象地方公共団体の単純合計であり、各地方公共団体が構成員となる一部事務組合等の決算は含まれない。
　　　2.　「地方特例交付金等」には、利子割交付金、配当割交付金、株式等譲渡割交付金、地方消費税交付金、ゴルフ場利用税交付金、特別地方交付税交付金、自動車取得税交付金、軽油引取税交付金を含む。
　　　3.　「国庫支出金」には、国有提供施設等所在市町村助成交付金が含まれる。
　　　4.　仙台市を除いた沿岸41市町村である。

なっている。2012年度決算では、被災3県は復興基金のための措置が落ち着いたため減少し、沿岸41市町村では復興基金の創設のため微増している。地方交付税のなかでも震災復興特別交付税は依然として高い水準にあり、被災3県では3823億円から3862億円に微増（前年度比1％増）となっており、沿岸41市町村では1155億円から1929億円と大幅増加（前年度比67％増）となっている。

　国庫支出金も、復興関連事業が大きく伸びたため、地方交付税と同様に2011年度に大幅な増加となっている。興味深いことは、2011年度に被災3県でも沿岸41市町村でも国庫支出金が急激に伸びた後、2012年度になると被災3県では前年度比44％減の1兆2287億円にまで減少に転じたのに対して、沿岸41市町村では前年度比195％増の1兆3462億円にまでさらに伸びたということである。

復旧・復興事業が本格化していくなか、復旧・復興の担い手が県から市町村に移ったということを意味している。41市町村に対する県支出金を見ても、2011年度に前年度比482％増の2377億円にまで膨らんだのに対して、2012年度もさらに13.7％増の2702億円で高止まりとなっている。

2.4 繰入金と繰越金の推移

　繰入金の推移も、復旧・復興の担い手が2011年度は県であったのに対して、2012年度は市町村に移っていることを物語っている。2011年度は復興に関連する基金が県中心に創設されたため、3県での基金からの繰り入れが前年度比316％増の3478億円となっており、沿岸41市町村では前年度比65％増の246億円となっている。しかし、2012年度になると、3県の繰入金は7220億円と前年度比108％の増加であったのに対して、沿岸41市町村の繰入金は1832億円と一気に前年度比645％も増加したのである。このことは、2012年度にはすでに市町村中心に基金が整備されていたので、市町村が積極的に基金から繰り入れていたことを物語っている。

　歳入全体の構成比ではわずかな比率でしかない繰越金についても変化が生じている。2011年度に被災3県で前年度比188％増の1139億円、沿岸41市町村で前年度比51％増の260億円となっている。しかし、2012年度で見てみると、被災3県の繰越金は確かにさらに前年度比で186％伸びて3251億円となっているが、沿岸41市町村では前年度比248％増の906億円となっている。特に沿岸41市町村で顕著となっている2012年度の繰越金の増加は、予算措置に対して被災自治体で復旧・復興事業が追いついていないことを意味している。

2.5 地方債の発行と寄附金の推移

　地方債の発行については、被災3県では大震災発災まで減少傾向であったのにもかかわらず2011年度には前年度比17％増の4273億円となっている。しかし、これはまだ地方負担を生じさせないための仕組みとして震災復興特別交付税が措置される前に発行された分（国の予算貸付・政府関連機関貸付債）であると考えられる。そのため、震災復興特別交付税などの制度が整備された後の2012年度には前年度比15％減の3640億円に落ち込んでいる。他方、沿岸41市町村で

は、大震災発災までは微増傾向にあったのにもかかわらず、2011年度には前年度比3.9％減の610億円、2012年度には前年度比6.3％減の572億円と減少に転じている[5]。これは発災直後の2011年度には実際に市町村として何も事業展開ができなかったなかに、震災復興特別交付税などの創設や地方債の対象とすべき事業も国庫支出金の増額で対応できるようになったため、市町村業務が再開した2012年度になっても地方債発行は減ったと考えられる。

　寄附金については、被災3県、沿岸41市町村ともに2011年度に大幅な増加となっている。2012年度には反動で落ち込んでいるが、それでも大震災以前と比較すると高水準である。被災3県の場合、2009年度にはわずか6億円規模であったにもかかわらず、2010年度には25億円（対前年度比267％増）、2011年度には759億円（同2936％増）となっている。2012年度に137億円（同82％減）に落ち着いた。沿岸41市町村も同じトレンドとなっている。このことは、1995年1月17日の阪神・淡路大震災でのボランティアの活躍以後、非営利法人の活発化などの方向性が固まったという議論と関係があるのかもしれない。「ボランティア元年」と呼ばれる1995年以降、災害支援におけるボランティア熱は高まっている。寄附金の動向を見ていると、この傾向は変わらず「漸進的変化（"stay-the-course"）」が続いていくように思われる（Samuels（2013））[6]。

---

[5] 仙台市を入れた42市町村で計算すると、地方債の発行総額は大震災発災前の減少傾向から一転して、2011年度で1299億円、2012年度で1337億円となり、単調増加している。仙台市は、発災直後から補助率のかさ上げ措置などを用いて地方債を発行し、積極的に復旧・復興事業を展開している。

[6] なお、リチャード・サミュエルズは、大震災後の日本社会には、現状よりも新しい方向に急速に動き出すことを意味する「加速化（put-it-in-gear）」と、これまでの延長線上での変化を意味する「漸進的変化（stay-the-course）」、そして現状までの変化の方向性を否定して過去のあるべき姿に戻ることを意味する「回帰（reverse-course）」の3つの方向性があるという（Samuels（2013）p.26）。日本社会は変化を加速化することなく漸進的に変化しているという彼の観察は、寄附金の推移とも一致している（Samuels（2013）pp.185-188）。ただ、この事実に対する彼の評価は厳しい。

3 地方歳出での特徴：財源はどのように被災自治体で使われたのか

歳出については、性質別歳出決算と目的別歳出決算に分けて、それぞれで被災3県と沿岸41市町村の比較を行う。そのことを通じて、歳出での特徴を明らかにする。

3.1 性質別歳出決算の推移

まず、被災3県と沿岸41市町村の性質別歳出決算の状況を比較すると、全体として歳入決算データと同じく、2011年度に倍増したあと、被災3県では減少に転じ、沿岸41市町村ではさらなる増加が続いていることが確認できる（図5-2参照）。歳出の側面からも、発災後に財源が国から県に移転され、その後さらに県から市町村に移転されたことが明らかである。復旧・復興の担い手の変化に即した財源移転である。

具体的には、人件費、扶助費、公債費といった義務的経費全体では、被災3県でも沿岸41市町村でも大きな変化はない。ただ、扶助費だけに着目すると、2011年度の沿岸41市町村では急膨張し、2012年度には急速に縮減している。大震災直後に、子どもや高齢者等の災害弱者への福祉サービスなどの社会保障関連の財政需要が急激に伸びたからである。

興味深いのは普通建設事業費、補助費、積立金の動きである。被災3県では、2011年度に急激に普通建設事業費や積立金での支出が膨張する。これらは、県が所管する橋梁や道路などの社会的インフラストラクチャーの整備に全力を挙げている一方で、取り崩し型復興基金を創出していることを反映した支出である。しかし、2012年度になると、むしろ、市町村向けの補助金が増加し、県自らの建設事業や復興関連基金の積み上げは大きく減少しているのである。

他方、沿岸41市町村では、むしろ、避難所設置運営経費や仮設住宅リース料、災害廃棄物処理事業の経費などの物件費が急激に膨らんでいるのが顕著な特徴であり、その他は物件費ほど膨張していない。もちろん、沿岸41市町村でも積

図5-2　被災3県及び41市町村の性質別歳出決算

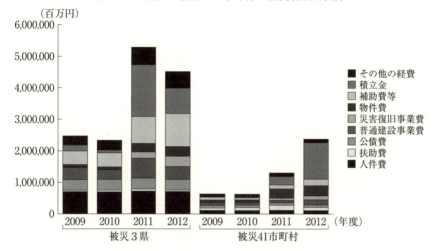

立金なども増加しているが、県ほどではない。しかし、2012年度になると、学校施設耐震化等の緊急防災・減災事業が増加し、一部には新たなまちづくりのための支出に着手した市町村も現れてきた結果、普通建設事業費が膨張する。それ以上に顕著なのが積立金の急増である。新しいまちづくりのための住民合意ができるまで取り崩し型復興基金としてプールしていることと、建設事業に回したくても人手不足や資材不足などのために支出ができないために一時的にプールしていることの反映だと考えられる。

3.2　目的別歳出決算の推移

次に、目的別歳出決算を見てみると、これまでの議論を補強する要因が発見される（図5-3参照）。まず、性質別歳出決算で人件費は増えていないが、目的別歳出決算で見たときには総務費が膨張していることが確認できる。

総務費のなかでも、総務管理費や防災費、市町村振興費が特に伸びている。県と市町村が連絡をとりながら復旧・復興という慣れない業務でフル活動したことが想像できる。民生費も伸びているが、内訳を見ると、老人などの災害弱者への対応とともに避難住民への対応を含む災害救助費が民生費を大きく膨張させた要因である。

図5-3 被災3県及び41市町村の目的別歳出決算

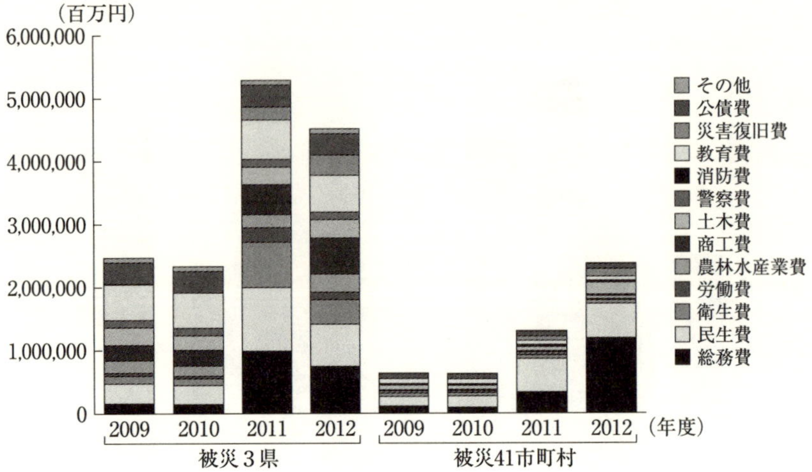

(百万円)

凡例:
- その他
- 公債費
- 災害復旧費
- 教育費
- 消防費
- 警察費
- 土木費
- 商工費
- 農林水産業費
- 労働費
- 衛生費
- 民生費
- 総務費

4 地方債と基金での特徴：地方債の大量発行や基金の過度な蓄積はあったのか

　被災3県及び沿岸42市町村の歳入及び歳出を見てみると、政府の一連の財政措置によって地方自治体には財源不足で動けないという事実はなかったことが明らかである。しかし、被災自治体は後年度の政府による地方債の元利補給を織り込んで復興事務を行っている可能性もある。また、被災自治体では政府から次々に供給される「使い切れない財源」を基金として蓄積しているのではないかという疑念もあろう。これらの点について確認しておく必要がある。

4.1 実質公債費比率の推移

　第1に、地方債発行による財政悪化の可能性を確認するため実質公債費比率を見ておくと、東日本大震災では地方債の大量発行で苦しんでいる被災自治体は見当たらない[7]。このことは、阪神・淡路大震災のときに神戸市などの被災自治体が、復興のために発行した地方債で発災以後も苦しんだこととは大きく

異なっている。

　被災３県の実質公債費比率を見てみると、微増あるいは変化なしとなっている。宮城県及び福島県では、2009年度から2011年度にかけて実質公債費比率が微増しているが、2012年度になると減少に転じている。宮城県では、2009年度に15.0、2010年度には15.1、2011年度には15.5となるが、2012年度には15.2と落ちている。福島県も同様に、2009年度に13.9、2010年度には14.4、2011年度には15.1となるが、2012年度には14.1に落ちている。２県の動きは、都道府県全体の実質公債費比率の平均の推移と同じである（2009年度に14.4、2010年度には14.8、2011年度には15.1となるが、2012年度には14.8に下落）。岩手県の実質公債費比率は、2009年度に14.1、2010年度には15.6、2011年度には17.6、そして2012年度に18.6と一貫して増加している。ただ、これは、県立大学などの整備が大震災の復興事業と重なったことによるもので、実態としては他の宮城県や福島県と同じ程度の負担であるという。このような点から見て、被災３県だけが地方債発行による負担を負わされたわけではない。

　沿岸42市町村の実質公債費比率は、もともと少子高齢化と人口減少などのため高いが、大震災以後、同比率が低下している市町村も少なくない。岩手県陸前高田市のように、2009年度に19.0、2010年度には18.2、2011年度には18.0、2012年度に17.7と一貫して同比率が落ちていることが普通である。むしろ、大熊町のように、負担額よりも償還に予定している額が多いためにマイナスという値が出る珍現象も発生している（2009年度に0.8、2010年度に－0.3、2011年度に－0.9、2012年度に－1.5）。全国の市町村の実質公債費比率の平均は、2009年度に11.2、2010年度には10.5、2011年度には9.9、2012年度には9.2と推移しているので、2009年度時点での出発点が異なるだけで、全国平均と沿岸42市町村との間に低下傾向の差はない。つまり、東日本大震災の結果、地方債の大規模な発行で被災地の基礎自治体だけが苦しむという事態は生じていないことが確認できる。

7　実質公債費比率が早期健全化基準である25％を超えると、「財政健全化団体」として起債が制限され、自律的な行政運営にも制約がかかることになる。

4.2 基金の推移

　第2に、基金について被災3県と沿岸42市町村を見ておく（図5-4参照）。基金総額を見ると、被災3県でも沿岸42市町村でも復興が財政的に本格化した2011年度に急激な膨張を経験している。沿岸42市町村の基金では、2012年度の伸び率がさらに大きくなっている。

　しかし、基金の内訳を見ると、被災自治体が政府の潤沢な資金をただ貯め込んでいるというわけではないことがわかる。減収などに備えて余剰を蓄える財政調整基金や地方債償還のための積立金である減債基金は微増にとどまっている。他方、東日本大震災の復旧・復興のために使用することが限定されている取り崩し型基金などの「その他特定目的基金」が急膨張している。つまり、政府の復興交付金を主たる財源として、まずは政府の資金が県に設置された基金に繰り込まれ、その後、市町村でも基金が整備されていくと、次は県の基金から市町村の基金に繰り込まれていったわけである。

　もう少し県と市町村の2011年度から2012年度の基金の伸び率の違いについて説明を加えておく。発災3年度目である2012年度に、市町村の基金に財政移転したはずの被災3県の基金も微増している。これは、被災3県も大型道路の建設などの復興事業に本格的に着手するための財源を政府から交付された結果である。県は、市町村への財源を一時的にプールする役割とともに、自らも大型の社会基盤整備を行う主体である。県の復興基金には県自らが復興のために用いる予算と市町村に本来配分すべき予算を含んでいると解することができよう。

　基金の膨張は、増税して確保した政府の貴重な復興財源が被災自治体で蓄財されていると考えるよりも、むしろ自治体での職員不足や住民間の合意形成の遅れによる復興事業の先延ばしによるものと考えられる。被災自治体で人件費が増加していないことはその傍証である（図5-2参照）。こうした要因のため、年度を越えて執行が可能な基金という形で積み立てられているのだろう。しかも、発災によって住民向けの日常的な行政サービスへの需要も落ち込んでいるために、皮肉にも義務的経費として本来必要な予算を必要としなかった。このことも基金の増加につながっただろう。

　ただし、基金の膨張については、不可避的に「財源付け替え」問題が発生する。政府が復興事業を事実上の全額政府負担としているため、本来、単独事業

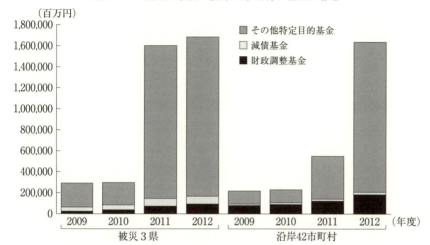

図5-4 被災3県及び沿岸42市町村の基金の推移

や独自の事業として実施していた事業を、「復興事業」の枠内に位置づけて執行する誘因が働く。「財源付け替え」がなされた支出項目は、住民に直接の負担が及ぶわけではない。そのため、自治体内部の現業部局は強硬に予算要求するのに対して、財政部局も抗しきれず甘い査定となってしまう。地方議会も、財源を付け替えて施設整備を知事や市町村長に要求するだろう。個々の自治体からすれば、ささやかな「財政的な知恵」のつもりであっても、全体としては財政規律が弛緩した状態(「ソフトな予算制約」的状況)に陥ってしまう(Rodden *et al*., eds. (2003))。

どのタイミングでどのようにして手厚い支援をやめていくのかということが、財政規律を回復し貴重な国庫を守るための大きな課題となっている。法律上、特別な財政措置は10年を限度としている。しかし、財政支援での撤退戦は、政治的思惑のなかで困難を極めることになるだろう。

5 受入自治体の財政：避難住民の受け入れは本当に財政的な負担なのか？

　東日本大震災による地方財政の変容を考えるにあたって、最後に、全町避難となっている自治体を受け入れた自治体に過度の財政負担が発生しないように政府が財政的な措置を講じているのかどうかを検討しておく。
　東日本大震災の特徴として、放射能汚染の危険性のために被災自治体が役場も住民もまとめて退去を余儀なくされていることがある。しかし、復興に向けて懸命に努力している自治体の間では、原子力発電所事故で避難を余儀なくされた自治体の受け入れに対して懸念と不満の声が大きかったという。例えば、福島第一及び第二原子力発電所事故で避難を余儀なくされた避難住民及び仮役所を受け入れている福島県いわき市は、宮城県仙台市に次いで家屋被害が大きい自治体であった。2012年4月、いわき市長も「市内の倒壊家屋は仙台市に次ぐ規模で、我々はいわき市の復興も進めないといけない」と述べる一方で、避難住民たちについても「受け入れなければならない」が「何年間いわき市で生活するか、合意形成が必要だ」と慎重な姿勢を示している（『日本経済新聞』2012年4月9日電子版）。避難住民の受け入れによって大きな負担が発生するのであれば、どのような地方自治体であっても受け入れには慎重にならざるを得ない。
　東日本大震災の発災から5カ月後の2011年8月、政府は「原発避難者特例法」を公布・施行して、避難住民の受け入れをめぐる負担を軽減するため、国が「必要な財政措置を講ずるよう努める」としている。ここで検証すべきは、特例法の立法趣旨に従い、必要な財政措置がどの程度講じられているのかという点にある。今後の広域的な大災害においても自治体全体での避難という可能性は十分にあり得る以上、政府が実際に被災自治体全体の受け入れに関して無策だったのかを明らかにしておく必要がある。ただし、財政的変化を検証する際に、受け入れ側の自治体も被災自治体であった場合、増大した財政需要は被災自治体の受け入れに伴うものなのかどうかの判別がつかない。そのため、福島第一

表5-3 会津若松市の歳入決算額

(単位:千円)

歳入	2009年度	2010年度	2011年度	2012年度
地方税	16,918,830	15,496,132	14,813,298	15,063,371
地方譲与税	532,856	522,217	510,214	479,867
地方特例交付金等	1,680,116	1,693,747	1,595,521	1,518,237
地方交付税	9,518,818	11,133,226	12,516,282	12,586,006
分担金・負担金	496,781	412,083	505,907	528,229
使用料・手数料	912,808	969,218	876,738	873,905
国庫支出金	7,253,181	6,633,782	6,950,686	6,683,020
交通安全対策特別交付金	31,603	30,441	29,175	27,751
都道府県支出金	2,564,903	3,355,416	4,095,487	12,540,912
財産収入	79,226	85,888	82,090	127,503
寄附金	6,164	7,338	88,847	54,385
繰入金	195,293	547,657	202,236	366,107
繰越金	2,304,073	925,470	1,730,027	1,334,138
諸収入	1,086,795	1,103,924	1,034,508	1,100,129
地方債	3,688,400	4,850,200	3,660,000	3,670,460
歳入計	47,269,847	47,766,739	48,691,016	56,954,020
うち復旧・復興分			2,212,823	11,180,878

　原子力発電所の地元である大熊町から約2000名の避難住民を受け入れている会津若松市に焦点を当てて議論を進める[8]。会津若松市は、福島県の中西部に位置し、大震災の物質的な被害をほぼ受けていない自治体である。

　まず、会津若松市の歳入から見てみると、2009年度が472億6985万円、2010年度が477億6674万円（前年度比1.1％増）、2011年度が486億9102万円（同1.9％増）と微増であったが、2012年度になると急激に増加して569億5402万円（同17％増）となっている（表5-3参照）。しかし、実際に急増した部分は、県からの支出金である。つまり、2011年度に創設された県の復興関連基金から2012年度に会津若松市の行政需要に応じて支出されたということを物語っている。地方債の発行は、2011年度からむしろ減少しており、避難町民を受け入れたこ

8　厳密には大熊町のように田村市に仮役場を移転してから会津若松市に再移転した例や、楢葉町のようにいわき市とともに会津美里町にも出張所を置いている例もある。

とで会津若松市が地方債発行で対応しなければならないという事態も発生していない。

次いで、会津若松市の性質別歳出決算額を見てみると、原子力発電所の事故の結果、大熊町の住民が田村市を経て本格的な避難を始めたことに対応して扶助費が2012年度から大きく増加している（表5-4参照）。ただ、避難町民への対応のために人件費が急騰したということはない。目的別歳出決算額を見ても、民生費が大きく伸びている以外は大きく変わっているわけでもない。

ただ、労働費は全体としては2011年度から2012年度にかけて減少しているが、労働費のなかの復旧・復興分だけを見てみると、2011年度に4432万円だったのが2012年度には前年度比972％増加の4億7522万円にまで急増している。これは緊急雇用対策として避難住民を受け入れた企業への補助として活用されたことを意味している。また、同じく民生費のなかの災害救助費で見てみると、復旧・復興分がほぼすべてを占めており、避難住民への対応として活用されているわけである。他方、教育費の復旧・復興分は2011年度に3460万円だったのが2012年には前年度比75.3％増の6067万円になっているが、教育費全体の比率から見ると1％前後の数字であり無視し得る変化といっても差し支えない。会津若松市として教育での負担が生じているわけではない。

会津若松市の歳入と歳出を総額で比較してみると、歳出が2011年度から2012年度にかけて70億円近く伸びているのに対して、歳入は83億円近く伸びている。復旧・復興分だけを取り出してみると、92億円近い歳出の伸びに対して90億円の歳入の伸びがある。つまり、復旧・復興分だけ取り出してみると、2億円程度の負担が発生しているのに対して、総額で見ると十分に負担分は吸収されていることがわかる[9]。税収も伸びており、国から県を通じて交付されている基金も十分であるといえよう。

大熊町から避難してきた町民は、ストックとしての財産、そして職業や平穏な暮らしを奪われて悲惨の極みにある一方で、避難指示解除までの期間、精神的損害や営業損害の慰謝料をフローとして受け取っている。彼らが消費者とし

9　なお、2011年度及び2012年度の各年度における復旧・復興分の歳入と歳出の差を見ると、歳入が歳出を上回っており、単年度で会津若松市の収支を狂わせる状況にはない。

第5章 被災自治体に対する政府の財政措置　141

表5-4　会津若松市の性質別及び目的別歳出決算額

性質別歳出　　　　　　　　　　　　　　　　　　　　　　　　　　　　　　　（単位：千円）

区分		2009年度	2010年度	2011年度	2012年度
人件費		8,118,114	7,737,862	8,184,623	7,496,590
	うち復旧・復興分			39,850	3,243
うち職員給		5,445,796	5,378,336	5,357,240	5,348,493
	うち復旧・復興分			39,850	3,243
扶助費		7,653,349	9,356,988	10,006,626	19,332,527
	うち復旧・復興分			40,127	9,087,503
公債費		6,587,096	6,366,671	6,512,403	6,282,455
	うち復旧・復興分			0	0
普通建設事業費		4,963,110	5,780,950	3,564,697	3,371,623
	うち復旧・復興分			34,435	666
うち補助事業費		2,546,145	3,612,281	1,949,340	1,585,685
	うち復旧・復興分			16,672	0
うち単独事業費		2,248,428	1,992,545	1,571,382	1,702,029
	うち復旧・復興分			17,763	666
災害復旧事業費		0	38,715	493,042	407,783
	うち復旧・復興分			493,042	356,288
うち補助事業費		0	11,944	312,571	299,285
	うち復旧・復興分			312,571	297,132
うち単独事業費		0	26,771	180,471	108,498
	うち復旧・復興分			180,471	59,156
その他経費		19,022,708	16,755,526	18,595,487	17,431,991
うち物件費		4,799,298	4,918,979	5,437,225	5,379,279
	うち復旧・復興分			3,288,505	958,390
うち補助費等		6,909,801	4,520,262	4,720,485	4,867,809
	うち復旧・復興分			236,964	618,316
うち積立金		664,783	215,157	1,625,325	159,397
	うち復旧・復興分			735,813	132,690
歳出計		46,344,377	46,036,712	47,356,878	54,322,969
	うち復旧・復興分			2,012,592	11,163,356

目的別歳出　　　　　　　　　　　　　　　　　　　　　　　　　　　　　　　（単位：千円）

区分		2009年度	2010年度	2011年度	2012年度
総務費		9,049,935	5,336,954	7,075,300	4,931,835
	うち復旧・復興分			739,098	181,580
民生費		13,421,084	15,483,925	15,937,359	25,453,917
	うち復旧・復興分			287,589	9,402,316
うち災害救助費		0	46,839	286,419	9,402,316
	うち復旧・復興分			286,293	9,402,316
衛生費		2,935,340	2,828,953	3,225,876	3,107,543
	うち復旧・復興分			133,056	81,409
労働費		473,580	835,795	792,159	572,581
	うち復旧・復興分			44,324	475,217
農林水産業費		1,076,661	1,215,049	906,359	1,030,889
	うち復旧・復興分			22,155	98,664
商工費		1,836,270	1,372,698	1,555,460	1,922,962
	うち復旧・復興分			139,383	507,213
土木費		4,298,920	4,366,551	4,265,724	4,049,682
	うち復旧・復興分			48,117	0
消防費		1,585,055	1,467,378	1,652,068	1,505,086
	うち復旧・復興分			71,229	0
教育費		4,711,911	6,352,856	4,457,705	4,616,492
	うち復旧・復興分			34,599	60,669
災害復旧費		0	38,715	493,042	407,783
	うち復旧・復興分			493,042	356,288
公債費		6,587,096	6,366,671	6,512,403	6,282,455
	うち復旧・復興分			0	0
その他		368,525	371,167	483,423	441,744
歳出合計		46,344,377	46,036,712	47,356,878	54,322,969
	うち復旧・復興分			2,012,592	11,163,356

て会津若松市の地域経済に与える効果は小さいとはいえない。2012年度に会津若松市の地方税収が増加した要因の1つは、2000名近い避難住民の日常生活に必要な消費活動にあったとも考えられる。

いずれにしても、大熊町の避難を受け入れている会津若松市に対しても県を通じて資金供給はしっかり行われていることは確かである[10]。

おわりに

本章は、2011年3月11日の東日本大震災の発災以降の政府の財政措置が与えた地方財政への影響を明らかにしてきた。一連の分析を通じて明らかになったことは、広範囲での甚大な被害からの復旧・復興に対して、政府は、発災直後の2011年度の一連の補正予算などで巨額の財源を確保し、特別な税財政制度の整備を行ったということである。阪神・淡路大震災の規模をはるかに超える財政措置の財源については、復興増税と歳出削減（既定経費の減額）や税外収入の確保などにより、2011年度内に確保の見通しを立てたこともあわせて指摘しておく必要がある。

また、政府の巨額の財源は、被災地域の地方自治体の状況に応じて柔軟に交付されていることも明らかになった。第1に指摘しておくべきことは、発災直後に被災3県を中心に予算が交付されたあと、2012年度には実際のまちづくりの担い手である被災市町村にまで財源は到達したということである。中央政府は政策実施の大半を地方自治体に依存しているために、政府内部で巨額の予算

---

10 なお、政府の財政措置が決まっていないからといって自治体が支援活動を渋るということはなかった。公務員の支援業務への振り替えについては配置転換と同様に扱われていたわけで、そこに新たな経費がかかるわけではない。また、それ以上の負担についても後年度に交付税措置がされることは過去の事例と現行の災害法制で明らかなので、どの自治体も発災した地域への支援をためらうということはなかった。本書第8章でも登場する米沢市でも、2011年度から2012年度には震災復興特別交付税の急増（87万円から2259万円）や県からの支出金の増加（25億円から27億円）が見られる（ただ、地方交付税総額が97億円から92億円に減っていることから担当者に不満が残っている可能性はある）。

を準備したとしても、被災地の地方自治体が壊滅していては復興事業を推進することができない。そこで、政府は、県にまず取り崩し型基金を整備して予算をプールし、その後、再建した市町村にさらに資金供給をすることになったわけである。県であれば、市町村の状況を判断できる。結果として、復興の担い手の変化に対応して、政府から県への資金交付、そして県から市町村への資金交付が進んでいったといえよう。

　第2に、復旧・復興分で膨張した部分を除くと、被災自治体の財政は大震災前後でほとんど変化していないことも明らかになった。歳出のなかで、物件費、扶助費や普通建設事業費が伸びることは当然だとしても、人件費も伸びていないなかでの総務管理的な予算が伸びていることが興味深い。復興事業の立案及び執行のために、各機関と連絡調整しながら県や市町村が活動したことがうかがえる。また、地方債発行は伸びていない。このことは阪神・淡路大震災の教訓として、地方自治体に地方債を発行させて復興にあたるという手法を早々に政府が断念していたことを反映している。その結果、沿岸42市町村（仙台市含む）の実質公債費比率も低位のままである。基金についても、復興に使途が限定された基金が増加したのであって、自らの財政運営のために使う財政調整基金や減債基金が膨張したわけではない。

　つまり、巨額の政府資金が投入されたために被災自治体が焼け太り的なことになっているわけではない。地方レベルで行政が膨張しなかったために業務が滞っていたり、住民間での合意形成が必要な業務がなかなか前進しなかったりしているために資金が取り崩し型基金に繰り入れられているだけである。

　さらに付言すれば、被災自治体を受け入れることの財政負担についても、大熊町からの避難住民を受け入れている会津若松市の例からも明らかなように、「原発避難者特例法」などの政府の枠組みのなかでは大きな財政負担は生じないことも明らかになった。他方、自らも被災しながら他の被災自治体を受け入れている自治体は、受け入れに伴う政府の財政措置の効果を認識しづらい可能性が高い。「仮の町」をめぐる騒動の引き金は単純な財政負担の増加という問題以外にもあると考えるのが自然であろう。

　以上、東日本大震災の復興をめぐる政府の財政措置が被災地の地方自治体の財政にどのような影響を与えてきたのかを議論してきた。果たして、今回の財

政措置はどのように評価することができるのかということを最後に考えて、本章を終えることにする。

　税収に着目すると、被災3県及び沿岸42市町村では2012年度にほぼ大震災前の水準に回復している。県の税収が完全に大震災前の水準に戻ったのに対して、沿岸市町村の税収は完全に戻ったわけではないが、それでも地域社会が発災3年度目にして復興の軌道に乗りつつあることを物語っている。

　もちろん、地震や津波、原子力発電所の事故などの未曾有の複合的な大災害を政府が想定すらしてこなかったことや住居や生活基盤を失った被災者の苦しみを考えると、一連の政府の対応には怒りや不満が爆発することは当然のことである。現状を手放しで礼賛するものではない。しかし、大震災からすでに4年以上が経過してあらためて振り返ると、どのように政府が対応しても被災地を完全に満足させることができないという冷徹な現実を思い出す必要があるように思われる。

　2011年3月の東日本大震災への財政的対応を考える際には、1995年1月の阪神・淡路大震災と比較してどの程度被災地の復興に資する財政措置が講じられたのかを検討することが重要である。東北地方の太平洋沿岸は広範囲で壊滅的な被害を受けていた。しかも、もともと少子高齢化、人口減少に悩み財政力の極めて弱い市町村、いわゆる「消滅可能性自治体」がほとんどであった（増田編著（2014））。東日本大震災の復興では、政府は、阪神・淡路大震災のときのような災害対応の手法を採らなかった。今回、政府は、巨額の政府資金を前倒し的に一気に投入しただけでなく、取り崩し型基金の創設によって地方自治体が予算年度を越えて復興事業を実施することを容易にしたのである。政府の財政措置は、多くの問題点を指摘されながらも、被災地の地方自治体の復興業務を積極的に財政支援し、復興のための公共基盤を整備した点を見過ごすべきではない。

　2011年3月の発災直後から今日までの政府の対応は、常に厳しい批判にさらされている。どうしようもない苛立ちや焦りは政府関係者の失言などで増幅されることもあった。しかし、財政力の乏しい東北地方の自治体に、裁量度の大きい交付金の交付や予算年度を越えて執行できる取り崩し型基金の創設という形で潤沢に財源を供給したことは、広範囲を襲った大規模災害における1つの

財政モデルを提供している。

【参考文献】

北村亘（2013）『政令指定都市——百万都市から都構想へ』中公新書
北村亘（2014）「東日本大震災の復興をめぐる政治過程」『阪大法学』第64巻第3・4号、879-909頁
増田寛也編著（2014）『地方消滅——東京一極集中が招く人口急減』中公新書
持田信樹（2009）『財政学』東京大学出版会
薬師寺克行（2012）『証言 民主党政権』講談社
Rodden, Jonathan A., Gunner S. Eskeland and Jennie Litvack, eds. (2003) *Fiscal Decentralization and the Challenge of Hard Budget Constraints*, The MIT Press
Samuels, R. J. (2013) *3.11: Disaster and Change in Japan*, Cornell University Press

第6章　災害ボランタリー活動の実際

西出順郎

1　多様化・専門化する災害ボランタリー活動

　阪神・淡路大震災（1995年）以降、災害復旧・復興を支援するボランティア（以下、「災害ボランティア」という）やNGO／NPO（非政府組織／非営利組織）の存在は社会的にも広く認知され、それらは日本海重油流出事故（1997年）、新潟県中越地震（2004年）等の被災地支援では重要な役割を担ってきた。

　今回の大震災においても全国の人々が自発的に岩手県、宮城県そして福島県（以下、「被災3県」という）に参集した。筆者が行ったネット調査[1]では、調査対象者のうち3.2％の人々がボランティア目的のため被災3県へ赴いている。そのうちの47.9％は初めての災害ボランティアであり、78.3％は東北地方以外の人々であった[2]。今回のボランティアの多くが被災地支援に素人で、被災地域の慣習を熟知しない一般個人であったことがうかがえよう。そして公益法人や宗教法人、NGO／NPOをはじめ、有資格者の職能団体や民間企業など、組織形態を問わずさまざまな組織が被災3県での支援活動に尽力した。

1　本調査は2014年4月末現在における今回の災害ボランティアの全体的傾向を把握するものである。調査期間：2014年5月16～23日、標本抽出：調査受託会社のネットモニター、調査対象者：全国18歳以上69歳以下の男女、調査標本数：3万1210（母集団（平成22年国勢調査：18歳以上69歳以下の男女）の地域別・年齢層別人口構成比に準拠。そのための全体回収数は11万8694（有効回収率39.5％））。

2　前記調査による。東北地方以外の居住地域別の内訳割合は、北海道2.9％、関東（1都3県除く）5.7％、1都3県34.9％、北陸4.3％、東海9.9％、京阪神9.8％、中国3.9％、四国1.0％、九州・沖縄5.8％であった。

近年、災害復旧・復興支援のためボランタリーに人的サービスを提供する、いわゆる「災害ボランタリー活動」[3]に従事する人や組織、さらにはその取り組みは多様化・専門化する傾向にある。本章では、被災者に対してボランタリーに提供される何らかのサービスを「ボランタリー・サービス」、そのために活動する人や組織を「ボランタリー・アクター」と呼ぶことにしよう。これらボランタリー・サービスやボランタリー・アクターが多様化・専門化するほど、災害ボランタリー活動の質、量はともに充実する。同時にボランタリー活動の全体像はよりいっそう複雑化する。

今回の災害ボランタリー活動では、いかなるアクターがいかなる活動に取り組んだのだろうか。またどのような問題が浮上したのであろうか。これらの問いに答えるのが本章の目的である。

数多くのボランタリー・アクターが交錯するなか、本章では一般ボランティアの受け皿であった災害ボランティアセンター（以下、「災害VC」という）をはじめ、NGO／NPOなどの非営利組織や民間企業といったアクター全体の動向に着目する。被災規模によってはボランティアの数は数十万を優に超える。ボランティアの力を十分発揮するには、被災地ニーズとボランティアのマッチングが円滑に機能しなければならない。今回、この役割を担ったのが災害VCである。多くのボランティアは災害VCの下、瓦礫処理や清掃、炊き出しといった一般的なボランタリー・サービスを提供した。他方、自らの発意で被災地に赴き、被災地ニーズを調査し、自らの得手とする領域で活動を展開したのはNGO／NPO等である。一般的なサービスをはじめ、教育、医療などといった専門的なボランタリー・サービスの提供において力を発揮した。民間企業をはじめその他のアクターも独自の取り組みにとどまらず他のアクターを後方支援した。このようにボランタリー・アクターは、多様かつ重要な役割を演じてきたのである。

3　多くのNGO／NPOは自らの活動とボランティア活動を区別する。自らが外部資金を獲得し、組織ミッション実現のため職業として活動しているからである。本章では、ボランティアの活動とNGO／NPOの活動を特に区別しないため、両者を含む総称としてボランタリー活動という用語を用いた。また各アクターの具体的な取り組みに焦点を当てたため、活動にかかる物資や財源については触れない。

第6章 災害ボランタリー活動の実際　　149

　本章の構成は以下のとおりである。本節の課題設定に続いて第2節では災害VCの動きについて取り上げる。災害VCの沿革をはじめ、今回の活動規模やボランティアの受入数、取り組んだサービスの内容を見ていきたい。第3節は災害VCやボランティアを支える動きについてである。各アクターの後方支援なくして災害VCの現実機能はあり得なかった。具体的な事例によって、特に民間企業の活動ぶりが明らかになるだろう。第4節では、NGO／NPOなどの動きに目を転じる。そこでは、専門的なボランタリー活動や組織間の連携、さらには職能団体の取り組み等の中身が提供されることになる。そして最後の第5節では、ボランタリー・アクターが論じる今回のボランタリー活動の課題や今後の方策について述べたい。

2　災害VCの動き

　災害VCは、大規模災害が発生した際、各被災市町村に設置される非常時のボランティア拠点組織である。なぜ、このような仕組みが生まれたのか。まず、災害VCの沿革を確認し、そのうえで今回の災害VCの動きを追ってみよう。

2.1　設置の経緯

　我が国において、災害ボランティアの存在は少なくとも明治期には確認されている[4]。しかしながら災害救援の知識も経験もない個人やNGO／NPOがボランタリー・アクターとして出現したのは、阪神・淡路大震災のときであった。
　阪神・淡路大震災では1年間で延べ138万人の一般ボランティアが活動し、また、被災者支援のNPOなど、数多くのボランタリー・アクターが誕生した[5]。だが当時は、ボランティアを受け入れて作業の割り振りをつかさどるコー

4　例えば、1891（明治24）年の濃尾地震では国内はもとより外国から多くの個人や団体が現地に集まった。特に宗教団体や開業医の活動には顕著なものがあったとされる（中央防災会議災害教訓の継承に関する専門調査会（2006））。
5　阪神・淡路大震災復興フォローアップ委員会監修（2009）。ただしこのボランティアの延べ人数は決して正確とはいえず、あくまで概算値とされている（岡本（2013a）など）。

ディネーション組織など存在せず、現場は一時大混乱に陥った。政府や地方自治体はこの反省を生かし、直ちに災害ボランティアのコーディネーション体制の構築に着手する。1995年7月には国の「防災基本計画」[6]でボランティアの環境整備等がうたわれ、2000年頃、特に2004年の新潟県中越地震以降には各地方自治体の「地域防災計画」で災害ボランティアや災害VCの役割が明記されるようになった[7]。

地域防災計画において災害VCの設置・運営を任されたのが地元の社会福祉協議会（以下、「社協」という）である。社協は、民間の社会福祉活動の推進を目的とする非営利組織であり、社会福祉法第109条及び第110条を根拠に全都道府県及び市町村に設置されている。同法第109条は市町村社協の事業目的の1つとして「社会福祉に関する活動への住民の参加のための援助」を明記する。実はこれがコーディネーション組織としての災害VCの設置を各市町村社協がつかさどる根拠となり、協働者の一人として、社協は地域防災計画のなかに位置づけられることになった[8]。

2.2 当時の取り組み

今回の大震災では、被災3県沿岸市町村のほぼ全域で災害VCが立ち上がり、発災後1年間で延べ100万人以上のボランティアを受け入れた。被災地域では災害VCとボランティアによって、瓦礫処理や清掃のみならず被災者の状況に配慮したさまざまなサービスが提供された[9]。

2.2.1 設置状況

被災3県沿岸には37の市町村がある。そのうち、福島第一原子力発電所事故

---

6 「防災基本計画」とは、災害対策基本法第34条第1項の規定に基づき中央防災会議が作成する、政府の防災対策における最上位の計画である。
7 渥美 (2014)、全国社会福祉協議会（以下、「全社協」という）への訪問調査による。
8 各市町村社協の参画については、全社協や国が特に参画要請を行ったわけではなく、各社協が日々の災害活動支援の研修や実際の活動経験からその重要性を認識し、自ら判断した結果だという（全社協へのインタビュー調査）。
9 本項は別に指摘のない限り、全国社会福祉協議会 (2012) に基づいている。

に伴う避難地域（福島県浪江町・双葉町・大熊町・富岡町・楢葉町・広野町）と岩手県の田野畑村及び普代村を除く29の市町村で災害VCは設置された[10]。

設置時期は市町村によって異なるが、29のうち7市町が3日以内に、3市が4日後の3月15日までに設置し、残り19のうち16市町村も3月中には完了している[11]。多くの市町村にとってその設置は困難を極めるものだった。岩手県釜石市や大船渡市では社協事務所が浸水等により使用不能となった（大船渡市は一部使用不能）。宮城県気仙沼市や南三陸町、岩手県の陸前高田市、大槌町、野田村では事務所が流出し、特に大槌町では幹部職員が津波で亡くなっている[12]。

福島県南相馬市では避難指示区域の設定関係上、活動の進み具合が地区によって異なった。鹿島区は特に指定なく3月27日からボランティアの受け入れを開始した。原町区は3月12日に受け入れを開始したが、避難指示によりいったん中止し、再開日は同月23日となった。小高区は2012年4月16日に警戒区域が解除され、5月18日からボランティアの受け入れを開始している[13]。

2.2.2 ボランティアの受入数

表6-1は、被災3県の災害VCが受け入れたボランティアの総数である。2012年3月末までに延べ100万人以上、2014年3月末現在で延べ135万人余のボランティアを受け入れている。活動のピークは2011年5月3日で、約1万2000人が参加したとされる。

しかし発災当初は一部の災害VCが受入対象者を地元もしくは県内居住者に限定したことで波紋が生じた。一部報道によれば、被災3県に設置された内陸

---

10 田野畑村及び普代村社協への電話調査によれば、両村の被害は比較的少なく、災害VCの設置までには至らなかったという。

11 4月設置となったのは福島県いわき市と新地町、岩手県山田町である。ただしいわき市の場合、行政と社協、ボランティア団体が協議のうえ、市を中心とした「いわき市災害救援ボランティアセンター」を3月16日に設置し、それを4月に社協による「いわき市災害ボランティアセンター」へと移行したという経緯がある（いわき市社協への訪問調査）。

12 全国社会福祉協議会（2013）。

13 南相馬市社協への訪問調査及び内部資料による。

表6-1 被災3県における災害ボランティアセンターのボランティア受入総数（2014年3月末現在、延べ人数）

活動期間	岩手県	宮城県	福島県	計
2011年3月～2012年5月末	92,808	231,963	83,778	408,549
2011年6月～2012年3月末	254,691	293,778	64,371	612,840
2012年4月～2014年3月末	142,528	154,752	32,257	329,537
計	490,027	680,493	180,406	1,350,926

（出所）岩手県社会福祉協議会ボランティア・市民活動センター、宮城県災害ボランティアセンター、福島県生活復興ボランティアセンターの各ホームページ（脚注14を参照）に基づき筆者作成。

部を含む65の災害VCのうち、56が受入制限をかけたという[15]。その原因は社協の体制不備や柔軟性の欠如にあると多くの批判を受けた[16]。

2.2.3 ボランタリー・サービスの内容

ボランティアによるサービスのほとんどは、誰もが従事可能な一般的作業である。発災当初は行方不明者の捜索活動や被災現場の危険性に鑑み、ボランティアの活動範囲が制限された。よって損壊した家屋の片付けや引越し、瓦礫撤去、床下や側溝の泥出しといったハードな現場作業が中心となった。立入禁止区域が徐々に解除され被災者が避難所から自宅へと戻ると、家の清掃・洗浄の要請が増えていった[17]。

---

14 岩手県社会福祉協議会ボランティア・市民活動センターホームページ（http://www.iwate-svc.jp）、宮城県災害ボランティアセンターホームページ（http://svc.miyagi.jp）、福島県生活復興ボランティアセンターホームページ（http://www.pref-f-svc.org/wp-content/uploads/2014/08/32595c8d27290e8cec7a764eaaf04320.pdf、2014年12月28日アクセス）。

15 『東京新聞』2011年4月26日（共同通信配信）など。

16 NPO関係者等による制限批判は岡本（2013a）に詳しく紹介されている。もっとも制限批判に対する再批判も少なくない。例えば、新（2011）はインフラが全く欠けた状況下で大量のボランティアが押し掛けたら混乱が生じるおそれはあると指摘し、仁平（2012）は活動上のリスクも高く、ボランティアの現地入りを無邪気に称揚できなかったジレンマに理解を示す。なお災害VC側は、行方不明者捜索の長期化、宿泊先の確保困難、ボランティアの自動車移動によるガソリン費消のおそれ、ボランティアに対する住民の不安、災害VCのニーズマッチング力の限界、人員不足等による災害VC現場の混乱などを制限理由に掲げている（全国社会福祉協議会（2013））。

表6-2 釜石市災害ボランティアセンター（現・生活ご安心センター）におけるボランタリー・サービスの内容別件数とその割合

内容	瓦礫撤去	運搬	引越し	泥出し	行政補助	その他	整理清掃	高圧洗浄	代理受付	イベント	仮設関連	草刈り	床・壁剥がし	探し物	消毒	避難所手伝い	配布	炊き出し	計
件数	483	452	341	243	210	206	183	152	127	44	35	34	29	18	12	6	5	3	2,583
%	18.7	17.5	13.2	9.4	8.1	8.0	7.1	5.9	4.9	1.7	1.4	1.3	1.1	0.7	0.5	0.2	0.2	0.1	100

（注）対象期間は2011年3月〜2012年3月。内部資料では複数日を要した依頼でも1件でカウントされている。また発災直後のデータは必ずしも正確ではないとされる。
（出所）釜石市社会福祉協議会の内部資料に基づき筆者作成。

　現場以外では避難所内において、炊き出し支援や食料配布、所内の掃除、給水、入浴施設・病院への送迎、高齢者や障害者支援など、被災者の生活を支援するソフトなサービスが求められた。

　仮設住宅への入居が始まると、被災者への精神面に関するサービスも本格化した[18]。買い物の手伝い、絵本の読み聞かせ、被災者同士のコミュニケーションを目的としたサロンやイベントの開催などである。特に福島県内では原発事故によって自宅を離れた避難者に対し、このような取り組みが各地で行われた[19]。

　その他、備蓄倉庫での物資の仕分けや行政資料の整理といった行政機関のための作業のほか、泥出し等で発見された写真や遺留品の洗浄、それらを持ち主に引き渡すための展示、さらには廃車のナンバー外しなど、被災者の多様なニーズに応えたサービスを提供した。ただしホテル内や駐車場の清掃等、個人もしくは企業の営業支援と判断される要請については引き受けない場合も少なくなかった[20]。

17　全国社会福祉協議会（2013）。
18　これらのサービスは現在、復旧から復興への移行を強調するため、災害VCを発展的に解消して新設された組織によって提供されている。
19　例えば、福島県郡山市は3月16日より富岡町及び川内村から最大約2500人の避難者をコンベンション施設に受け入れ、その流れを受けて生活支援ボランティアセンター「おだがいさまセンター」が設置されることとなった（内閣府（2012）；全国社会福祉協議会（2012））。

表6-2は、釜石市災害VCにおけるボランタリー・サービスの内容別件数とその割合である。発災後1年間ということもあり、瓦礫撤去や運搬、引越し、泥出しといった力作業が全体の約6割を占めている。

3 災害VC・ボランティアを支える動き

しかし災害VCやボランティアの取り組みは自らの力だけで成し遂げられたわけではなかった。その背後には地元の関係者や民間企業、さらには玄人的なボランタリー・アクターの長期的な手助けがあったからにほかならない。これらのアクターはいかに災害VCやボランティアを後方支援したのであろうか。

3.1 災害VCに対する運営支援

まずは災害VCの設置・運営に対する支援である。今回の被災地域の多くは小規模の市町村であり、社協自体のマンパワーも大きくなかった。一部の社協は事務所を流され幹部職員も失った。そのようななか、多くのボランタリー・アクターが災害VCの現地支援に動き出したのである。例えば、一部の民間企業は社員を災害VCへ派遣し、救援物資の無償輸送、除雪車を利用しての給湯活動、被災者情報のデータベース化など、自社サービスの専門技能を生かした支援を行った[21]。設置・運営支援のなかでもその中心となったのが全国の各地域ブロック社協であり、「災害ボランティア活動支援プロジェクト会議」(略称、支援P)や災害救援を専門とするNGO／NPOであった。

3.1.1 地域ブロック社協による職員派遣

災害VCに対して大規模な人的支援を続けたのが全国各地の社協である。3月15日には東北を除く各地域ブロックが被災3県へ職員を派遣することを決定し、被災3県に赴いている。関東ブロックB(神奈川・新潟・山梨・長野・静

---

20 複数の社協への訪問調査による。
21 日本経済団体連合会社会貢献推進委員会1％クラブ(2012)。

岡の各県）と東海・北陸ブロックが岩手県を、近畿と中国・四国ブロックが宮城県を、関東Ａ（茨城、栃木、群馬、埼玉、千葉の各県及び東京都）と九州ブロックが福島県をそれぞれ担当した。発災から2011年８月末までの間、延べ３万685人の職員が現地へ派遣された。

3.1.2 災害ボランティア活動支援プロジェクト会議による巡回活動

　物資支援や専門ノウハウの提供を行ったのが「災害ボランティア活動支援プロジェクト会議」である。これは共同募金会を中心に、企業・NPO・社協等が参画するネットワーク組織であり、新潟県中越地震の振り返りやノウハウの構築などを目的に2005年１月に設立された。平時は災害救援にかかる調査研究や人材育成を、非常時は災害VC等の運営支援を中心に活動している。今回は、自らが育成した災害救援人材のほか「国際協力NGOセンター」（略称、JANIC）や「日本ボランティアコーディネーター協会」（略称、JVCA）等からの協力者を「運営支援者」と定め、現地の災害VCやNPOへ随時派遣した。運営支援者は巡回活動を通じ、災害VCの運営ノウハウの提供や活動物資の調達等に尽力した。2011年３月から2014年３月までの間、延べ1498人の運営支援者が被災３県へ派遣された[22]。

3.1.3 災害救援NGO／NPOの運営参画

　特定の災害VCへ常駐スタッフを派遣し、集中的に支援するNGO／NPOの動きもあった。それらのNGO／NPOは災害救援の活動実績も豊富であり、災害VCの意思決定にも深く関与した。支援先の選択経緯は一様ではないが、例えば、国際協力NGOである「アドラ・ジャパン」は各地の被災状況を検証し、その深刻度合いから宮城県山元町の災害VC支援を決定した。一方、災害救援専門のNPO「レスキュー・ストックヤード」は同県七ヶ浜町社協との従前からの交流関係を縁に、同町災害VCを支援するに至ったという[23]。

22　全国社会福祉協議会（2012）、災害ボランティア活動支援プロジェクト会議（2014）。
23　山元町及び七ヶ浜町社協への訪問調査による。

3.2 ボランティア参加を促す支援

次はボランティアへの参加に逡巡する人々を後押しする支援である。災害VCの運営力が整う頃にはボランティアの確保が不安視されるようになった。一部報道ではゴールデンウィーク以降のボランティア数の減少傾向が指摘され、ボランティアの先細りが懸念された[24]。被災地域への交通利便性は決して良くない。ボランティアに参加するには交通費や滞在費等、かなりの個人的負担が課せられる。継続的にボランティアの数を確保すべく、多くのアクターが知恵を絞った。

3.2.1 団体企画の催行

その1つはボランティア専用バスの企画・催行である。発災直後から全国各地の社協やNGO／NPOなどが自らボランティアのためのバスツアーを主宰した。「日本経済団体連合会社会貢献推進委員会1％クラブ」(略称、1％クラブ)は「災害ボランティア活動支援プロジェクト会議」と連携してバスツアーを催行。2011年4月下旬から8月下旬までの間に延べ2101の企業人(スタッフ等含む)を派遣した[25]。各旅行代理店も被災地域近郊の温泉宿泊や観光旅行をパッケージにしたボランティア・バスツアーを主宰し、ボランティア参加者を募った。

さらに一部の民間企業はボランティアのための休暇制度を拡充し、ボランティアへの参加を促した。経団連の全会員企業・団体を対象に実施したアンケート調査では、今回を機に26社が既存制度を拡充、27社が新たに制度を創設、21社が東日本大震災のみに適用する特別制度を導入している[26]。

大学、短大といった全国の高等教育機関も学生ボランティアの派遣活動を展開した。例えば岩手県立大学は、2011年の夏にNPOや全国146大学とともに「いわてGINGA-NETプロジェクト」を立ち上げ、1086人の県外大学生を岩手県

---

24 『朝日新聞』2011年5月10日及び6月19日。
25 全国社会福祉協議会(2012)。
26 その結果、制度休暇を取得した社員は4000人以上(2011年9月末現在)にのぼり、2010年度の取得実績2761人を上回った(日本経済団体連合会社会貢献推進委員会1％クラブ(2012))。

の住田町、釜石市、大船渡市、陸前高田市等へ派遣している[27]。

筆者が行ったネット調査[28]では、何らかの団体企画を経由したボランティアの割合は回答全体の54.4%[29]で、被災3県別では岩手県が58.9%、宮城県が52.2%、福島県が51.0%であった。前述のとおり東北地方以外からのボランティアが多かったことからも、現地までの交通時間や費用がかかる地域ほど団体企画のボランティアに依存していたことがうかがわれよう。

3.2.2 宿泊施設の設置

2つめはボランティア専用の宿泊施設の設置である。岩手県沿岸の場合、東京からの日帰りボランティアはほぼ困難であり、盛岡市などの内陸部に宿泊先を確保しても、往復だけで3時間以上を要してしまう。NGO／NPOなどによる宿泊テントの配給もあったが、その数にも限界がある。被災地近隣の行政や社協は公共施設の活用を念頭に、ボランティアに対する宿泊場所の提供に動いた。例えば、住田町社協は同町から大股地区公民館を借り受け、発災後の4月25日に「住田基地」と呼ばれる宿泊施設を開設した。約1年5カ月の間に宿泊したボランティアの数は延べ2万2485人にのぼる[30]。盛岡市は盛岡市社協等と連携し、盛岡市と宮古市の中間に位置する旧県立高校跡地を宿泊施設「かわいキャンプ」として活用した。7月26日から約1年8カ月の間、延べ1万3597人のボランティアが宿泊した[31]。岩手県遠野市でも市の総合福祉センターをボラ

27　いわてGINGA-NETプロジェクト実行委員会（2012）。
28　本調査は、2014年4月末現在における今回のボランティアの生活行動傾向を把握するものである。調査期間：2014年5月23〜27日、標本抽出：調査受託会社のネットモニター、調査対象者：全国18歳以上69歳以下の男女、調査標本数：1855。当該標本はボランティア活動者の性別かつ活動地域別（被災3県）かつ活動時期（前期：2011年3月12日〜5月31日、中期：2011年6月1日〜2012年2月28日、後期：2012年3月1日〜2014年4月30日）ごとにそれぞれ100の割当をめどとし、前調査と同じく11万8694のなかから回収。
29　団体企画で参加したボランティアである54.4%の内訳は、職場27.0%（ただしうち10.5%は業務として参加）、ボランティア団体12.5%、社協5.7%、行政機関5.0%、旅行会社4.2%であった。
30　住田町社協への電話調査による。
31　盛岡市及び盛岡市社協への訪問調査による。

ンティアの宿泊施設として3月21日から解放している[32]。

　なお、前記調査で初めて現地入りしたときの宿泊場所をたずねたところ、旅館の25.0%に続きボランティア専用の施設・テント等が19.1%と、高い割合を示した[33]。また被災3県におけるボランティア専用の宿泊施設・テント等を利用したボランティアの割合は岩手県が23.5%、宮城県が16.4%、福島県が17.5%であった。ボランティア専用の宿泊施設の多かった岩手県での割合が高かったことは、当該施設の貢献度を示唆している。

4　NGO／NPOなどの動き

　災害ボランタリー活動においては個人のボランティアだけでなく、従来から公益法人や宗教法人が、さらに阪神・淡路大震災以降はNGO／NPOといった新たなボランタリー・アクターがその一翼を担ってきた。今回の場合、これら非営利のアクターはいかなる独自の取り組みを展開したのだろうか。

4.1　多岐にわたるボランタリー・アクター

　それらアクターの活動領域はかなり広い。公益法人や宗教法人等[34]は瓦礫撤去などの一般的なボランタリー・サービスに、NGO／NPOは教育、医療、人権等、専門的な活動経験を生かしたボランタリー・サービスに従事する場合が多かった。特に専門的サービスを提供するアクターのなかには有資格者によって構成される職能団体も見られ、自らの技能や知識をボランタリーに提供するべく多くの団体構成員を現地へ派遣している。

32　遠野市（2013）。

33　初めての参加で複数の宿泊施設を活用したことも想定されるので、複数回答を可とした。日帰り25.4%を除く宿泊場所の内訳割合は、旅館・民宿・ホテル25.0%、ボランティア専用の宿泊施設・テント19.1%、車中泊・持込テント16.9%、知人・親戚宅14.8%、避難所6.8%、キャンプ場5.0%、その他3.3%であった。

34　それらのなかには、通常の一般ボランティアでは対応できないような重機を用いて瓦礫を撤去する作業等のため、日々訓練を重ね専門的技能を習得し、実践している団体もあった。

4.1.1 一般的サービスに取り組むボランタリー・アクター

　一般的サービスについては、「日本赤十字社」のように自らがボランティアを受け付けるものの、実際の活動は災害VCに委ねるアクターも少なくなかった。他方、自らの活動拠点を被災地に構え、被災地ニーズの調査やボランティアの受け付け、そして両者のマッチングまで行うアクターもいた。「日本YMCA同盟」は仙台市や石巻市、宮古市に自らの支援センターを設置し、緊急物資支援や避難所支援、瓦礫撤去などの活動に取り組んだ。2014年3月末現在、延べ3万7234人のボランティアが活動している[35]。国際交流の船旅を主宰するNGO「ピースボート」の場合、石巻市に現地事務所を立ち上げ、さらには「一般社団法人ピースボート災害ボランティアセンター」を設立し、国内外からボランティアを募った。同年3月末現在、その活動者数は延べ8万7504人にのぼる[36]。また多くの宗教法人も独自の活動に取り組み、ある団体は発災後約3カ月間で延べ約2万人のボランティアを現地へ派遣したとされる[37]。

4.1.2 専門的サービスに取り組むボランタリー・アクター

　一般のボランティアでは対応できない、専門的なボランタリー・サービスを提供したのがNGO／NPO、特に海外での人的支援を得手とする国際協力NGOであった。その提供分野は子どもの教育、保険・医療・公衆衛生、さらには原発事故に係る人権侵害、被災地域の外国人支援など広い範囲に及んでいる。例えば「セーブ・ザ・チルドレン・ジャパン」は避難所での子どものメンタル支援や被災地学校の再開支援を、「国際保健協力市民の会」は在宅高齢者・障害者・母子への健康相談や仮設住宅での巡回医療支援を行った。世界の人権侵害問題に取り組んでいる「ヒューマンライツ・ナウ」は、放射能汚染と健康被害、女性の避難所生活の改善等、被災者の人権状況を監視し、その結果をもとに政策提言など啓発型の支援活動を推し進めた[38]。なお、それらアクターの多くは今回が初めての国内活動であったという[39]。

35　日本YMCA同盟（2012）及び日本YMCA同盟への電話調査による。
36　ピースボート災害ボランティアセンター（2014）。
37　岡本（2013b）。
38　国際協力NGOセンター（2012）。

4.1.3 職能団体によるボランタリー活動

職能団体のボランタリー活動は阪神・淡路大震災でも見られたが、今回は弁護士、行政書士、司法書士、社会保険労務士、税理士、建築士、医師、看護師、薬剤師、理美容師、鍼灸マッサージ師等、幅広い分野の団体が参加している[40]。

それらの取り組みには、理美容師のように技術を直接提供するサービスや弁護士のように被災者からの相談に対応するサービスがある。例えば、「全国福祉理美容師養成協会」は中部・関東・関西地方から理美容師・エステティシャン等を派遣し、被災3県の避難所や介護施設で理容・美容のほかストレスを軽減するリラクゼーション行為に従事した[41]。相談サービスでは、「全国社会保険労務士会連合会」は「社労士会 復興支援ほっとライン」といった無料電話相談を、また被災地の労務士会は「社労士会労働・年金相談ほっとキャラバン」といった出張相談を被災3県で実施し、雇用保険や年金・医療、介護問題など被災者からの悩み相談を受け付けた[42]。なかには弁護士会のように新たなボランタリー活動の展開へと発展した事例もあった。被災3県の弁護士会は被災地域で無料法律相談を開催し、「日本弁護士連合会」や「日本司法支援センター」、各地の弁護士会連合会、弁護士会も人材を派遣し、活動を支援した。その結果、約3万7000件の法律相談情報を集約でき、二重ローン問題等の立法提言活動時にそれらの情報を事実情報として活用した[43]。

4.2 組織間の連携

NGO／NPOなどの動きのなかで今回注目されたのは、アクター間の相互連携である。例えば、石巻市では、発災直後から数百のアクターが押し寄せ、当

---

39 国際協力NGOセンター正会員及び協力会員団体の計157のうち、59の団体が今回の大震災で活動し、そのうちの60%（34団体）が今回初めての国内対応であった（国際協力NGOセンター（2012））。

40 ただし、1つの職能団体の派遣であっても、政府からの要請に基づく派遣や各地域団体による独自派遣などのスキームの違い、またそれに伴う金銭支給の有無もしくはその程度の違いが少なからず存在し、業務とボランティアとの線引きは個別の検討が求められる。

41 全国福祉理美容師養成協会ホームページ（http://www.fukuribi.jp/ribivora/）。

42 金田（2012）。

43 永井（2012）。

初はそれらの間で縄張り争い的な混乱が生じた。その問題を回避するため、「石巻災害復興支援協議会」(現・みらいサポート石巻)という新たな連携組織が発足し、各団体間の情報共有や活動調整が試みられた[44]。気仙沼市でも同じ目的でNGO／NPOを中心とした連絡会が定期的に開催された[45]。

さらには連携による新組織が連絡調整のみならず、組織自らの活動を行う場合もあった。その1つが「遠野まごころネット」である。阪神・淡路大震災のボランティア経験を持ったNGO／NPO関係者、地元の社協、青年会議所など地域内外のボランタリー・アクターが設立したNPOである。沿岸被災地域の後方支援拠点として、災害VCとは独立して自らがボランティアを受け入れ、瓦礫撤去、介護・看護、心のケア等の活動を展開した[46]。

なお発災直後の被災3県では、ボランタリー・アクター間の情報交換・連携調整の場として、在京及び地元NGO／NPOを中心に「いわて連携復興センター」「みやぎ連携復興センター」「ふくしま連携復興センター」といった中間支援組織が立ち上がった[47]。全国レベルでは、今回の災害救援活動に携わるNGO／NPOや民間企業などで構成されるネットワーク組織「東日本大震災支援全国ネットワーク」(略称、JCN)が設立された。これら支援組織はNGO／NPOや企業だけでなく行政との情報共有にいち早く着手した。「東日本大震災支援全国ネットワーク」の場合、ボランタリー・アクターの活動状況をホームページ上で速やかに公開し、また、被災3県の社協や連携復興センター、「災害ボランティア活動支援プロジェクト会議」等と連携を図り、国・地方自治体等との定期会議をいち早く実現させている[48]。

---

44 複数社協への訪問調査のほか、全国社会福祉協議会(2012)及び内閣府(2012)。なお、2012年5月時点での石巻災害復興支援協議会への登録団体は344団体であった(みらいサポート石巻(2013))。
45 複数社協への訪問調査及び全国社会福祉協議会(2012)。
46 全国社会福祉協議会(2012)、内閣府(2012)。
47 全国社会福祉協議会(2012)。
48 同上。

5　今回の活動をめぐる問題

　以上、東日本大震災におけるボランタリー活動を包括的に取り上げてみた。これによって同活動の輪郭は示すことができたであろう。
　阪神・淡路大震災では機能不全であったボランティアのコーディネーション体制の機能不全が大きな問題となった。そしてその教訓が一般ボランティアの受入体制を構築したわけだが、今回の場合、どのような問題が浮き彫りとなり、今後のあり方が議論されているのであろうか。最終節では、各アクターが論じる今回のボランタリー活動の課題や方策について整理しておきたい。

5.1　ボランタリー活動を支える人材確保の問題

　ボランタリー活動を牽引した災害 VC や NGO／NPO に着目すると、自らの組織体制や運営のあり方に関する問題が多かった。なかでもアクター間に共通する問題であったのが人材の確保である。
　例えば山田町災害 VC は、初動時の運営に関わるスタッフの知識や経験の不足、スタッフ数自体の不足を挙げている[49]。被災地域の多くは小規模の市町村であり、このような不足は決して例外ではなかった。人材の不足はボランティア受け入れの制限理由にも挙げられた。また一部の災害 VC では、運営スタッフのみならず、支援スタッフの人材不足も指摘している。発災当初、活動経験のあるブロック社協職員が現地へ派遣された。しかし 7 月以降は多くの未経験者が派遣され、運営にも支障が生じてきた。このために各災害 VC は自らの状況に通じた職員を派遣するよう訴えたという[50]。また、宮城県では県庁自体が内部業務に忙殺され、あらかじめ指定された県職員を災害 VC へ派遣できなかったという事態も生じていた[51]。

---

[49]　山田町社協への訪問調査及び内部資料による。
[50]　全国社会福祉協議会（2013）。
[51]　宮城県（2012）。

NGO／NPO も同様である。特に緊急期においては活動する地元 NPO の数が少なく、現場で即戦力となる人員が十分確保できなかった。ボランタリー活動に参加した国際協力 NGO への調査結果は「現地への派遣職員の遣繰り、新規職員の採用」が活動中に最も困難な事象であったと指摘する[52]。

5.2 異種アクター間の連携問題

2つめは異種アクター間の連携についてである。同調査でも「関係機関との関係構築」が活動中に最も困難な事象の2番目に挙がっている。確かに国際 NGO を支援する中間支援組織「ジャパン・プラットフォーム」(略称、JPF) が宮城県災害 VC に駐在し、災害 VC と NGO／NPO とのマッチングを試みる動きはあった。しかし全般的には、社協や国・地方自治体と NGO／NPO といった異なる主体間の連携がうまくいった事例は少なかったとされる[53]。実際、岩手県内の災害 VC では NGO／NPO による支援の申し出を断るケース[54]や、一部の災害 VC と NGO／NPO との間では活動領域の重複等によるトラブルが少なくなかった[55]。本班の調査結果においても、震災後1カ月の間に関係機関に対して意見・見解の相違を感じた市町村の割合は、社協に対して6.3%、ボランティア団体に対して14.7%と、両者の間には2倍以上の開きがある[56]。市町村と NGO／NPO 等との連携の難しさを示唆している。

5.3 課題とその方策

人材の問題については、被災地域だけでなく全国規模での人的調整できる仕組みづくりを各アクターが必要とする。災害 VC においてはボランティアコーディネーター派遣のためのシステム、NGO／NPO においては中間支援団体・

---

52 国際協力 NGO センター（2012）。
53 宮城県（2012）。
54 岩手県（2013）。
55 複数社協へのインタビュー調査による。
56 第3章と同じく「災害と行政システムに関するアンケート調査」による。ただし第3章は政府間関係に焦点を当てたため、その他アクターとの接触頻度や意思の相違に関しては割愛されている。留意されたい。

ネットワーク団体がNGO／NPO経験者や海外での緊急救援事業経験者等を管理する人材バンクシステムの構築である[57]。

連携の問題では、NGO／NPO及び地方自治体、社協いずれもが平時からの連携体制の整備、そして計画策定時での連携を模索する。宮城県は災害VCのみならず災害支援調整の実績があるNGO／NPOの協力を得たボランティアの受入体制の整備を目指し、岩手県は県・市町村の災害対策本部での連携対応を提示する[58]。

NGO／NPOは信頼感を得るために自らの責任ある役割分担を示すことを、また民間アクターは被災地域ごとのニーズに応えるために被災地自治体や地域に根ざしたNGO／NPOとの連携強化を図ることを、それぞれの課題に位置づける[59]。

もちろんこれら2つは従前からの課題であり、そのための取り組みも講じられてきた。前述のように「災害ボランティア活動支援プロジェクト会議」は非営利・民間アクターのネットワーク組織として、多くの運営支援者を災害VCに派遣した。「東日本大震災支援全国ネットワーク」や連携復興センターといった新たな連携アクターも誕生した。しかし結果としては、今回の大震災によって、既存の取り組みだけでは解決し難い、平時から対処すべき制度的課題の存在が浮き彫りとなったといえよう。

5.4 まとめ

本章の目的は、今回の災害ボランタリー活動におけるボランタリー・アクターとその取り組みをつまびらかにすることであった。

はじめに被災地域に広範囲にわたって災害VCが設置されてから、これまで（2014年3月末現在）に災害VCで従事したボランティア数（延べ135万人余）を提示した。続いて営利を含む多くのアクターがいかに災害VCやボランティアを後方から支援し、ボランタリー活動の継続性の確保に取り組んだのかを明

57　岩手県（2013）、国際協力NGOセンター（2012）。
58　全国社会福祉協議会（2013）、岩手県（2013）、宮城県（2012）。
59　国際協力NGOセンター（2012）、日本経済団体連合会社会貢献推進委員会1％クラブ（2012）。

らかにした。次に独自に活動を展開するNGO／NPOや職能団体等の動きに目を転じ、多岐にわたる取り組みや組織間の連携などの事例を紹介した。最後に活動時の人材不足や異種アクター間の連携不足といった今回のボランタリー活動の課題、さらにはそれらを解決する方策について述べた。

リチャード・サミュエルズは、後手後手に回る行政の動きと政治の機能不全を相殺した1つの動きがボランタリズムの湧出であったという。そしてボランティアや災害VCの取り組み、NGO間の連携、民間企業の組織的な協力を引き合いに、日本において3.11以降ほど活気に満ちた市民社会はなかったと論じている（Samuels (2013) pp.17-19)。

確かに今回の災害ボランタリー活動で、これまで類をみない様々なアクターが活躍し、発災直後から数え切れないほどの被災者の支えとなったのは間違いないだろう。阪神・淡路大震災や新潟県中越地震等これまでの自然災害から多くの教訓を学んだことで、東日本大震災での活動がある。しかし、課題は決して少なくない。我が国の災害ボランタリー活動には、今回の経験をさらなる教訓とし、新たな地平を切り拓いていくことが強く期待されている。

【参考文献】

渥美公秀（2014）『災害ボランティア——新しい社会へのグループ・ダイナミックス』弘文堂

新雅史（2011）「災害ボランティア活動の『成熟』とは何か」遠藤薫編著『大震災後の社会学』講談社現代新書、193-235頁

いわてGINGA-NETプロジェクト実行委員会（2012）「いわてGINGA-NETプロジェクト活動報告書——1198人がつないだ2011年夏の活動記録」

岩手県（2013）「岩手県東日本大震災津波の記録」

岡本仁宏（2013a）「『東日本大震災では、何人がボランティアに行ったのか』という問いから」『ボランタリズム研究』Vol.2、3-14頁

岡本仁宏（2013b）「東日本大震災における18宗教教団の支援活動——調査概要の報告」日本NPO学会ニューズレター、Vol.15、No.1

金田修（2012）「全国社会保険労務士会連合会の対応」震災対応セミナー実行委員会編『3.11大震災の記録——中央省庁・被災自治体・各士業等の対応』民事法研究会、656-692頁

国際協力NGOセンター（2012）「東日本大震災と国際協力NGO——国内での新たな可能性と課題、そして提言」

災害ボランティア活動支援プロジェクト会議（2014）「東日本大震災活動報告」

全国社会福祉協議会（2012）「東日本大震災 災害ボランティアセンター報告書」

全国社会福祉協議会（2013）「2011.3.11 東日本大震災への社会福祉分野の取り組みと課題——震災から一年の活動をふまえて」

中央防災会議災害教訓の継承に関する専門調査会（2006）「1891 濃尾地震報告書」（http://www.bousai.go.jp/kyoiku/kyokun/kyoukunnokeishou/rep/1891--noubiJISHIN/index.html）

遠野市（2013）「3.11東日本大震災 遠野市後方支援活動検証記録誌」

内閣府（2012）『平成24年度 防災白書』

永井幸寿（2012）「東日本大震災での弁護士会の被災者支援活動」『NBL』No.974、12-20頁

仁平典宏（2012）「3.11ボランティアの『停滞』問題を再考する——1995年のパラダイムを超えて」長谷部俊治・舩橋晴俊編著『持続可能性の危機——地震・津波・原発事故被害に向き合って』御茶の水書房、159-188頁

日本経済団体連合会社会貢献推進委員会1％クラブ（2012）「東日本大震災における被災者・被災地支援活動に関する報告書——経済界による共助の取り組み」

日本YMCA同盟（2012）「YMCA救援復興支援活動レポート」

阪神・淡路大震災復興フォローアップ委員会監修（2009）『伝える 阪神・淡路大震災の教訓』ぎょうせい

ピースボート災害ボランティアセンター（2014）「2013年度 活動報告書」

宮城県（2012）「東日本大震災——宮城県の6か月間の災害対応とその検証」

みらいサポート石巻（2013）「石巻災害復興支援協議会活動報告書」

Samuels, R. J. (2013) *3.11: Disaster and Change in Japan*, Cornell University Press

第7章　広域災害時における遠隔自治体からの人的支援

稲継裕昭

はじめに：東日本大震災と地方自治

　東日本大震災では、14市町村役場が庁舎損壊の被害を受けた。行政職員も多数亡くなり、岩手、宮城、福島の被災3県で公務中の死亡・行方不明者は330人にのぼる[1]。岩手県陸前高田市では295人の職員のうち防災対策室長をはじめ68人が犠牲となっている。復旧や復興の先頭に立つべき役場自体が、機能麻痺状態に陥っていた。近隣の市町村が共倒れになっている地域も多く見られたため、自主防災組織を強化しつつ近隣市町村同士の連携や県との連携を基軸とした従来の地域防災計画だけではとても対応しきれなかった。災害救助法の適用を受けた被災市町村数は、阪神・淡路大震災のときは25であったが、東日本大震災では約240と約10倍であり、被災地の面積も約10倍に及んでいる。

　そのため、遠隔自治体からの職員派遣が数多く行われた。2011年7月1日までに被災地へ派遣された地方公務員（警察・消防を除く）の累積人数は、約5万7000人であった[2]。この時点までで日本の自治体職員総数約240万人のうち約40人に1人は被災地へ派遣されたことになる。

　発災直後からスタートしたのが自治体間の防災協定等に基づく支援である。

1　『読売新聞』2011年6月15日夕刊。
2　一般職の地方公務員（警察・消防を除く）であって、所属自治体の命令によって公務として派遣された者の実数。都道府県から2万470人、政令指定都市から1万163人、その他の市区町村から2万6290人であった（総務省自治行政局公務員部「東日本大震災による被災地への地方公務員の派遣状況調査（2011年7月1日時点）」(http://www.soumu.go.jp/main_content/000125227.pdf))。

県レベルでは、関西広域連合が迅速に対応してカウンターパート方式による被災地支援を行った。このような水平的自治体間連携については多くの報道もなされた。中央省庁からのトップダウンではなく自治体間の水平的調整がスムーズになされたことを評価する論者は多い[3]。

確かに、災害援助協定等をはじめとして、支援自治体が受援自治体を決定する「自治体間の水平的連携」は機能した点も多くあるが、同時に、自発的・ボトムアップ的連携であるがゆえ、非網羅的なものとなってしまい、支援に漏れる地域も多く出てきた。交通の便（道路が通じているところに支援が集まる）や、マスメディアへの露出の程度（被害がテレビなどで伝えられる回数が多いほど、そこへの支援が集まる）[4]などにより、支援が均等ではなかった。さらに、福島第一原子力発電所に近い自治体に対しては、（それが避難指示区域ではなくても）支援の手が行き届きにくかった。人的支援においても、福島県南相馬市などへの派遣申出は少なく、また、支援物資を運ぶ運送業者も市内までは運搬してくれず、福島市や郡山市まで、南相馬市の職員が支援物資を受け取りに行かなければならないというような状況に陥っていた[5]。

本来はあまねく各地域に等しく支援の手が差し伸べられることが望ましいが、今回の大震災では、支援物資が過多でその処理に困る自治体が出る一方で、支援空白地域も各地に点在していた。復旧がある程度進んだ時期においても、ある市町には全国から比較的大勢の派遣職員が来ているのに対し、そうでない市町もあった。

被災自治体への支援調整はどのようになされたのか、なされるべきなのか。発災直後にはさまざまな議論がなされたが、そのなかには、災害時にはもっと地方自治体に対する集権制を強め、中央政府が指示して地方自治体職員を動かすことができるような仕組みを作るべきだとする主張も見られた。中国の四川大地震を引き合いに出し、中央政府による自治体間のペアリングを強制的に

---

3 Samuels（2013）、阪本・矢守（2012）、林他（2012）など。
4 発災後しばらくの間は、道路が寸断されていてマスメディアもたどりつけないような地域においてはその被害の実態も報道されず、また、支援要員がたどりつくことも困難であった。
5 南相馬市・桜井勝延市長へのインタビュー、2011年11月14日。

行って支援を加速すべしとする意見もあった。中央―地方関係で考えると、災害時は自治体の自律性を抑制しつつ集権的に国家がコントロールして地方公務員の割り振りを決定するという議論につながる。

　これは中央―地方関係をめぐる古典的な議論に通じる課題である。いわゆる垂直的行政統制モデルと水平的政治競争モデルの議論（村松（1988））は、人的資源に関しては、これまで中央省庁官僚の自治体への出向に関してのものであったが（稲継（2000））、東日本大震災の際の自治体職員の派遣は、自治体間でなされる水平的な職員派遣に関して中央省庁がどのように関与するのかという、新たな議論に発展し得る。

　本章では、まず第1節で、現行地方自治制度における遠隔自治体への人的支援に関する法制上の仕組み、地方自治の観点から考えた場合の議論を見たあと、第2節で東日本大震災において実際に行われた人的支援を類型化してその実態を見る。そのうえで、第3節で現行地方自治制度の下で広域大規模災害に備えるにはどうすればよいか検討する。

1　現行地方自治制度と遠隔自治体からの人的支援：集権・非集権、情報集約・情報分散

　そもそも、遠隔自治体に勤務する職員が被災地で働く理由は自明ではない。自治体職員は個別の自治体に採用され職務専念義務を負う（地方公務員法第35条）。当該自治体「住民の福祉の増進」のために働くことが地方自治法の要請である。だが、東日本大震災に際しては、多くの遠隔地の自治体が被災地へ職員を派遣した。地方自治という観点からはこれはどう理解できるだろうか。

　自治体は住民自治の単位として自律的な政府を構成している団体である。地方自治法第1条の2は自治体の役割を、当該地域「住民の福祉の増進」、行政サービスの向上に求めている。首長は当該自治体の事務を管理し及びこれを執行する（同法第148条）し、当該自治体の事務を、自らの判断と責任において、誠実に管理し及び執行する義務を負っている（同法第138条の2）。

　地方自治法を読み進める限り、遠隔自治体から支援が行われる理由は明確で

はない。同法第11章第3節は自治体相互間の協力について規定し、協議会、機関等の共同設置、事務の委託、職員の派遣などの規定を置いているが、法の想定するところは近隣自治体間における協力関係である[6]。東日本大震災における遠隔自治体からの支援は短期の出張か職員派遣規定（同法第252条の17）に依拠したものが多かったが、後者は、首長等は他の自治体の首長等に対し、「職員の派遣を求めることができる」と派遣要請側について規定しているだけで、派遣を求められた自治体側の応諾義務に関し同法上の規定はない[7]。このように考えてくると、被災地への遠隔自治体からの人的支援をはじめとする支援は、「地方自治」を考えるに際しての根本的な問いを惹起する。

　多くの自治体で集中改革プランをはじめさまざまな行政改革により相当数の職員数削減[8]を行って非常に苦しいやりくりが続いている[9,10]。そのような派遣元自治体側から見た場合、被災地への職員派遣は地元住民の福祉増進に直接はリンクしない。ではなぜ、遠隔自治体からの職員派遣が行われたのだろうか[11]。

　消防・警察については、後で見るように、中央の指示権が法律に規定されており、それに従って派遣が行われた。

6　「地域の広域的な政治・行政に対応すること」とされている（松本（2011））。

7　災害対策基本法第5条の2では、（地方公共団体相互の協力）として、「地方公共団体は、第4条第1項及び前条第1項に規定する責務を十分に果たすため必要があるときは、相互に協力するように努めなければならない。」と抽象的な規定を置き、また、第29条で派遣要請、第30条で派遣のあっせん、などの諸規定を置いているが、派遣要請→あっせん要請→あっせん→派遣自治体の決定→職員派遣という長いプロセスを経る必要があるし、同法施行令第15条、16条は、「書面」による煩瑣な手続きを要請している。派遣依頼やあっせんを受けた国の機関の長や、自治体首長は、「その所掌事務又は業務の遂行に著しい支障のない限り、適任と認める職員を派遣しなければならない」（同法第31条）と規定している。なお、2012年6月の同法改正で第74条の2が置かれ、内閣総理大臣による応援の要求等の規定が盛り込まれている。

8　例えば大阪府寝屋川市では、1993年に2506人いた職員数は、2014年には1168人に減少している（再任用職員、任期付短時間職員を除く。寝屋川市資料）。

9　各自治体では、派遣要員の確保に苦慮している。消防科学総合センターが2011年7月に非被災自治体1533に対して行った調査結果（959自治体が回答）によると、45.6％の自治体が派遣要員の確保に「大変」または「やや」苦慮している（消防科学総合センター（2012））。

遠隔自治体間の防災協定等により派遣が行われた例も少なくないが、派遣先にはばらつきがある。20政令指定都市間では災害時相互応援協定が結ばれていたが、仙台市への職員派遣は横浜市が多く、他の指定都市は、例えば北九州市は釜石市に、名古屋市は陸前高田市に職員を大量に派遣している。これは前述の協定に基づくものではなく、震災後に関係が構築されている。

 県や県市長会、全国市長会からの要請に応えて派遣された例が、量的には最も多い[12,13]。これらの諸機関や団体とのつながりを大切にするインセンティブがそこにあったとも考えられる。

---

10 地方自治法第252条の17第2項では、派遣職員の「給料、手当（退職手当を除く。）及び旅費」は、派遣先自治体の負担とすることが明記されている。他方、被災自治体が地方自治法に基づく中長期派遣職員を受け入れる経費（給料、各種手当、旅費、共済負担金、宿舎借上費等の派遣職員の受け入れに要する経費）は、その全額を震災復興特別交付税により措置することとされている（前（2013））。結局、派遣職員にかかる経費は震災復興特別交付税から賄われることになるため、派遣元自治体も受入自治体も給与や諸手当等について新たな負担をすることにはならない。だが、派遣元自治体にとっては、当該職員のスキルが派遣中は使えないといったコストが発生している。

11 もちろん、被災地で実際に戦力となり復旧復興に貢献するのは災害が発生したときのノウハウを持っている他自治体職員である（ヒアリング結果。宮古市、釜石市、陸前高田市、石巻市）。また、被災自治体職員を対象として行った日本学術振興会東日本大震災研究会行政・地方自治班の調査（n=705）でも、「災害時に業務が十分に遂行できない時に補うための人員とは」という質問に対し、56％が「必要な技能・知識を備えている公務員」と答えている。

　自治体職員、特に市町村職員は日常的に住民との対面業務を行っているので、罹災証明書の発行や避難所の運営など、講習をしなくても即戦力として活用できる。自治体職員ということで被災者の信頼が得られやすいということもある（もっとも、方言のギャップがありコミュニケーションに課題がある例も見られるようである（石巻市復興審議官ヒアリング、2011年9月12日））。

12 消防科学総合センターの調査（2011年7月）では、人的支援の調整状況として「り災証明発行業務」では、「関係団体調整型」が43.0％、「都道府県による調整型」が34.4％などとなっており、「被災市町村との直接調整型（事前協定無）」が16.8％、「被災市町村との直接調整型（事前に1対1の協定有）」は0.8％にすぎなかった。前記の調整を行った関係団体としては、町村会、市長会、関西広域連合等が挙げられている。「保健業務（こころのケア含む）」では、「都道府県による調整型」が7割近くにのぼった。「給水・水道復旧業務」では「関係団体調整型」が84.1％と、日本水道協会の活発な調整がうかがえたという（消防科学総合センター（2012）7頁）。

消防・警察以外の一般職員の派遣については、住民世論の後押しがあったことも大きい。発災直後、数多くの市民ボランティアが被災地へ向かった。また、防災協定や姉妹都市協定を結んでいる自治体が職員派遣をしている事例や押しかけ型の支援の事例が報道されるにつれ、「自治体間での派遣競争」とでも呼ぶべき状態も現出した。さらに、将来、当該自治体で同様の災害が発生した時のノウハウの蓄積ということも大きい[14]。

苦しい人員のやりくりのなかではあるが、派遣することのメリット（諸機関との関係、住民の声に応える、市としての評判、将来の大規模災害に備える）が、派遣しないことのデメリット（住民からの批判、他組織との関係等、派遣職員に関するコスト）を上回ったと考えられる。

東日本大震災において相互依存システムが機能したとも考えられる。ここでいう「相互依存システム」とは、人員や財源等の行政資源について、中央政府と自治体が相互に依存しあう関係にあることを指す。行政ルートを通じた中央政府からの自治体の統制を重視した垂直的行政統制モデルの対抗仮説である。後述するように、警察、消防については、行政ルートを通じた指示権等が発動された。しかし、一般職員に関する県相互、市町村相互の人的融通は、中央政府の統制によるものはない。総務省・市長会スキームにおいては、地方が人員を捻出し、中央は調整コストを負担した。相互依存システムが機能したという村松の指摘は正鵠を射ている。

消防の場合は、中央政府の指示に基づいて隊が派遣された。警察も類似のス

---

13 なお、政令市・中核市・特例市・特別区を調査した明治大学危機管理研究センターの調査（123市区のうち80市区が回答）によると、「支援を行った市町村名」は延べ600に及ぶが、そのうち、姉妹都市・友好都市協定によるものは15（2.5％）、危機管理に関する協定によるものは90（15.0％）とあわせても17.5％にすぎなかった。全国市長会からの要請が94（15.7％）、広域連携組織からの要請が95（15.8％）となっており、事前の協定等よりも、むしろ事後的な対応による派遣の方が多い（明治大学危機管理研究センター（2012））。この調査での回答では「その他」が276（46％）と最も多くなっているが、これは、厚生労働省からの依頼（保健師等）、所在する県からの要請、各地の市長会からの要請が大半を占めている（中邨（2013））。

14 高槻市では、派遣者を講師とした部内研修を行っている（高槻市健康福祉部長ヒアリング、2014年10月7日）。

第7章 広域災害時における遠隔自治体からの人的支援

表7-1 東日本大震災時の他自治体からの人的支援類型

		集権的スキーム	非集権的スキーム
情報集約	情報事前蓄積型	消防、警察	DMAT
	情報事後集約型		全国知事会スキーム 総務省・市長会スキーム
情報分散型			災害時応援協定、姉妹都市協定

キームである。これらを集権的スキームと呼ぼう。

　他方、一般行政職等の自治体職員の場合は、中央政府に前述のような指示権はない。あくまでお願いベースでの依頼に他自治体が応えたものであり、これを非集権的スキームと呼ぼう[15]。非集権的スキームにもいくつかのタイプがある。

　まず、①厚生労働省が情報を集約していた災害派遣医療チームDMAT（Disaster Medical Assistance Team）の出動のように、あらかじめ情報がどこかに集約されており、そこから全国のチームに出動要請がなされるといったような情報集約型がある。DMATの場合、1カ所に情報が集約されており、派遣調整も迅速になされた。これを情報事前蓄積型と呼んでおく。

　②遠隔地にある2つの市町村間における個別の災害時応援協定や姉妹都市協定がきっかけになって遠隔自治体間で個別の職員派遣がなされた例も少なくなく、数多くの報道もなされた。当初は中央政府（総務省等）でも全体像を把握できていないなかで、この職員派遣はいわばゲリラ的になされた。これを情報分散型と呼ぼう。

　③いずれのタイプに属するかが曖昧なのが、その他多くの支援である。その他の支援体制は、大震災が起きるまで整っていなかったが、震災発生後事後的に、県レベルでは関西広域連合が先導を切り、その後全国知事会が中心になって被災県を支援するスキームができ、市町村レベルでは総務省と市長会が中心になって支援をマッチングするスキームなどが構築されていった。これらは、中央政府による情報集約型の範疇に入るものの、①の情報事前蓄積型とは異な

15　分権的スキームと呼びうるかもしれないが、他の多くの議論に言及せざるを得ないので、ここでは非集権的スキームと呼ぶ。

る。事後対応による段階的情報集約型ともいえるものであり、ここでは情報事後集約型と名づける。

　非集権的スキームのうち、①のDMATについての評価は高い。②の個別の協定等に基づく職員派遣については、即応性の観点から高い評価が報道や識者の間で見られるものの、他方、その偏在を指摘する声もある[16]。たまたま縁があったというつながりは、被災地域全体をカバーし得ない[17]。また、支援職員全体数に占める割合も、喧伝されるほどには多くない（前述、注12の調査［人数割合］では数％以内、注13の調査［派遣先割合］でも17.5％）。③の情報事後集約型の職員派遣は量的に多くを占めるが、特に市町村レベルにおけるマッチングにおいて時間がかかった。総務省・市長会スキームは、実際の派遣までは2カ月近くを要していた。県職員派遣のマッチングが47の情報集約で済むのに対して、市町村に関しては1700の情報集約が必要となる点が大きな違いである。そのため、総務省・市長会スキームは、DMATに比べると反応速度は大きく異なっていた。

　このような現実を見た場合、災害対策基本法を拡大して災害時に中央政府に市長等への指示権を（消防の場合のように）与えることを容易にすべきだという主張もあり得る。しかし、これは垂直的行政統制を（災害時に限るとはいえ）大きく強化するものであり、戦後地方公務員法制定の過程で官公吏一本法ではなく、国家公務員法と地方公務員法を分けて規定したこと、公選知事を中央政府が任命するような仕組みがとられなかったことという歴史的経緯に反するし、また、そもそも地方公務員法の下、各自治体で職員を採用し、首長等の任命権者の指揮下に入って人事権が行使されていることと相容れない。地方分権を進めてきた一連の流れにも逆行する。他方、非常時においては、公僕である地方公務員を最大動員するという考え方も否定できない。そこで、消防や警察とは違う非集権的スキームをとりつつも、応援職員等に関する諸データを事前に蓄積しておけるような体制、DMAT類似の情報事前蓄積型システムを全国規模

16　室崎（2011）、福本（2013）。

17　もちろん、遠隔自治体間においてそのようなつながりができていたことは、特筆すべきことである。遠隔地間のさまざまなつながりが、かなりの割合でできていることも事実である。

第7章 広域災害時における遠隔自治体からの人的支援

表7-2 自治体間支援の全体像

(単位：人)

年.月.日	累積人数	派遣中人員	派遣中の内訳（被災県別）				派遣中の内訳（職種別）		
			岩手県	宮城県	福島県	その他県	一般事務	土木等	その他
2011.7.1	56,923	2,460	501	1,517	404	38			
2011.10.1	73,802	1,211	250	644	290	27			
2012.1.4	79,107	804	186	373	230	15			
2012.4.16	81,544	1,407	379	669	349	10	491	773	143
2012.10.1	―	1,682	450	842	381	9	561	939	182
2013.5.14	85,096	2,056	552	1,096	404	4	796	906	354
2013.10.1	―	2,084	574	1,103	403	4	814	903	367

(注) 2011年度末までは累積人数を公表、2012年度以降は、「現在派遣数」のみホームページで公表。
　　累積人数のうち、8万1544人は2012年3月31日、8万5096人は2013年3月31日現在。
(出所) 総務省ホームページ「総務省における被災地方公共団体に対する人的支援の取組」のデータをもとに筆者作成。

で構築しておく必要があると考えられる。次節で、実際に行われた支援を見た後、第3節でこの点について検討する。

2　東日本大震災時の人的支援

2.1　自治体間人的支援の実績

　はじめに、自治体間支援の全体像を見ておこう。総務省の統計データは消防・警察を除いており、ここでもそれを見ることとする。
　累積人数は2011年7月1日時点で5万6923人であり、この時点で震災後2年間の派遣者総数の3分の2を占めている。
　派遣中人員の推移を見ると、2011年7月1日時点で2460人だったのが、同年10月1日に1211人となり、翌年1月4日には804人へと、いったん減少傾向を見せる。この間、被災地における職務内容に応じて、派遣職員の職種や派遣期間が変化してきた。
　7月1日時点では、「避難所管理運営支援」（484人）、「義援金・災害弔慰金・被災者生活再建支援金等」（442人）、「医療・健康・衛生対策支援」（348人）が

多かったが、同年10月1日時点では、全体の人数は7月1日に比べて半減して「避難所管理運営」が皆減に近い状態になっている（484→25）なかで、「各種施設復旧業務支援」(283→382)、「復興対策支援」(129→146) の人数が増加している。これらの職務への対応は、土木技師、建築技師等専門的な技術を必要とする職種が中長期派遣されることが多く、2011年度の後半になって、復旧・復興に向けた業務が増加した。2012年4月以降、派遣中人員はじわじわと増加している。職種別に見ると、土木等の技術職が半数近くを占めており、復旧・復興支援業務に技術職を中心とした人的支援がなされていることがわかる。

次に、類型別に自治体間の人的支援について見ることとする。

2.2 集権的スキームによる人的支援
2.2.1 消 防

消防に関しては、消防組織法第44条以下に緊急消防援助隊（以下、「緊援隊」という）の規定が置かれている。緊援隊は、阪神・淡路大震災の教訓を踏まえ、大規模災害等において、被災した都道府県内の消防力では対応が困難な場合に、国家的観点から人命救助活動等を効果的かつ迅速に実施し得るよう、全国の消防機関相互による援助体制の構築を目的として、1995年6月に創設された。また、2003年6月に消防組織法が改正され、緊援隊が法制化されるとともに、大規模・特殊災害発生時の消防庁長官の指示権が創設された。総務大臣が「緊急消防援助隊の編成及び施設の整備等に係る基本的な事項に関する計画」を策定し、それに基づき、消防庁長官が部隊を登録している。2012年6月1日時点では全国781消防本部（全国の消防本部の約98％）から4431隊が登録されている[18]。つまり、あらかじめ派遣部隊についての情報が消防庁に集約されている。

3月11日15時40分、消防組織法第44条第5項の規定に基づき消防庁長官から20都道府県に対して緊援隊（陸上部隊）の出動指示が出された。その後も甚大な被災状況が判明するに従い部隊の追加投入が決定されていった。並行して消防防災ヘリコプターについて、直ちに全国規模の派遣を念頭に調整を開始し、日没までに到着できない場合でも、関東に設けた進出拠点までの出動を指示す

---

18 消防庁（2013）381頁。

第7章　広域災害時における遠隔自治体からの人的支援　177

るなど、被災地への迅速な投入に向けて努力が行われた。被災地に集結した緊援隊は、発災直後の厳しい環境下、地元消防や関係機関との連携の下、消防、救助、捜索活動に従事した。派遣のピークは、発災1週間後の3月18日で、派遣隊数及び派遣人員が1870隊（6835人）であった。緊援隊の派遣期間は、発災直後の3月11日から6月6日までの88日間に及んだ。8854隊（延べ3万1166隊）の部隊、3万684人（延べ10万9919人）の隊員が被災地へ派遣された[19]。

　緊援隊などの派遣は、法律に根拠を置いた出動指示に基づいて行われた。法律により災害時の集権スキームが作られている。

2.2.2　警　察

　警察に関しては広域緊急援助隊（以下、「広緊隊」という）が設けられている。国内の大規模災害発生時に都道府県の枠を超えて広域的かつ迅速に対応するため、高度の救出救助活動等を行う専門の部隊として1995年6月に発足したものである。全国で約4800人が指定されており、情報は警察庁に集約されている。隊員は、機動隊員、管区機動隊員、交通機動隊員及び高速道路交通警察隊員等のなかから、災害警備に対する能力、体力、気力等を備えた者が指名される。

　東日本大震災に際しては、岩手、宮城及び福島の各県公安委員会からの援助要求により、警察庁は、全国から広緊隊員等延べ約38万9000人（2011年6月20日現在）、1日当たり最大約4800人が派遣された。自衛隊、自治体、消防等と連携を図りながら、被災者の避難誘導及び救出救助、行方不明者の捜索、緊急交通路の確保、被災地における安全・安心を確保するための諸活動等の災害警備活動にあたった[20]。3県警計約8000人の体制に対して、全国から4800人が加わり1万2800人体制となった。

　警察の場合も集権的スキームがすでにできていた[21]。

19　同上、379-383頁。
20　警察庁（2011）3頁。

178　第2部　復興を担う組織と人

2.3 非集権的スキームによる人的支援
2.3.1 情報事前蓄積型：医療関係

　医療関係に関しては、公立病院に限らず、民間病院も含めた取り組みとして、DMATによる救護活動が行われた。DMATは「災害急性期に活動できる機動性を持ったトレーニングを受けた医療チーム」であり、厚生労働省が音頭をとって2005年に養成を開始した。独立行政法人国立病院機構災害医療センター内に事務局が置かれている。災害医療現場で使われる急性期とは、直ちに処置や手当等が必要な発症間もない患者が大量に発生している初動の時期のことをいい、患者の重症度等を見極め、トリアージ（治療の優先順位をつけること）をしながら医療活動を行う。1チームは医師、看護師、業務調整員（医師・看護師以外の医療職及び事務職員）ら5人程度で構成される。2011年6月現在、全国で882チーム（計5357人）が養成されている。東日本大震災発生後すぐに厚生労働省から派遣要請を受けた全国のDMATは、3月11日から被災地域において病院支援、広域医療搬送等の救護活動を行った。3月13日には、最大規模の193のDMATチームが被災地で活動している[22]。DMATによる救護活動は3月22日をもって終了したが、過去最大の約380チーム（計約1800人）が活動した[23]。

　東日本大震災においては、被害が広範囲で避難所生活も長期化していたことから、慢性疾患患者への医療ニーズが多数発生していた。このため、厚生労働省はDMATによる災害急性期以降の被災地の医療を確保するため、3月16日、日本医師会や病院団体等の関係団体に対し、被災県の要請に基づいて医師等の派遣に協力するよう依頼している。日本医師会災害医療チーム（いわゆる

21　類似のスキームとして、国土交通省のTEC-FORCE（Technical Emergency Control Force：緊急災害対策派遣隊）がある。これは、自然災害への対応の迅速化と充実を目指し、事前に隊員を指名し研修を実施するとともに必要な資機材の準備を行い、地方公共団体の支援を実施する目的で2008年同省に創設された。全国の地方整備局を主体に約6500名が隊員として任命されており、災害の規模によっては全国から集結する。東日本大震災時には、2882人、延べ1万8115人・日の隊員が派遣されている（国土交通省水管理・国土保全局「TEC-FORCE（緊急災害対策派遣隊）について」）。

22　厚生労働省（2011）149頁。
23　『河北新報』2012年2月18日。

JMAT：Japan Medical Association Team）など、1日で最大156チーム（約706人、4月15日時点)、累計2438チーム（約1万1549人、7月12日時点）の医療チームが被災地に入り、慢性疾患等への対応を中心とした医療の提供を行った[24]。自治体病院関係だけでも、6月末までに医師1807人、看護師2560人、その他2104人が支援を行っており、全国自治体病院協議会会員施設936施設の53％にあたる493施設が医療チームを派遣していた[25]。

　DMATは法律に直接基づくものではないが、災害対策基本法第36条第1項等を受けて策定されている「厚生労働省防災業務計画」「第1編第2章第2節第4　災害派遣医療チーム（DMAT）等の体制整備」では日頃の整備について規定している。ただし、整備はもちろん、発災時の派遣要請も「指示」のような強制力があるものではない。

　非集権的ではあるものの、情報の全体像を厚生労働省が把握できていた点や、情報集約が事前にできていた点が大きい。そのため派遣に関する調整等は比較的スムーズにいったと考えられる。

2.3.2　情報事後集約型：事後対応による段階的情報集約
(1)　関西広域連合・全国知事会スキーム

　関西の各府県は関西広域連合を2010年に結成していたが、東日本大震災における活躍は「事実上の初仕事」[26]となった。3月13日に緊急に開催された広域連合委員会で緊急声明を発出しカウンターパート方式での支援を始めた。福島県に対しては京都府と滋賀県、岩手県に対しては大阪府と和歌山県、宮城県に対しては兵庫県・徳島県・鳥取県を中心として分担して支援することを決めた。14日には岩手県庁内及び宮城県庁内に現地連絡所を設置し、被災地のニーズ把握や照会への対応などを補助・調整する仕組みを作っている。この動きは、全国知事会の動きを先取りするものだった。

24　厚生労働省（2011）150頁。
25　全国自治体病院協議会「東日本大震災における会員病院の支援状況調査（第3回）について」2011年7月27日。
26　「7府県から職員1万1417人・車両49台・簡易トイレ490基――事実上の初仕事、担当県別に援助」『河北新報』2011年4月27日。

表7-3 派遣実績（2011年3月23日～4月21日）

(単位：人)

	一般事務	土木系	その他	合計
被災県からの要請人数	417	210	75	702
全国知事会によるマッチング人数	402	204	26	632
派遣可能人数照会結果	516	434	151	1,101

(出所) 全国知事会 (2013)。

　全国知事会は、発災翌日に「緊急広域災害対策本部」を設置し、知事会が調整役となって被災県をそれ以外の全都道府県が応援する体制を構築し、物的・人的両面からの支援を開始した[27]。

　発災直後は比較的短期間の当面の緊急的支援として、救助物資のとりまとめや避難所の運営支援の要員、ケースワーカー等の被災者のこころのケア支援要員の要請があった。本部の調整方針として、国においてすでに派遣調整を行っている職種については国に委ね、国から側面支援要請があった場合には対応し、派遣調整が行われていない分野については積極的に被災県からの要請内容を勘案して調整することとした。発災後しばらくは、各県個別の人的支援が中心であったが、本部として3月23日付でとりまとめ各県への人的支援要請を行った。その後、支援可能数を踏まえてマッチング作業を行った。

　47の都道府県間の組み合わせであること、また関西広域連合のマッチングを生かす形でマッチングしたことから、次の市町村職員の派遣に比べてよりスムーズな調整・派遣がなされたと考えられる。

(2) 市長会・町村会によるスキームと総務省

　総務省は3月12日に自治行政局内に被災自治体の行政執行を支援するための「市町村行政機能サポート窓口」を設置していたが、3月22日には、全国の市町村からの短期的人的支援に関する仕組みを構築するに至る。被災県が各市町村の要請内容をとりまとめ、総務省に連絡する。総務省は全国市長会、全国町村会を調整役として、派遣を申し出ている自治体とのマッチングを行うというものである。

27　全国知事会 (2013) 2-12頁。

図7-1 市町村職員の派遣スキーム

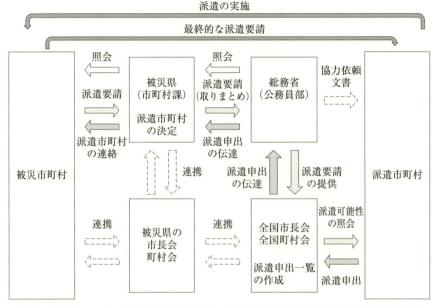

(出所) 総務省ホームページ「総務省における被災地方公共団体に対する人的支援の取組」総務省と全国市長会・全国町村会による人的支援スキーム。

　後述する個別の1対1の災害時応援協定や姉妹都市協定などの個別支援が進んでいるなかで、総務省としては基本的にはそれらの網から漏れている所について手当てするというものであった[28]。

　図7-1でもわかるように、派遣のスキームとしては、全国市長会及び全国町村会が市区町村長に対する依頼・とりまとめを、被災県の市町村担当課が被災市町村からの要望のとりまとめ・派遣決定を、総務省自治行政局公務員部が全体の連絡調整及び派遣申出の被災県への振り分け等をそれぞれ担当した。従来の照会ルートと比べると、全国市長会と全国町村会が照会及びとりまとめを

---

[28] 総務省ヒアリング。なお発災直後は避難所運営等のために短期間の公務出張命令で派遣が行われることが多かったが、滞在期間が中長期に及ぶ場合は地方自治法第252条の17による職員派遣をすることが適当とされた（総務省自治行政局公務員部長通知「東北地方太平洋沖地震に係る被災地方公共団体に対する人的支援について」総行公第21号、2011年3月22日）。

する点(図の右下部分)が新しい試みであった。

しかしそれでも、複雑な経路による照会回答が繰り返される。総務省→被災県市町村課→被災市町村→被災県市町村課→総務省→全国市長会→派遣市町村→全国市長会→総務省→被災県市町村課→被災市町村といったように文書が回るため、中長期の派遣については、派遣要望の照会開始から派遣申出の伝達まで1カ月以上かかり、実際の派遣実施までには2カ月近くの時間がかかっていた[29]。その間に被災自治体におけるニーズ自体が変化してしまうことも多々あり、派遣元自治体に個別に依頼して別業務に振り替えてもらうこともあったという。

このように、情報事後集約型においては、1700主体のマッチングという大きな壁にぶち当たっていた[30]。

(3) 全国職能組織による仲介支援

市町村職員による支援のなかでも、水道、下水道は少し別の動きをしていた。中央団体である日本水道協会、日本下水道協会がそれぞれ厚生労働省健康局水道課、国土交通省下水道部と連携をとりつつ、被災自治体以外の自治体へ、人的支援の調査依頼、派遣要請を行っていた。

例えば、大阪府寝屋川市では、3月11日午後に日本水道協会大阪府支部から人的支援及び給水車支援についての調査依頼がきて、その後内部調整を行い、16日には第一陣として水道局職員4人、給水車1台、支援車1台を岩手県宮古市へ派遣し、19日には第二陣として水道局職員2人を追加派遣している[31]。

ここでは、日本水道協会(及び厚生労働省)が、マッチングの役割を担って

---

29 2011年5月26日付公務員課事務連絡で被災県市町村担当課あての照会が行われ、前記のプロセスを経て、同年6月24日に被災県市町村担当課への1回目の派遣申出の伝達が行われている。また、同年12月9日付の第2回の派遣要望の照会は翌年1月23日に派遣申出の伝達が行われている(長田(2012)82、105頁以下)。

30 もっとも、時間はかかったもののマッチングで派遣されたことがきっかけで、その後、1対1の関係となって派遣を継続している例も少なくない。例えば、茨木市から大船渡市への派遣が継続したのは、最初のマッチングのあと大船渡市から依頼があったことによる(茨木市人事課長ヒアリング、2014年10月8日)。

31 寝屋川市総務部長ヒアリング、2014年10月8日。なお、下水道については、13日午前に日本下水道協会から下水道室に対して人的支援の調査依頼がきていた。

いた。職種が限定されているため、前記の市長会・町村会スキームよりもマッチングは容易だったと考えられる。

2.3.3 情報分散型

個別の災害時応援協定や姉妹都市協定等がきっかけとなって職員派遣が行われる例も多く、マスメディアも頻繁に報道した。これらについては、当初は総務省も全体像を把握できておらず、いわば情報分散型の支援が進められた。

(1) 災害時応援協定などに基づくもの

仙台市は、東京都及び全国の19政令指定都市間で結ばれている「20大都市災害時相互応援に関する協定」により支援を受けた。そのうち、横浜市は、市長がともに女性であることからかねてより交流があり、その後、継続して相当数の支援を行うこととなる[32]。3月13日に先遣隊を送るなど、5月21日までの間に366人（本部調整班57人、物資搬出入班93人、避難所運営支援班216人）を派遣している[33]。

個別の災害時応援協定に基づくものもある。宮城県白石市は、阪神・淡路大震災を教訓に、姉妹都市である神奈川県海老名市との間で災害時相互応援協定を結んでいた。発災後、この協定に基づき、海老名市は物資支援をいち早くスタートするとともに、家屋調査等のための人的支援も継続的に行っていた[34]。

(2) その他の個別のつながりによるもの

姉妹都市などの縁から1対1の自治体間での人的支援をする例も見られた。北海道伊達市は、宮城県山元町や亘理町などと「ふるさと姉妹都市」であることから、震災3日後に姉妹都市支援室を開設した。現地と連絡を取り合い、状況を確認したうえで、被害が深刻だった山元町を優先的に支援することに決め[35]、3月20日以降数次にわたって職員を派遣した[36]。

南相馬市と相互援助協定を結んでいる東京都杉並区は、同じく同区との間に

---

32 宮野他（2012）42-44頁。
33 消防庁（2013）563頁。
34 同上、562頁。
35 『北海道新聞』2011年4月27日。
36 消防庁（2013）563頁。

協定がある北海道名寄市などとともに南相馬市支援の「自治体スクラム支援会議」を設置している[37]。そして、群馬県東吾妻町にある旧区立保養施設をはじめとした複数の宿泊施設を確保したうえで、3月16日には南相馬市から避難者200人余を乗せたバスを東吾妻町へ走らせている。

東京都目黒区と宮城県気仙沼市は、毎年「目黒のさんま祭」に気仙沼市がサンマを提供していた縁で、2010年に友好都市協定を締結した。この縁から、目黒区は6〜10人の職員を1週間交代で気仙沼市に派遣している[38]。

防災協定や姉妹都市協定等の縁による職員派遣は、いずれも、中央省庁による仲介を経ることなく、直接の1対1(又は多対1)の支援を行っており、即応性もあった。ただ、この情報分散型支援は、たまたま姉妹都市協定を結んでいたということや市長同士の属人的つながりなど、アドホックなものであることは否めない。すべての自治体が遠隔地の自治体と防災協定等を締結しているわけでもない。支援も自治体任せであって、総務省も当初はそのような情報の全体像を集約できていなかった。また、派遣全体に占める数も必ずしも多いものではなかった。

3　情報事前蓄積型人的支援体制の構築へ

事前の災害防災協定や姉妹都市協定などが縁となって派遣が進められた例は、マスメディアを賑わせ相当数がこれによるものと考えられがちであるが、派遣総数に占める割合は実は必ずしも多くはない。人的支援の多くは情報事後集約型の支援によるものだった。

支援を受けた被災自治体の側から見てみよう。

宮古市は、本州の最東端にあたり、本州最北端の青森県大間町、最西端の山口県下関市などと本州四端協議会を結成し、その後、2009年には相互援助協定を結んでいた。その縁で、各市町から大量の支援物資が届けられたほか、下関

37　『北海道新聞』2011年4月27日。
38　『朝日新聞』2011年11月12日。

市からの継続的な職員派遣などが行われている。青森県黒石市とは姉妹都市協定を結んでおり、職員派遣がなされている。また、1996年品川区で始められた「目黒のさんま祭り」に毎年さんまを送っていた縁で、品川区からも職員派遣がなされている。

ただ、これら姉妹都市協定等に依拠した職員派遣数は全体から見ると多くはない。宮古市では震災後1年半の時点（2012年11月1日）で14自治体から合計25人の中長期派遣職員を受け入れていた。個別の縁に基づくものは2割（品川区4人、下関市1人）で、ほかには市長会スキームに基づくもの、知事会割り当てによるものなどがあった。また、技術系職員について国土交通省スキームの人的派遣を受けるなかでたまたま岡山市の職員が宮古市に来ていたことがあり、その後、岡山市から区画整理担当職員が派遣されるなどしている（2012年11月1日現在、中長期3人）[39]。つまり、震災後に新たに作られたスキームにより派遣されている人的支援が8割を占めている。

陸前高田市では、震災前295人在職していた常勤職員のうち68人が犠牲となった。特に課長になる前の中堅の働き盛りの30代40代の職員が多く犠牲となった。庁舎も壊滅的な被害を受け、仮設プレハブ庁舎での業務遂行体制となる。復旧が進むにつれ業務量も飛躍的に増大した。瓦礫の処理だけでも平年の一般廃棄物の200倍の量が出ている。また震災前の2010年度当初予算が113.2億円だったのに対し、2013年度当初予算は1019.1億円と約9倍に増えている。このような状況のなかで、2012年3月1日現在、他自治体からの中長期職員派遣は60人に及んでいるが[40]、最も多いのは名古屋市の32人であった。陸前高田市と名古屋市の関係は、震災後に生まれている。名古屋市は震災後に派遣した被災地調査チームが調査するなかで、陸前高田市が最も人出不足に苦しんでいる、行政的にも回っていないと判断し、集中支援（丸ごと支援）を決めたという[41]。その他の派遣元としては、岩手県が8人、一関市が11人など県内からの派遣が多い。2012年度には名古屋市からの派遣が13人に減少した分を他の自治体からの派遣

39　宮古市副市長インタビュー、2011年12月11日、2012年12月8日、及び岩手県市町村課資料、2012年12月3日及び岩手県インタビュー、2012年12月8日。
40　陸前高田市副市長インタビュー、2012年12月9日。

でやりくりした。陸前高田市長が佐賀県武雄市長と個人的なつながりを持っていたことから、武雄市から2人、その他総務省・市長会スキームによる派遣などとなっている。ほとんどの派遣は、震災後のさまざまな縁や総務省スキーム等がきっかけとなっており、事前協定等によるものはわずかである。

岩手県釜石市は、2011年度は17人の支援を受けた（岐阜県市長会5人、北九州市4人など）。2012年度は37人の派遣を受けている（北九州市10人、岐阜県市長会5人、大阪市3人など）[42]。北九州市との間で震災前から個別協定があったわけではない。北九州市は、発災からしばらくの間、特定の自治体を意識することなく、国等の関係機関からの要請に基づき、東北各地に職員を派遣し支援活動を行っていた。しかしその後、特定の自治体に対し市の特徴や強みを生かした支援を行うべきだという機運が高まり、釜石市に対し積極的かつ継続的な支援を行うことになったという。ともに「製鉄のまち」としての共通点を持っていたこと、震災3日後に厚生労働省の要請で派遣した保健師の活動場所が釜石市だったというきっかけがあり、北九州市から釜石市に対し支援の打診を行ったところ「是非ともお願いしたい」との回答があり、その後、避難所運営支援をはじめ継続的な支援が始まった[43]。その他の自治体からの支援も、震災後のつながりや市長会スキーム等によるものである。

震災直後の被害調査、罹災証明書の発行、それに伴う罹災家屋の全半壊認定、瓦礫の撤去、給付金や義援金の交付、仮設住宅の建設や復興計画の作成、その後の膨大な復旧・復興事業を抱えて、被災自治体においてはマンパワーが圧倒的に不足している。自治体によっては一般歳出規模で10倍以上、投資的経費に至っては100倍以上にもなっている[44]。被災市町村における事務量の圧倒的な

---

41 震災発生直後、名古屋市は、岩手県沿岸部に先遣隊を3回派遣し、被災の状況を確認し、その後、4月1日、副市長をトップとする調査チームを陸前高田市に派遣したところ、市街地が壊滅的な状況であること、100名を超える（非常勤消防団員を含む）市職員が死亡・行方不明となり行政機能がマヒ状態であること、岩手県及び陸前高田市から強く支援の要請を受けたことから、4月7日陸前高田市を全面支援することを決定した（「『応援します!! 東北！ 陸前高田市！』リーフレット」名古屋市、2014年）。名古屋市は陸前高田市の行政全般を支援する「行政丸ごと支援」と名付けている。

42 釜石市副市長インタビュー、2012年12月9日。

43 北九州市（2012）15頁以下。

増大が推測されるところである。そして、それに伴う人的資源が必要となってくる。被災市町村では経験したことのない事業も多い。土地区画整理事業は、都市部では経験職員がいるものの、三陸沿岸では経験職員は少ない。また、防災集団移転促進事業、災害公営住宅建設事業などの復旧・復興事業については、沿岸の小規模市町村では事業実施の経験がないものがほとんどである。短時間にそのような人材を発掘し、被災地に派遣してもらえるような効率的な方法はないだろうか。

事前に広域災害に備えて自治体間の協定等を全国に網の目のようにめぐらすべきだというのは現実的ではない。むしろ、前記のノウハウを持つ専門職員のプールを作り、適材適所の派遣とする仕組みを作ることの方が現実的だろう。

地方自治体職員が有するさまざまな専門性を生かすことは、仕組みさえ整っていれば可能である[45]。阪神・淡路大震災を経験した神戸市においては、人材データベースを構築している。避難所運営、ボランティアセンターの立ち上げ、下水道復旧調査、家屋被災状況調査、水道応急給水など、37の大分類があり、支援についての経験を有している者や、専門技術を有している者のデータベースが、OB職員も含めて構築されており、約3500人が登録されている（表7-4）。このようなデータベースが、全国的に構築されていくことが必要だろう[46]。

現在、広域的な自治体人材のデータベースは日本には存在しない。自治体職員は、所属自治体の職員であり、当該職員に関するデータは、自治体の外では

---

44 震災前後（2010年度と2013年度）の市町の歳出合計（当初予算）を比較すると、宮城県山元町10.9倍（51.4億円（2010年度）→560.5億円（2013）。以下同じ）、気仙沼市5.9倍（270.1億→1582.8億）、陸前高田市9.0倍（113.2億→1019.1億）となっている。被災市町の投資的経費を震災前後（2010年度と2013年度）で比較すると、山元町118.3倍（2.3億→271.9億）、気仙沼市27.2倍（23.7億→646.2億）、陸前高田市24.8倍（19.8億→492.3億）などとなっている（米澤（2013）59頁以下）。

45 職員派遣においては、派遣職員の職種や専門技能と被災地で求められている専門性とのミスマッチなどの課題が見られた。初動時の消防、警察、DMATなどを除いて、その後の自治体派遣者のなかには、瓦礫の撤去などの作業にあたる場合も少なくなかった。本来の自治体職員としての専門性が生かせているとはいえない業務も多かった。

46 先に見た水道の場合は事前のデータベースはなかったが、派遣に必要な職能が特定されていたために派遣は他の職種に比べて早かった。

表7-4　神戸市職員震災バンク（大分類）

01	災対策本部の運営	11	消防	21	広聴・相談	31	経済
02	財政	12	2次災害の防止	22	ライフラインの復旧	32	神戸港
03	国・学会等の視察等の対応	13	応急仮設住宅	23	交通	33	都市計画
04	ボランティアの受け入れ	14	住宅応急修理	24	教育	34	営繕（復興）
05	区災害対策本部の運営	15	要援護者への対応	25	復興計画	35	文化財
06	避難所の設置・運営・閉鎖	16	外国人への対応	26	生活再建支援	36	市会
07	救援物資の受け入れ・仕分け	17	環境	27	保健福祉	37	選挙
08	医療	18	営繕（復旧）	28	災害給付		
09	衛生	19	公園緑地の復旧	29	公共建築物の復旧・復興		
10	保健	20	罹災証明	30	住宅の復興		

（出所）　島村（2012）48頁。

共有されていない。自治体内でも人事情報のデータベースを持っている所は多くはない。大部分の自治体においては、人事担当課のベテラン職員の頭のなかでの情報蓄積に基づき人事異動などがなされている。総務省自治行政局公務員部においても、定員管理調査に際して部門別職員数のデータを集約したり、地方公務員給与実態調査に際して平均給与月額等や人員等の集計をしたりはしているが、前記のデータ集約はなされていない。つまり、全国の地方自治体に存在する公務人材リソースを最適配分するようなシステムは、日本には存在していなかった。

　今後、まずは各自治体において神戸市が行っているような専門人材に関する情報データベースを作成し、それを総務省とネットワークでつなげるようなことは考えられないだろうか。情報事前蓄積型支援のためのデータベースである。

　そのようなデータベースがあれば、災害時には迅速にデータを検索し、時間をかけずにマッチングを進めることができる。この場合、中央政府は、データ

の提供を地方自治体に依存する。地方自治体は、データの集約・集積とそのマッチングについては中央政府に依存する。一般行政職員等についても、中央—地方の相互依存の下、情報事前蓄積型の人的支援ができる体制が整えられることが必要ではないだろうか。

【参考文献】

稲継裕昭（2000）『人事・給与と地方自治』東洋経済新報社

稲継裕昭編著（2012）『大規模災害に強い自治体間連携——現場からの報告と提言』早稲田大学出版部

長田崇志（2012）「東日本大震災における人的支援について——Ⅰ総務省と全国知事会・全国町村会による人的支援について」『地方公務員月報』3月号、79-119頁

北九州市（2012）「被災地の復興を願って——北九州市・東日本大震災の支援活動（平成23年3月〜平成24年3月）」

警察庁（2011）『平成23年版　警察白書』

厚生労働省（2011）『平成23年版　厚生労働白書——社会保障の検証と展望』

阪本真由美・矢守克也（2012）「広域災害における自治体間の応援調整に関する研究——東日本大震災の経験より」『地域安全学会論文集』No.18、391-400頁

島村恭平（2012）「東日本大震災に対する神戸市の取組及び派遣事例」稲継裕昭編著『大規模災害に強い自治体間連携——現場からの報告と提言』早稲田大学出版部、41-50頁

消防科学総合センター（2012）「地域防災データ総覧——東日本大震災関連調査（平成23年度）編」第1章、2月

消防庁（2013）「東日本大震災記録集」3月

前健一（2013）「東日本大震災の被災地方公共団体に対する人的支援の状況について」『地方公務員月報』3月号、31-44頁

全国知事会（2013）「東日本大震災における全国知事会の取組」3月

東洋大学PPP研究センター（2011）「東日本大震災被災地自治体に対する後方支援業務のあり方調査報告書」

中邨章（2013）「大規模災害と自治体連携——組織間災害援助の成果と課題」『自治体法務研究』No.34、19-23頁

林信濃／渡部厚志／釣田いずみ／ロバート・デイビット・キップ／森秀行（2012）「災害に対するレジリアンス（対応力）再考——東日本大震災における自治体連携の活用」『持続可能な社会の構築に向けて——東日本大震災の経験から』IGES Policy Report No.2012-01（日本語概要版）

福本弘（2013）「災害時における自治体による被災地支援のあり方について——市区町村間災害時相互援助協定締結の有効性の検証から」政策研究大学院大学修士論文

松本英昭（2011）『要説 地方自治法——新地方自治制度の全容』（第7次改訂版）ぎょうせい

宮野憲子・守屋大介・唐沢勇（2012）「東日本大震災における人的支援について——人的支援に関する関係団体及び職員の声（1）」『地方公務員月報』6月号、36-49頁

村松岐夫（1988）『現代政治学叢書15 地方自治』東京大学出版会

室崎益輝（2011）「自治体間の災害時応援態勢」『自治体法務研究』No.26、60-63頁

明治大学危機管理研究センター（2012）「自治体の防災・危機管理施策に関するアンケート調査 担当課アンケート 単純集計結果」（http://www.kisc.meiji.ac.jp/~crisishp/ja/pdf/2012/questionnaire-in_charge.pdf）

米澤朋通（2013）「東日本大震災からの復旧・復興は、これから2、3年が正念場——被災地方公共団体に対する人的支援の状況」『地方財政』12月号、59-79頁

Samuels, R. J.（2013）*3.11: Disaster and Change in Japan*, Cornel University Press

第8章　県外避難者受入自治体の対応

和田明子

1　はじめに

　東日本大震災では、発災時の住所地を離れ県外へ避難した住民（以下、「県外避難者」という）が多数生じた。我が国で自然災害により県外避難者が生じたのは東日本大震災が初めてではない。しかしながら、東日本大震災では過去の災害には見られない理由による県外避難者が生じた。ここでは、東日本大震災による県外避難者を次のとおり把握することから始めよう。

　県外避難者の第1は、津波・地震災害により住宅を失った避難者である。岩手県・宮城県からの避難者が中心であるが、それ以外の県[1]からの避難者もいる。第2は、福島県の避難指示区域からの避難者である。第3は、住宅を失っておらず避難指示も受けていないが放射線の影響を心配した避難者である。いわゆる「自主避難者」[2]と呼ばれ、福島県からの避難者が中心であるが、それ以外の都道府県[3]からの避難者もいる。

　1995年の阪神・淡路大震災の県外避難者は地震災害により住宅を失った避難者であり、第1の避難者と同様に位置づけられる。2000年の三宅島噴火災害の

1　福島県のほか茨城県（乾他（2013））など。

2　自主的に避難したのではなく避難を余儀なくされたのだとして「区域外避難者」と呼ぶ人（例えば避難者支援団体である「東京災害支援ネット」（略称、とすねっと））もいるが、「区域外避難者」というと第1の区分による避難者も含まれるため、本章では論を進めるうえで区別する必要性から「自主避難者」と呼ぶ。

3　例えば茨城県（乾他（2013））など。なお、全国からの避難者受け入れを支援している岡山県の市民団体の活動については、宝田（2012）を参照のこと。

県外避難者は「島外避難指示」によるものであり、第2の避難者と同様に位置づけられる。それに対して、東日本大震災では第3の避難者である自主避難者が生じたことが大きな特徴であった。

以上の状況を反映して、県外避難者を受け入れた自治体（以下、「受入自治体」という）が彼らに行った対応にも東日本大震災では過去の災害にはなかった特徴が見られた。

第1に、自主避難者に対して支援を行った受入自治体があったことである。災害時に避難者に対して行われる支援（以下、「避難者支援」[4]という）は、これまで罹災証明書や被災証明書を持つ者に対して行われることが多かった。例えば、仮設住宅の提供は全壊等により住宅を失い自らの資力ではそれを得ることができない者に対して行われ、その証明として罹災証明書や被災証明書が求められることが一般的であった[5]。ところが、東日本大震災においては、それらの証明書を持たない自主避難者に対しても支援を行った受入自治体が見られた[6]。

第2に、受入自治体に住民票を異動していない避難者に対しても一定の行政サービスを提供した受入自治体があったことである。第2章第1節でも確認したように、「市町村の区域内に住所を有する者は、当該市町村及びこれを包括する都道府県の住民」（地方自治法第10条第1項）であり、住民は「その属する普通地方公共団体の役務の提供をひとしく受ける権利を有し、その負担を分任する義務を負う」（同法第10条第2項）が、東日本大震災においては住民ではない避難者に対しても一定の行政サービスを提供した受入自治体が見られた。

なぜ、受入自治体は自主避難者に対して支援を行ったのであろうか。なぜ、受入自治体は住民票を持たない避難者に対して一定の行政サービスを提供した

---

4 「避難者支援」とは、避難者のみが受けられ一般の住民は受けられない支援を本章では指す。次に出てくる「行政サービス」とは、一般の住民が受けられるものであり、その点で「避難者支援」と区別される。

5 罹災証明書を用いるその他の事例に、被災者生活再建支援制度がある（第12章参照）。

6 山中・森・田並が岩手県・宮城県・福島県を除く都道府県・市町村に対して行った県外避難者への支援に関する調査（2011年12月～2012年1月実施）でも、多くの自治体が証明書を持たない自主避難者を支援の対象としたと答えている（田並（2012））。

のであろうか。それらの問いに答えるため、本章は山形県内の受入自治体を検証する。山形県の自治体を事例とするのは、第1に、岩手県・宮城県・福島県の3県（以下、「被災3県」という）に次いで最も多くの避難者を受け入れてきたのが山形県[7]だからである。第2に、山形県は他県に比べて自主避難者の割合が高いからである。

具体的には、山形市と米沢市の対応を検証する。被災3県の市町村を除く市区町村レベルにおいて、全国で最も多くの避難者を受け入れてきたのは山形市[8]であり、人口比で最も多くの避難者を受け入れてきたのは米沢市だからである。

2　東日本大震災における県外避難者の状況

2.1　全国の状況

東日本大震災の全国の避難者数は、都道府県の協力を得て毎月復興庁が公表している。それによれば、全国の避難者数が最も多かったのは2012年6月の34万6987人であった[9]（2014年12月現在は23万3512人）。被災3県以外の都道府県へ避難している者が最も多かったのは2012年3月の7万5763人で、その内訳は多い順に山形県、東京都、新潟県、茨城県、埼玉県、千葉県であった（図8-1）。山形県は他都県に比べ急速に避難者数が減少しており[10]、後述するように同県は自主避難者が多く、福島県への帰県が進んでいることを表していると考えられる。なお、行政機関が公表するこれらの避難者数は、避難者自身が総務省の全国避難者情報システムや各自治体独自の避難者登録制度に登録することによ

7　自主避難者の帰県が進んだ結果、2013年7月以降は東京都が最多となった（復興庁「全国の避難者等の数」）。

8　自主避難者の帰県が進んだ結果、2014年7月以降は新潟市が最多となった（山形県「平成26年度山形県内における避難場所別避難者数」及び新潟県「県外避難者の受入状況をお知らせします」）。

9　復興庁「全国の避難者等の数」。ただし、発災3日目の約47万人という緊急災害対策本部の推計もある。

10　2014年12月現在では東京都、埼玉県に次ぎ第3位の避難者数である。

図8-1 被災3県以外の避難者数（上位6都県）

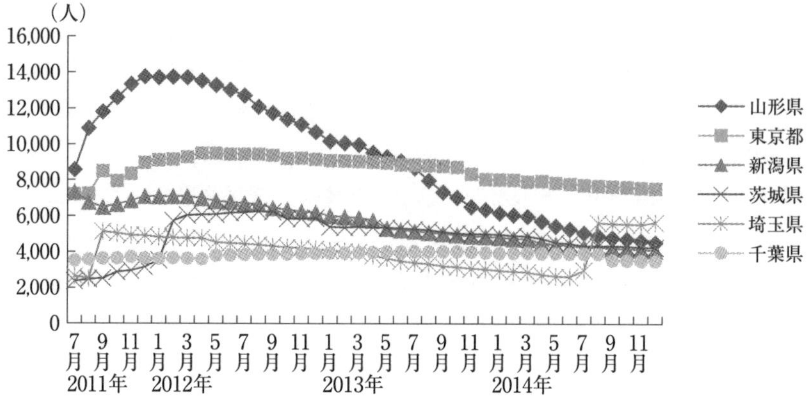

凡例：山形県、東京都、新潟県、茨城県、埼玉県、千葉県

（出所） 復興庁「全国の避難者等の数」をもとに筆者作成。

り捕捉されるものであるため、実際の避難者数は公表数字よりも多いであろうことが指摘されている[11]（乾他（2013）；西城戸・原田（2013）3-4頁）。

　県外避難者を多く受け入れている都県では一般に「避難指示区域からの避難者」が多い[12]のに対し、山形県は「自主避難者」が多いことが特徴である。新潟県は山形県と同じく福島県の隣県であるが山形県と異なり原発立地県であり、主に柏崎市が東電関係の避難者を受け入れてきた（髙橋他（2012）55頁；永井他（2012）27頁）ことが、避難指示区域からの避難者の多さに影響していると考えられる。埼玉県は、避難指示区域である福島県の双葉町と富岡町から埼玉県内の市町に集団避難が行われた（西城戸・原田（2013）4頁；吉田・原田（2012）374-375頁）ことが、避難指示区域からの避難者の多さに影響していると考えられる。

　一方、山形県は原発事故による放射線の影響も比較的少なかったことから、山形県に隣接する福島市をはじめ避難指示区域外の市町村から自らの判断で山

11　2014年8月に埼玉県の避難者数が大幅に増加したのもその表れであった。
12　避難指示区域からの避難者が多いというデータについて、東京都は東京都総務局「都内避難者アンケート調査結果」2014年4月、新潟県は新潟県広域支援対策課「避難者の構成について」2014年1月10日、茨城県は原口（2013）、埼玉県は西城戸・原田（2013）を参照のこと。

形県に避難する住民が多かったと考えられる。

2.2 山形県の状況[13]

　山形県における県外避難者数は、市町村の協力を得て県が月2回公表している。それによれば、山形県の県外避難者数が最も多かったのは2012年1月26日現在の1万3797人で、福島県からが1万3033人（94.5%）、宮城県からが702人（5.1%）、その他が62人（0.4%）であった[14]。

　山形県では、被災3県からの応援要請に基づきそれらの県からの避難者に対して借上げ住宅[15]と公営住宅（両者を合わせて以下、「みなし仮設住宅」という）の提供を2011年4月20日から開始した。6月15日には罹災証明書や被災証明書を持たない自主避難者に対してもみなし仮設住宅を提供することを決定したため、それをきっかけに福島県からの避難者が大幅に増加した。10月31日には多くの避難者を受け入れてきた山形市・米沢市を含む4市町がみなし仮設住宅の新規受付を終了したことにより、2012年2月以降県全体の避難者数の減少がもたらされたと考えられる[16]。

　以下では山形県の県外避難者の置かれた状況を、県が毎年実施している「避難者アンケート調査」[17]集計結果をもとに素描する。

　まず、避難の理由は「放射線による健康への影響が心配なため」と答えた世帯の割合が65.6%（2012年度。2013年度60.0%、2014年度53.4%。以下同じ）、「避

13　本項の記述は別に注のない限り、山形県環境エネルギー部危機管理・くらし安心局危機管理課復興・避難者支援室ヒアリング（2013年7月18日）、同室提供資料、山形県避難者向け借上げ住宅実施要綱に基づいている。

14　山形県「平成23年度山形県内における避難場所別避難者数」2012年1月26日17時現在。

15　県が仮設住宅として借り上げる民間賃貸住宅。

16　県全体では、2012年12月28日にみなし仮設住宅の新規受付を終了した。

17　各年度の調査設計は次のとおり。2011年度：調査期間10月中旬～下旬、調査対象4651世帯、集計数1649件（回収率35.5%）。2012年度：調査期間10月中旬～下旬、調査対象3855世帯、集計数1275件（回収率33.1%）。2013年度：調査期間9月上旬～10月上旬、調査対象2420世帯、集計数850件（回収率35.1%）。2014年度：調査期間9月上旬～10月上旬、調査対象1706世帯、集計数551件（回収率32.3%）。なお、本章では基本的調査項目が共通である2012年度～2014年度を中心に比較している。

難指示等があった」が21.7%（24.1%、31.2%）、「家屋が損壊したため」が7.0%（10.0%、8.9%）、「その他・無回答」が5.6%（5.9%、6.5%）であった。山形県の県外避難者は自主避難者が多いが帰県が進みつつあり、相対的に避難指示区域からの避難者の割合が高まっていると考えられる。

自主避難者は働く父を避難元に残して母子のみで避難する形態が多いとされる（山根（2013）；乾他（2013））。山形県でも家族の一部である母子のみで避難していると答えた世帯の割合は全体の39.5%（33.1%、29.0%）であった。

家族の一部で避難している世帯が避難元の家族と会う頻度は週1回が32.3%（31.9%、27.5%）、月2～3回が32.5%（29.6%、33.3%）、月1回が15.5%（13.1%、12.7%）、2～3カ月に1回が8.7%（9.7%、12.4%）、その他・無回答が11.0%（15.7%、14.1%）であった。月2回以上会う世帯が6割以上を占めており、福島県に近く週末に家族に会うことが可能なため山形県を避難先に選択した世帯が多いと考えられる。同時に二重生活に伴う経済的負担も大きく、今の生活で困っていること・不安なこと（複数回答可）として回答者全体の58.0%（62.6%、63.7%）と最も多くの人が挙げたのが「生活資金のこと」であった。

家族の一部で避難している世帯の割合は全体の61.9%（53.2%、52.8%）で年々低下している。避難している住宅の種類は「賃貸住宅（県借上げ住宅）」と答えた世帯の割合が78.1%（76.2%、72.2%）で低下する一方、「持ち家（避難後に取得）」または「賃貸住宅（自己負担）」と答えた世帯の割合は3.0%[18]（6.6%、10.2%）で上昇している。さらに、住民票を異動した世帯の割合も23.8%（32.7%、41.6%）で上昇している。発災から3年半が経過し、家族の一部で避難している世帯は、避難元に残した家族を呼び寄せて全員で山形県に「避難」または「定住」[19]するか、あるいは「帰県」し家族全員で避難元に住むかの選択をし始めていることがうかがえる。家族全員で住み始めた背景は、避難者が借上げ住宅の退去届に記載する「退去理由」（複数回答可）[20]からうかがい知ることができ

---

18 2012年度は「持ち家（避難後に取得）」を含まないデータである。
19 「山形県内に定住したい」と答えた世帯の割合は13.3%（18.6%、24.0%）で年々上昇している。
20 2013年11月から山形県「平成25年度山形県内における避難場所別避難者数」で公表されている。

る。2013年11月～2014年10月の単純集計で「子供の入園、入学、転入のため」（153件）と「経済的負担が大きいため」（128件）という理由が多く、「住居（避難元の自宅以外）が確保できたため」（66件）、「家族の絆を維持するため」（54件）、「転勤、就職など仕事の都合のため」（44件）が続く。経済的負担が大きいため子供の入園・入学・転入を機に帰県する自主避難者と、住居を確保し家族全員で山形県に住み始めた避難指示区域からの避難者が想定される。「放射線に対する不安が和らいだため」（2件）を理由に挙げた世帯は極めて少なく、多くの自主避難者にとってそれは帰県の理由ではないことがわかる。

3 県外避難者に対する山形市・米沢市の対応

3.1 山形市の対応[21]
3.1.1 県外避難者数

山形市は人口約25万3000人（2014年12月現在）[22]、県境で仙台市と接する。市中心部から仙台市中心部へは車で約1時間、福島市へは山形新幹線で約1時間10分の距離にある。

山形市は、県外からの避難者を受け入れるため2011年3月13日に避難所を2カ所開設した。急増する県外避難者の駐車スペースが課題となったことから、3月15日には広い駐車場を持つ市総合スポーツセンターに避難所を移設した。3月20日には避難所の避難者数が1098人に達したが、その後は減少した。4月20日には県が避難者に対してみなし仮設住宅の提供を開始したため避難所からの退去が進み、市は6月30日に避難所を閉鎖した。翌7月1日には同じ総合スポーツセンター内の一室に「山形市避難者交流支援センター」を開設し、引き続き県外避難者を支援する体制を整えた。

---

21 本項の記述は別に注のない限り、山形市避難者交流支援センターヒアリング（2013年7月18日）、山形市防災対策課ヒアリング（2014年3月25日）、同課提供資料に基づいている。

22 山形市「人口と世帯数」2014年12月1日現在（http://www.city.yamagata-yamagata.lg.jp/、2015年1月9日アクセス）。

避難所の閉鎖に先立つ6月15日には、県が自主避難者に対するみなし仮設住宅の提供を決定したため、いったんは減少した山形市の県外避難者は再び増加した。避難指示区域からの避難者に代わって自主避難者が急増したのである。7月1日に開設した避難者交流支援センターの対象者も、当初想定していた避難指示区域からの避難者から自主避難者へと中心が移ることになった。10月31日にはみなし仮設住宅の新規受付が物件不足により終了し、市の県外避難者は12月1日の5844人[23]（人口比約2.3％）をピークに減少に転じた。

2014年3月18日現在では、県外避難者2140人（人口比約0.8％）のうち、原発避難者特例法[24]（3.1.3参照）に基づき指定された13市町村からの避難者が24.9％、それ以外の福島県内市町村からの避難者が68.5％、宮城県からの避難者が5.9％、岩手県からの避難者が0.75％であった。13市町村とは福島県いわき市・田村市・南相馬市・川俣町・広野町・楢葉町・富岡町・大熊町・双葉町・浪江町・川内村・葛尾村・飯舘村であり、その一部は避難指示区域外である。山形市では13市町村からの避難者のうち南相馬市からの避難者が最も多く、南相馬市の一部は避難指示区域外に位置するため、13市町村からの避難者のなかには自主避難者も含まれると考えられる。つまり、山形市における自主避難者の割合は68.5％よりも高く、前節第2項で見た県全体の自主避難者の推定割合より高いと推測される。山形市は福島県から近いため遠い地域よりも自主避難者が多いと考えられる。

3.1.2 避難者支援

避難者が現在の居場所等を受入自治体に情報提供することにより避難元自治体からさまざまな情報を受けられることを目的に、国は2011年4月から全国避難者情報システムへの登録を全国の避難者に呼びかけていた。ところが登録は思うように進まなかったため、山形市は避難者交流支援センターを開設した2011年7月1日から独自様式を用いた避難者登録をホームページでの呼びかけ

---

23 山形県「平成23年度山形県内における避難場所別避難者数」2011年12月1日17時現在。
24 東日本大震災における原子力発電所の事故による災害に対処するための避難住民に係る事務処理の特例及び住所移転者に係る措置に関する法律。

などを通じて開始した。市の様式が全国避難者情報システムのそれと異なる主な点は、世帯単位である点と関係行政機関への情報提供に同意しなくてもよい点であった[25]。

以上のようにして登録された県外避難者に対して、山形市は防災対策課を窓口として避難者向け「お知らせ」の郵送[26]、民生委員や社会福祉協議会の生活支援相談員[27]による訪問などの支援を行っている。また、避難者交流支援センターは、情報の提供、避難者相互の交流機会の提供、各種相談の受付などの支援を行っている[28]。

3.1.3 行政サービスの提供

県外避難者は受入自治体に住民票を異動しなくとも、もともといくつかの行政サービスを受入自治体から受けることができた。第1に、住民票があることを前提としない行政サービスである。水道利用など、料金を負担すれば誰でもサービスを受けることができる。第2に、住民票のない人のための制度に基づく行政サービスである。区域外就学や広域入所などの既存制度に基づき、住民票のない人も受入自治体において学校に通い保育所に入所することができる。不在者投票制度に基づき、住民票がなくとも受入自治体で投票することができることも同様に捉えられよう。

このようにいくつかの行政サービスは当初からすべての避難者が利用することができたが、引き続き増加する県外避難者に対応するため、市長を本部長とする山形市市民生活安定推進本部は2011年9月から住民票を異動していない避難者に対しても特定の行政サービスを提供することを8月に決定した。その際、県外避難者だけに特別なサービスを提供するのではなく山形市の住民と同じよ

---

25 そのほか「避難理由」や「住宅の種類」を記載する点なども異なる。
26 「山形市避難者交流支援センターよりお知らせ」のほか民間の情報も同封する（2014年度現在月2回程度）。
27 生活支援相談員の一部に県外避難者が雇用されている。
28 福島県及び福島市職員が相談窓口をそれぞれ週1回、また駐車場では東邦銀行が移動店舗を週1回開設している（山形市「山形市避難者交流支援センターを開設しております」（http://www.city.yamagata-yamagata.lg.jp/oshirase/kurashi/3d683kouryusiencenter.html、2014年11月1日アクセス））。

表8-1　原発避難者特例法に基づく特例事務

医療・福祉関係
要介護認定等に関する事務（介護保険法）
介護予防等のための地域支援事業に関する事務（介護保険法）
養護老人ホーム等への入所措置に関する事務（老人福祉法）
保育所入所に関する事務（児童福祉法）
予防接種に関する事務（予防接種法）
児童扶養手当に関する事務（児童扶養手当法）
特別児童扶養手当等に関する事務（特別児童扶養手当等の支給に関する法律）
乳幼児、妊産婦等への健康診査、保健指導に関する事務（母子保健法）
障害者、障害児への介護給付費等の支給決定に関する事務（障害者自立支援法）
教育関係
児童生徒の就学等に関する事務（学校教育法、学校保健安全法）
義務教育段階の就学援助に関する事務（学校教育法、学校保健安全法）

（出所）　総務省「原発避難者特例法に基づく指定市町村及び特例事務の告示等について」2011年11月15日。

うにすること、また市単独事業は提供対象としないことを原則とした。選定された行政サービスは、医療・福祉・教育分野の23事業であった[29]。それに加え、「避難場所地図」をはじめとする生活関連冊子を配布し、月2回の『広報やまがた』の配布も開始した。

　11月15日には、7月22日に閣議決定し8月5日に成立した原発避難者特例法に基づく特例事務が告示された。同法は、原発事故の影響により多くの住民がその属する市町村の区域外に避難を余儀なくされた事態に対処するため、当該住民が必要な行政サービスを受入自治体で受けられるようにすることを目的としたものである。福島県内13市町村（3.1.1参照）からの避難者が「避難住民」（第2章第3節参照）と位置づけられ、住民票を異動しなくとも特例事務に係る行政サービスを2012年1月1日から受入自治体で受けられることになった。

　特例事務は「避難住民に関する」（同法第5条第1項）事務で避難元自治体が「処理することが困難」（同上）なものであり、具体的には医療・福祉・教育関係の事務が指定された（表8-1）。山形市が9月から提供していた行政サービスと同じ政策分野であったが、特例事務に係る行政サービスは(1)山形市が9月からすべての避難者に対して提供していた行政サービス（1歳6カ月児健

[29]　山形市長「避難者向け行政サービスの提供について」2011年9月15日。

診・3歳児健診など）と、(2)新たに13市町村からの避難者に対して提供することになった行政サービス（特別児童扶養手当制度・特別障害者手当制度・障害児福祉手当制度など）から構成されていた。山形市が県外避難者に対して提供する行政サービスは、(1)(2)に加え(3)山形市が9月からすべての避難者に対して提供していたが特例事務には含まれなかった行政サービス（子育て支援センターの利用・人工透析患者の通院交通費助成など）の3つに区分されることになり、(2)は13市町村からの避難者のみが受けられる行政サービスとなった[30]。

3.2 米沢市の対応[31]
3.2.1 県外避難者数

米沢市は人口約8万6000人（2014年12月現在）[32]、置賜地方と呼ばれる山形県南部の中心都市である。県境で福島市と接しており、山形新幹線では山形市と福島市の中間に位置する。

米沢市は、県外からの避難者を受け入れるため2011年3月14日に市営体育館等を避難所として開設した[33]。3月16日には避難所の避難者数が593人に達したが、その後は減少した。県が避難者に対するみなし仮設住宅の提供を開始した4月20日以降は米沢市でも雇用促進住宅等への入居が進み、山形市より早く5月18日に避難所は閉鎖された。避難所の閉鎖に先立ち避難者支援センターの設置が決定され、6月6日に「避難者支援センターおいで」が開設された。

県が自主避難者に対するみなし仮設住宅の提供を決定した6月15日以降は避難指示区域からの避難者に代わって自主避難者が急増し、県外避難者数は再び増加した[34]。しかし、10月31日にはみなし仮設住宅の新規受付が終了したため、

---

30 ただし、13市町村以外の市町村からの避難者は避難元自治体で手続きをすれば(2)の行政サービスを受けられる。

31 本項の記述は別に注のない限り、米沢市総務課危機管理室ヒアリング（2014年3月27日）、米沢市災害対策本部「東日本大震災への対応について」（報告書）2013年3月15日、米沢市「東日本大震災による避難者支援について」（2014年度）に基づいている。

32 米沢市「米沢市の人口（推計人口と世帯数）」(http://www.city.yonezawa.yamagata.jp/3548.htm、2015年1月9日アクセス)。

33 それに先立ち3月12日には市役所会議室を避難者向けに開放していた。

避難者数は11月17日の3895人（人口比約4.4%）をピークに減少に転じた。

2014年3月20日現在では、県外避難者1560人（人口比約1.8%）のうち原発避難者特例法13市町村からの避難者は22.6%、それ以外の市町村[35]からの避難者は76.7%である[36]。隣接する福島市からの避難者が6割近くを占めている。また、13市町村からの避難者のなかでは南相馬市からの避難者が最も多く、そのなかには避難指示区域外からの避難者もいると想定されるため、自主避難者は76.7%よりも多いと推測される。福島県に隣接する米沢市では、山形市よりもさらに福島県からの自主避難者が多いと考えられる。

3.2.2 避難者支援

米沢市は、『広報よねざわ』2011年4月1日号外で呼びかけることにより、国の全国避難者情報システムよりも早くから市の独自様式を用いた避難者登録を開始した。市の様式は国のそれとは異なり世帯単位で記載するものであった。9月4日からは避難者支援の一環として避難者1人当たり2500円分の「全国共通おこめギフト券」（お米5kg相当額）を配布し、ギフト券の申請書に記載された避難者情報を市の他部署を含む関係行政機関に提供することの同意を得た。その結果、当該避難者情報を活用して避難者登録をさらに進めることができた。

以上のようにして登録された県外避難者に対して、米沢市総務課危機管理室と市避難者支援センターおいでは、さまざまな支援を行っている。その内容は概ね山形市と同様であるが、おこめギフト券配布などの市独自策が見られること、また避難者支援センター職員の一部を避難者が務めていることなどが特徴である[37]。

34　避難者支援センターも、避難指示区域からの避難者の多くが入居していた雇用促進住宅近くのコミュニティセンター内から、市内全域に住む自主避難者が利用しやすいよう市役所近くの総合社会教育施設内に2012年4月から移設された。
35　ほとんどが福島県の市町村であるが、宮城県・茨城県の市町村も一部含まれる。
36　残りの0.7%は病院・社会福祉施設入所者（県把握）である。
37　米沢市による避難者支援が多くの民間団体・市民に支えられていることについては、ボランティア山形（2012）を参照のこと。

3.2.3 行政サービスの提供

　先に見たように、県外避難者は住民票を異動せずともいくつかの行政サービスをもともと受入自治体で受けることができた。それに加え、山形市が9月から一部の行政サービスの提供を避難者に対して開始したことを知った米沢市災害対策本部（本部長：市長）は、10月から一部の行政サービスの提供を避難者に対して開始することを9月に決定した。米沢市が選定した行政サービスと山形市のそれとは同一ではなかったが、「新たな予算を組まずに既存予算で対応できるもの」[38]という米沢市の原則は山形市のそれと趣旨は同じであると捉えられる。

　2012年1月1日からは原発避難者特例法の特例事務に係る行政サービスを13市町村からの避難者に提供することになった。その際、従前から提供していた行政サービスの見直し（削除・追加）を行い、現在に至っている。

3.3　小　括

　以上見てきたように、山形市と米沢市が避難者支援や行政サービスを提供している県外避難者には自主避難者も含まれており、それらの県外避難者は「住民票を受入自治体に異動した避難者」「住民票を異動していない13市町村からの避難者」「住民票を異動していない13市町村以外の市町村からの避難者」の3者に区別される。ここでは「一般の住民」と比較しながら、県外避難者3者が受入自治体から受けている避難者支援[39]と行政サービスをあらためて整理してみよう（図8-2）。

　第1に「一般の住民」（図中A）は、受入自治体から行政サービスを受けているが、避難者支援は受けていない。なお、行政サービスの一部はもともと住民票が当該自治体になくても受けられるものであり、それらのサービスは以下のすべての県外避難者が受けている。

　第2に「住民票を異動した県外避難者」（図中B）は、一般の住民と同じよ

38　30人分の予算が積算されているが20人分しか執行されていない行政サービスなど。
39　避難者支援には、本章が対象としている受入自治体単位で行われる公的支援のほか、全国単位で行われる公的支援（社会保険料の減免や高速道路の無料化など）、さらには公的支援ではなく民間団体による支援も数多くある。

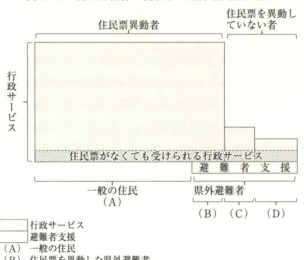

図8-2 受入自治体が提供する避難者支援と行政サービス

(A) 一般の住民
(B) 住民票を異動した県外避難者
(C) 住民票を異動していない13市町村からの県外避難者
(D) 住民票を異動していない13市町村以外の市町村からの県外避難者

(出所) 筆者作成。

うに行政サービスを受けるのに加え、避難者支援も受けている。なお、「住民票を異動した県外避難者」が13市町村からの避難者である場合、原発避難者特例法に規定する「住所移転者」に該当する[40]。

 第3に「住民票を異動していない13市町村からの県外避難者」(図中C) は原発避難者特例法が規定する「避難住民」(第2章第3節参照) であり、一部の行政サービスに加え避難者支援を受けている。一部の行政サービスとは、もともと住民票がなくても受けられる行政サービスのほか、受入自治体が独自に提供している行政サービスと原発避難者特例法に基づく行政サービスである。

 第4に「住民票を異動していない13市町村以外の市町村からの県外避難者」(図中D) は、13市町村からの避難者が受けている行政サービスよりも少ない行政サービスに加え、避難者支援を受けている。13市町村以外の市町村からの

---

40 「住所移転者」のうち、同法に規定する施策の対象となることを希望する旨を避難元市町村の長に申し出たものが「特定住所移転者」である (第2章参照)。

避難者は「『原発避難者特例法に基づく行政サービス』には含まれるが『受入自治体が独自に提供する行政サービス』には含まれない行政サービス」(特別児童扶養手当制度・特別障害者手当制度・障害児福祉手当制度など)は受けることができない[41]。

本章第1節では、東日本大震災の県外避難者を「津波・地震災害により住宅を失った避難者」「避難指示区域からの避難者」「自主避難者」の3者と捉えた。しかしながら、本項の整理からは、県外避難者が受けられる行政サービスの範囲はそれらの区分にかかわらず「住民票を異動したか否か」「13市町村からの避難者であるか否か」によって決定されることが理解される。

4 分 析

4.1 どのようにして自主避難者を把握したか

ここで本章の問いをあらためて確認する。第1に、自主避難者を含むすべての県外避難者(図8-2のB・C・D)に対して避難者支援を行う前提として、受入自治体は罹災証明書や被災証明書を持たない自主避難者をどのように把握したのであろうか。第2に、受入自治体はなぜ自主避難者に対して支援を行ったのであろうか。第3に、受入自治体はなぜ住民票を異動していない避難者(図8-2のC・D)に対して国に先駆けて一定の行政サービスを提供したのであろうか。第1の問いから順に見ていく。

県外避難者の支援には避難者情報の把握が重要であることが過去の災害研究において指摘されており(田並(2012)15頁)、東日本大震災に際して総務省は初めて全国避難者情報システムの運用を行った。しかしながら、同システムへの登録は思うように進まず、山形市・米沢市はともに独自様式による登録を進めた。両市の事例からは全国避難者情報システムについて次の2点が示唆さ

---

41 以上の整理をもとにすると、山形県における県外避難者の推移は次のように説明できる。第1に、山形県に定住する避難者が増加する過程は、図中Cの避難者を中心にB、さらにはAへと移行する過程である。第2に、自主避難者の帰県が進む過程は、図中Dの避難者を中心に減少する過程である。

れる。第1に、同システムへの登録が進まなかった理由として、その目的である避難元自治体からの情報入手がホームページ等を通じて可能であったこと、家族の一部を避難元に残した自主避難者であれば避難元にいる家族から情報入手が可能であったこと、自主避難者は県外に避難していることを知られたくない人が多く、同システムが求めた関係行政機関への情報提供を望まない人が多かったことなどが考えられる。第2に、世帯単位ではなく個人単位の登録は、受入自治体・避難者の双方の負担を増している可能性がある[42]。

山形市・米沢市は独自様式を用いて自主避難者を含むすべての避難者の登録を進めたが、当該登録者が「一般の住民」（図8-2のA）ではなく「県外避難者」（図8-2のB～D）であることの確認は、基本的に当該登録者からの申告により行われた[43]。なぜなら、自主避難者は避難者としての客観的な証明書を持たないからである。両市が厳格な証明を課さずに避難者登録を進めても大きな混乱が生じなかった理由として、両市の行う避難者支援は、避難者支援センターの利用や生活支援相談員の訪問など、たとえ「一般の住民」が受けたとしてもメリットの少ない支援が中心になっていることが挙げられよう。

4.2 なぜ自主避難者に対して支援を行ったのか

山形市・米沢市が自主避難者に対して支援を行ったのは、避難者支援の現場では目の前にいる避難者が自主避難者であるか否かを区別することは非現実的であったためと考えられる。両市には実際に大勢の県外避難者がおり、津波・地震災害による避難者や避難指示区域からの避難者よりも自主避難者が多い状況であった。そのようななかで、自主避難者であるか否かにかかわらずすべての避難者に対して両市が支援を行ったのは自然なことであった。

山形県における県外避難者には自主避難者が多いという状況を生み出したの

---

42 前掲の山中・森・田並による調査でも、全国避難者情報システムは「世帯単位ではなく個人単位なので記入する被災者の側からすれば負担となるのではないか」という意見が寄せられている（田並（2012）19頁）。そのほか同調査で全国避難者情報システムに寄せられた意見は、田並（2012）を参照のこと。

43 避難者の山形県への定住が進む過程では「B→A」への移行確認も必要であると考えられるが、避難者登録の抹消も基本的に登録者からの申告により行われている。

は、県が2011年6月に自主避難者に対するみなし仮設住宅の提供を決定したことがきっかけであった。なぜ、県はそのような決定を行ったのであろうか。

　当時、福島県の居住者から自主避難して山形県の民間賃貸住宅等へ入居したいという要望・問い合わせが山形県に多く寄せられていた[44]。そのようななか、2011年5月に福島県から全都道府県に対して同県からの避難者すべてを仮設住宅である借上げ住宅の入居対象者として認める通知があった[45]。それを受けて、山形県は6月から自主避難者を含む福島県からのすべての避難者をみなし仮設住宅入居の対象としたのである。福島県の決定は、避難者名義で契約した民間賃貸住宅を事後に県名義の契約に置き換えた場合にも仮設住宅とみなし国庫負担を行い、県外避難者についても同様の取り扱いとするという厚生労働省の見解[46]を受けたものであった。

　つまり、応答すべき避難者のニーズが目の前にあり、それについて国から制度的・財政的な承認が得られたことが、山形県の決定を後押ししたと整理することができる[47]。

4.3　なぜ住民ではない県外避難者に対して行政サービスを提供したのか

　山形市が住民票を異動していない避難者に対して一部の行政サービスの提供を開始したのは、2011年8月26日の市民生活安定推進本部の決定によるものであった。それに先立つ8月19日には、原発避難者特例法が8月12日に公布・施

44　山形県広域支援対策本部「福島県からの自主避難者の受け入れについて」2011年6月16日。

45　福島県知事「東日本大震災に係る福島県外における応急仮設住宅としての民間賃貸住宅の借上げの取扱いについて（依頼）」2011年5月16日。

46　厚生労働省社会・援護局長「東日本大震災に係る応急仮設住宅としての民間賃貸住宅の借上げの取扱について」2011年4月30日。

47　本書第12章において竹内は、住宅再建支援に関して東日本大震災後の被災自治体が置かれた状況は、第1に目の前に住宅への支援という応答すべきニーズがあり、第2に国が支援の正当性を認めた（と受け止められた）制度があり、第3に類似事業との間に大きな支援額の制度格差があり、以上の3点から財源さえあれば被害の実態に基づく支援金増額が容易な構造になっていたと述べている。筆者の整理は、この竹内（第12章）の整理に着想を得ている。

行されたことを市町村長に周知するよう総務大臣から全都道府県知事に通知が出された[48]。原発避難者特例法は、「特例事務」の処理に際して受入自治体が負担する経費について国が必要な財政上の措置を講ずること（第9条）を定めたほか、受入自治体が避難住民に対して「それ以外の役務の提供」にも努めること及びそれに対する財政上の措置を国が講ずるよう努めること（第10条）、さらには「避難住民以外の避難者」に対しても避難元自治体や受入自治体が適切に役務を提供することができるよう、国は同法に基づく避難住民に係る措置に準じて必要な措置を講ずること（附則第3条）を定めた。8月19日の総務大臣通知の時点では「特例事務」や「避難住民」が具体的に何（誰）であるかは告示されておらず、財政上の措置や避難住民以外の避難者への措置の具体的内容も示されなかったが、同法は受入自治体が住民票を持たない避難者に対してさまざまな行政サービスを提供することを国が制度的・財政的に承認したとも受け止められる内容を持っていた。山形市市民生活安定推進本部は、同法施行を知らせる総務大臣通知をきっかけに、住民票を持たない避難者に対して行政サービスを提供するという決断を下した可能性が考えられる。つまり、行政サービスの提供という応答すべき県外避難者のニーズを目の前にして、制度的・財政的承認とも受け取れる原発避難者特例法が施行されたことが、山形市の決断を促したのではないかということである。

　米沢市が住民票を持たない避難者に対して行政サービスの提供を開始したのは、山形市の決定が1つのきっかけであり、そこには「相互参照」（伊藤（2006）30頁）の行動が見られる。

　2011年11月には、特例事務の告示とともに財政上の措置として特別交付税が予定されていることが国から示された[49]。特別交付税は行政サービスの提供に伴い受入自治体が新たに負担する経費を個別に積み上げたうえで、特例事務については経費の10割、それ以外の事務については経費の8割[50]が措置されるこ

48　総務大臣「東日本大震災における原子力発電所の事故による災害に対処するための避難住民に係る事務処理の特例及び住所移転者に係る措置に関する法律等の施行について（通知）」2011年8月19日。

49　総務省自治行政局行政課長「避難住民に関する特定の事務の告示等について（通知）」2011年11月15日。

ととされたが、2013年度からは、13市町村からの避難者に関する経費は特例事務以外の事務も含めて1人当たりの標準的な単価に避難住民数を乗じた額を措置することに変更された[51]。これは、受入自治体[52]からの要望に基づき積上げ方式では捕捉されない経費[53]を算定するためであった[54]。

ただし、13市町村以外の市町村からの避難者に関する経費は、積上げ方式により経費の8割[55]を措置することに変わりはない。言い換えれば、自主避難者を多く受け入れている山形市・米沢市では2割の自己負担が財政上の負担となっている可能性がある。一方で自主避難者の帰県も進んでいる。それらの状況を踏まえ、行政サービスの提供に要する経費以外の経費[56]も含めた避難者受入経費の全体像を把握したうえで、受入自治体の財政状況は論じていく必要があるであろう。

5 結びに代えて

本章は、多くの自主避難者を受け入れている山形県山形市・米沢市がなぜ自主避難者に対して支援を行ったのか、また住民票を持たない避難者に対してなぜ行政サービスを提供したのかを検証してきた。その結果、それは国による制度的・財政的な承認が大きな要因となっている可能性が明らかとなった。国の

---

50 被災団体（東日本大震災に対処するための特別の財政援助及び助成に関する法律第2条第2項に規定する特定被災地方公共団体及び第3項に規定する特定被災区域）の場合は10割。なお、山形県市町村は被災団体ではない。
51 総務省「避難者受入れ経費への財政措置の見直しについて」2013年5月。
52 いわき市など（根本復興大臣の会見（2013年5月31日）；http://www.reconstruction.go.jp/topics/20130531120844.html、2014年11月1日アクセス）。
53 救急車の出動経費など。
54 財源を拡充するとともに「一般の住民」の意識に配慮するものでもあったという（新藤総務大臣閣議後記者会見の概要（2013年5月31日）；http://www.soumu.go.jp/menu_news/kaiken/01koho01_02000175.html、2014年11月1日アクセス）。
55 被災団体の場合は10割。
56 避難者支援センターの運営に要する経費など。

制度が要因であることは、両市だけではなく全国の自治体において自主避難者に対する支援や住民票を持たない避難者に対する行政サービスの提供が広く行われている可能性を示唆するものである[57]。一方で、国による財政的な承認がなくなればそれらの支援や行政サービスの提供は継続されない可能性も示唆している。

震災から月日が経つにつれ国の財政措置が縮小していくのではないかという不安の声が、受入自治体からは聞こえる[58]。避難者支援の財政的拡充を求める声は自主避難者を中心とする避難者やその支援者の間にも存在する[59]。一方で、避難者を受け入れた自治体の住民からは避難者との間の不公平感も伝えられる[60]。受入自治体は、そのような異なるアクターの声に配慮しながら避難者への支援や行政サービスの提供を行っているのである。

小原は「境界線を引くのは、政治が本質的に備える生理作用の１つであ」り「境界線で囲い込んだ者とそうでない者との区別／差別をなくすことはできない」とする（小原（2014）1頁）。そうであるならば、住民票を異動した避難者としていない避難者、また13市町村からの避難者とそれ以外の避難者の区別をなくすことはできないのかもしれない。しかしながら、「それを踏まえたうえで、原発避難住民が置かれた苦境から目をそらさず、原発被災地自治体の今後のあり方を考え続けたい」という小原（2014）3頁の姿勢に共感を示しつつ本章を終えることとしたい。

57　多くの自治体が自主避難者を支援対象としたとする山中・森・田並の前掲調査結果（田並（2012））とも符合する。

58　山形市防災対策課ヒアリング（2014年３月25日）及び米沢市総務課危機管理室ヒアリング（同年３月27日）。

59　例えば自主避難者を含む原発事故被災者への生活支援施策の推進を定めた、原発事故子ども・被災者支援法（東京電力原子力事故により被災した子どもをはじめとする住民等の生活を守り支えるための被災者の生活支援等に関する施策の推進に関する法律）の基本理念が主に財政上の理由から一向に具現化されないことに対して批判の声がある（川田（2013）；山川（2013）など）。

60　例えば市外からの避難者に対するいわき市民の意識を調査した報告書（いわき明星大学人文学部現代社会学科（2014））を参照のこと。

【参考文献】

伊藤修一郎（2006）『自治体発の政策革新――景観条例から景観法へ』木鐸社

乾康代・山崎古都子・田中宏子（2013）「東日本大震災による茨城県の県外避難者の避難実態」『茨城大学地域総合研究所年報』第46号、49-59頁

今井照（2013）「東日本大震災と自治体選挙――被災地福島県の対応」白鳥浩編著『統一地方選挙の政治学――2011年東日本大震災と地域政党の挑戦』ミネルヴァ書房、91-117頁

いわき明星大学人文学部現代社会学科（2014）「東日本大震災からの復興におけるいわき市民の意識と行動に関する調査報告書」

川田龍平（2013）『この国はなぜ被害者を守らないのか――子ども被災と薬害エイズ』PHP新書

高坂健次（1999）「行政と政策スコープ――規範的社会学の課題」岩崎信彦・鵜飼孝造・浦野正樹・辻勝次・似田貝香門・野田隆・山本剛郎編『阪神・淡路大震災の社会学 第2巻 避難生活の社会学』昭和堂、345-354頁

小原隆治（2014）「自治体の区域、自治体と区域」『季刊 行政管理研究』第145号、1-3頁。

髙橋若菜・渡邉麻衣・田口卓臣（2012）「新潟県における福島からの原発事故避難者の現状の分析と問題提起」『宇都宮大学多文化公共圏センター年報』第4号、54-69頁

宝田惇史（2012）「『ホットスポット』問題が生んだ地域再生運動――首都圏・柏から岡山まで」山下祐介・開沼博編著『「原発避難」論――避難の実像からセカンドタウン、故郷再生まで』明石書店、267-302頁

田並尚恵（2005）「県外避難者の現在」関西学院大学COE災害復興制度研究会編『災害復興――阪神・淡路大震災から10年』関西学院大学出版会、241-257頁

田並尚恵（2010）「阪神・淡路大震災の県外被災者の今――震災から15年」『災害復興研究』第2号、143-159頁

田並尚恵（2011）「域外避難者に対する情報提供――三宅島噴火災害の避難者調査を中心に」『災害復興研究』第3号、167-175頁

田並尚恵（2012）「東日本大震災における県外避難者への支援――受入れ自治体調査結果から」『災害復興研究』第4号、15-24頁

永井努・稲垣景子・佐土原聡（2012）「東日本大震災を踏まえた広域避難体制に関する考察——新潟県における避難者受け入れ状況の分析」『都市計画報告集』No.11、24-27頁

西城戸誠・原田峻（2013）「東日本大震災による県外避難者に対する自治体対応と支援——埼玉県の自治体を事例として」『人間環境論集』第14巻第1号、1-26頁

日本都市センター編（2014）『被災自治体における住民の意思反映——東日本大震災の現地調査・多角的考察を通じて』日本都市センター

原口弥生（2013）「東日本大震災にともなう茨城県への広域避難者アンケート調査結果」『茨城大学地域総合研究所年報』第46号、61-80頁

ボランティア山形（2012）『市民の力で東北復興』ほんの木

宮下加奈（2011）「三宅島長期全島避難の経験から」『月刊 自治研』11月号

山形県環境エネルギー部危機管理・くらし安心局危機管理課 復興・避難者支援室（2014）「山形県避難者向け借上げ住宅受入実施要領」7月11日

山川幸生（2013）「原発事故被害者救済策の問題点——子ども・被災者支援法をめぐって」『地方自治職員研修』12月号、18-20頁

山根純佳（2013）「原発事故による『母子避難』問題とその支援——山形県における避難者調査のデータから」『山形大学人文学部研究年報』第10号、37-51頁

吉田耕平・原田峻（2012）「概説 原発周辺自治体の避難の経緯」山下祐介・開沼博編著『「原発避難」論——避難の実像からセカンドタウン、故郷再生まで』明石書店、365-389頁

第3部　自治体の復興事業

第9章　復興計画の設計と運用

松井　望

はじめに

　震災の歴史を振り返ると、震災後には必ず復興計画が策定されてきた。東日本大震災後、被災市町村の大部分でも、復興計画を策定した。例えば、沿岸市町村では、すべての市町村が策定している。しかし、復興計画は法定計画というわけではない。策定は任意である。そのため、復興を実現するために、復興事業があれば、復興計画の策定は必ずしも必要条件とはならない（牧（2013）54頁）。つまり、復興計画とは、各自治体が策定をするかどうか、その内容はどうするかの幅がある行政手段なのである。そのため、復興計画の内容は「地区ごとによって違ってくる」（西尾（2013）209頁）ことも、迅速な復旧の実現を優先的に考慮することを理由に、計画内容を限定化する場合もある（秋田（2014）78頁）。他方で、物理的復興にとどまらず、経済的復興、生活再建までを含む復興計画もある（牧（2013）107頁）。そのため、本来、復興計画とは、内容が多様なものとなる。
　復興計画は、そもそもの「復興」概念自体が多義的であるため、復興計画の性格もまた、多くの特徴があると理解されてきた。例えば、復興計画の特徴の第1には、復興プロセスにおいて関係者が納得する内容の成果であるという理解がある。つまり、復興のビジョンを共有しながら、関係者が実現可能な計画という形式に整理するプロセスを持つことが、復興計画の特徴とされている（牧（2013）57頁）。第2に、復興に関わる主体が多いことから生じる特徴がある。復興に向けて、個人、家族、企業、自治体、国などの主体がそれぞれの計画を策定する。さらには、行政機関自体が、複数の行政計画を策定する場合がある。

この意味で、復興計画は他の行政計画と並立する可能性があることが、その特徴となる（林（2011）208頁）。第3に、継続性という特徴がある。被災後の復旧や復興を進めるうえでは、新たな事業が必要となる。しかし、実際に事業を進めるための能力、地域の人口動態、産業構造、地形等は、震災後の復興計画の前提条件となる。さらには、被災前の自治体が実施してきた政策や計画は見過ごすことができない。そのため、復興計画とは、「平時における都市政策の延長上にあり、平時の都市政策と表裏一体である」（越澤（2012）xii頁）とさえ言う論者もある。

こうした復興計画の特徴は、いわば最大公約数的なものであろう。他方で、今回の震災に焦点を当てた復興計画の研究を見ると、これらの特徴とともに、早期に策定された点や、事業数が膨大化した点、総合計画と同等の位置づけをされた点を指摘している（秋田（2014）76頁）。このような見解は、前記の復興計画の性格から言えば、自然に理解できるところであろう。本章では、岩手県、宮城県、福島県の沿岸市町村への聞き取り調査等を踏まえて、今回の震災で被害を受けた市町村がどのような性格を持つ復興計画を設計し、実際に運用していたのかを明らかにしていく。特に、今回の復興計画の特徴は総合化、並立化、標準化にあると捉え、なぜこれらの特徴が生じたのかを検討する。

1 復興計画の設計

1.1 復興計画の総合化

復興計画は、復興の柱を立てても、その柱ですべてを包含できるものではなく、事業の幅は広くなる傾向がある。そのため、ここでいう総合化とは、通常いう総花化のイメージに近くなる。そして、復興計画が任意計画であることが、この総合化の性格を強めている。今回の復興計画は、前に言う意味では総合的であった。例えば、岩手県、宮城県の13市町村の復興計画を対象に分析を進めた饗庭・澤田（2012）は、復興計画には、5つの構成要素があることを明らかにしている。1つめは復興の理念と将来都市像、2つめは津波に対する空間計画の方針、3つめに産業・福祉・教育等の個別施策の体系的整理、4つめに復

興を推進する重点プロジェクト、5つめには地域・集落ごとの詳細な個別計画である。これらの5つの要素は、すべての被災自治体の復興計画で記載しているわけではないものの、記載の内容は一定のパターンを持つ（饗庭・澤田(2012)）。それは、施策体系や地区計画に重点を置いた計画（「総合マスタープラン型」）や、重点プロジェクトを中心とした計画（「総合プロジェクト型」）、空間計画の方針や地区計画に重点を置いた計画（「事業プログラム型」）、個別事業を中心とした計画（「事業型」）に分かれる[1]。このように、今回の復興計画では、都市施設整備、高台移転、防潮堤の整備をはじめとしたハード事業に限らず、生活再建、就労支援、生業支援等のソフト事業と、具体的な個別事業が広範囲に含まれており、復興計画の総合化が特徴となっている。

　では、なぜ、通常の基本計画に比べても、今回の復興計画は総合的になったのだろうか。それは、端的に言えば、「生活者支援」や「生活再建」という理念の下で、ハードの復旧事業にとどまらない具体的な復興事業が増加したことが理由である。そして、この復興事業の増加には、国による震災対応への後押しがあった。震災直後、国では、被災者生活支援本部（後に、被災者生活支援チーム）を新設し、同本部（チーム）が早期から被災市町村での復旧上の課題を整理した。そして、同本部（チーム）では、2011年5月20日に、「東日本大震災に係る被災地における生活の平常化に向けた当面の取組方針」を提示している。同方針が、復興事業の拡大に及ぼす役割は大きい。同方針は、同本部（チーム）が取り組む業務課題を整理した文書であったとともに、被災市町村にとっては、自らが今後臨む復興のための課題に関するガイドラインの性格も持ったからである。復興事業の拡大という国の姿勢は、2011年7月29日に策定された「東日本大震災からの復興の基本方針」にも、関係各府省の具体的な事業が一覧的に掲載されたことで引き継がれた。このように、被災市町村、国ともに復興事業の拡大の方針を採用した。そのため、震災後に各市町村で設計された復興計画は、おのずと総合的な内容を持つ広範な計画となったのである。

1　これらのように、計画の構成要素で一定の共通性が見られることは、全くの偶然ではない。その背景には震災後に実施された国土交通省による直轄調査があり、被災状況をもとにした復興パターンと手法を提示し「復興計画の素案づくりの作業まで踏み込んでいる」（越澤（2012）150頁）ことも1つの要因である。

計画の広範さに加えて、内容面ではもう1つの特徴があった。それは、早期に策定された計画であることで生じた特徴である。陸前高田市の復興計画策定を進めた中井検裕によると、計画の設計段階では「過剰投資」となる傾向があったという（中井（2013）11頁）。もちろん、復興計画の審議過程では、過剰投資を避けるように財政規模や人口推計等に基づきながら、現実的な計画内容に近づけるように関係者間での検討が重ねられた。しかしながら、実際に設計された計画は、過剰投資とならざるを得なかった。それは、計画内容を実施するための裏付けとなる財源確保の問題があったからである。前記の「東日本大震災からの復興の基本方針」では、国全体でのマクロ的な意味での復興予算を確保した。しかし、当時、個別自治体へのミクロ的な意味での財源は未確定なままであった。そのため、市町村では、財源面での不確実性が高いなかで、復興計画を設計せざるを得ない状況にあった。そこで、復興計画を早期に策定した市町村では、財源的には見込みがなくても、過剰投資となる計画を設計したのである。

復興計画の総合化は、復興計画の策定手法とも関係がある。今回の復興計画では、住民参加型のワークショップや公募委員、各地区での懇談会を開催し、多くの住民の意向を踏まえて設計を試みた市町村もあった（秋田（2014）77頁）。しかし、策定手法の中心となったのは、審議会方式であった。審議会方式は、各市町村が震災以前に総合計画を策定する際に採用してきた手法である。今回の震災に対応するために、復興という非ルーティンの問題に対して、むしろルーティン的な対応（ケトル（2011））としての審議会方式を採用したのである。総じて、計画策定過程では、参加者の範囲が広範囲になるほど、最大限の合意を得ようとするようになり、幅の広い計画内容として総花的な内容を掲載する傾向があることが観察されてきた（伊藤（2009）32頁）。つまり、従来の総合計画の策定手法を継続しながら策定したことが、復興計画の内容を総合化した理由でもある。

1.2 復興計画の並立化

被災市町村では、復興計画以外にも復興に関連する複数の行政計画を整備していた。それは、復興諸制度に関連する行政計画を策定したり、震災以前から

の行政計画を維持していたためである。本章冒頭で整理した復興計画の一般的な特徴のとおり、自治体のなかでも並立的に複数の復興計画を整備することになった。そこで、以下では、このような並立性に着目しながら、復興計画の特徴を明らかにしていく。

まず、被災前から策定されてきた総合計画である。総合計画とは、中長期の期間を定めて、日常的な政策課題を体系的に提示した計画である。他方、復興計画は、復興という非ルーティンな問題を解決するための計画である。この2つの計画を1つの自治体が策定する場合には、被災前の政策体系である総合計画（行政目標や個別施策、事業）と、被災後に策定された復興計画との間で、政策体系や掲載事業等の整理が必要となる。

一般的に、異なる時点で策定された計画（政策）の間を整理する場合、次の3つの選択肢があった（松井（2015）221頁）。1つめは、復興計画を策定する場合に、既存の総合計画体系の新規事業として総合計画のなかに摂取する選択である。2つめは、既存の総合計画体系の部門別計画として位置づけて、総合計画に内包化する選択である。3つめは、総合計画体系とは全く異なる新たな政策体系として復興計画を併設する選択である。沿岸市町村による対応を結論から見ると、各復興計画を総合計画のなかに摂取、内包する選択が採用されている。特に、総合計画の基本構想レベルで掲げたまちづくりの理念の実現を、復興計画のなかでも明記することで摂取、内包化しているようである（表9-2〜9-4参照）。つまり、震災前の総合計画と震災後の復興計画は、決して分立した計画ではないことを強調したのであろう。もちろん、復興計画に記載された復旧・復興事業は、新規事業が中心である。さらには、除染事業のように、これまで被災市町村では全く経験したことがない事業も山積した。そのため、被災以前に策定された総合計画では、これらの事業は記載されてはいない。そこで、復興計画を摂取したり包摂する場合には、総合計画のなかのまちづくりの理念を特に引き継ぎながら、復興計画に具体的な事業を掲載したのである[2]。

次に、東日本大震災復興特別区域法により「三本柱」（斎藤（2013）45頁）とされた、復興推進計画、復興整備計画、復興交付金事業計画がある。3つの計画は法定計画として、制度緩和、交付申請を伴うために「提案型」（田辺（2012）293頁）の計画として策定された。これらは、復興事業の実現手段として限定

された計画であった。3つの計画と総合計画や復興計画との関係を整理すれば、総合計画と復興計画が政策体系上は基本計画となり、復興推進計画、復興整備計画、復興交付金事業計画に分けられる3つの計画が、事実上の実施計画となる。そのため、復興期間内での復旧・復興事業の進捗は、これら3つの「実施」計画の設計と運用によって左右される。以下では、第10章以降と関連がある復興整備計画の設計と運用上の特徴を見ていく[3]。

復興整備計画では、市街地整備や農業生産基盤整備等の各自主事業を掲載している。2015年4月10日現在、岩手県では11市町村168地区、宮城県では14市町村369地区、福島県では10市町村182地区で策定された。復興整備計画の策定・改訂には、各県単位で復興整備協議会を設置し、同協議会による改訂手続を経ることが必要となった。そのため、協議会は1つの地区からでも変更の要請があると、計画変更が必要となり、改訂が繰り返された。

では、復興整備計画の改訂は、どのように進められたのか。実際の復興整備協議会の設置方法は、3県で異なった。岩手県と福島県では、前記の市町村が共同で協議会を設置した。他方、宮城県では市町村が個別に設置している。岩

---

2 沿岸市町村のなかにも、既存の総合計画とは異なり復興計画を新しい政策体系として併設した市町村はあった。例えば、山田町や南三陸町、女川町である。しかし、これらの町では、震災までに既存の総合計画が終了していたという事実がある。つまり、復興計画の策定段階では、政策体系としての総合計画が存在していなかったのである。そのため外形的には併設を選択したようには見える。しかしながら、全村避難を行った浪江町や楢葉町であっても総合計画を放擲することなく、総合計画の継続を復興計画で明記したことは特徴的である。以上のことからもわかるように、被災以前に策定された計画体系は、理念を中心に、復興計画でも維持・継続される傾向があったのである。

3 なお、復興推進計画は、各自治体から国に対して規制緩和を求めるための計画である。申請主体は、規制、税制、金融、その他、補助金等交付財産の転用手続の特例が認められた。岩手、宮城、福島の3県と同県内市町村の実際の申請状況は、表9-1のとおりである。申請数からは、金融上の特例や、国税、地方税の産業集積関係の税制上の特例の申請数が、他事項に比べても多いことがわかる。つまり、被災地では、まちづくりや地域づくりに関する制度面での規制緩和よりも、まずは資金調達での緩和を求めた。このような申請数の相違に対して、同計画を「十分に運用できているか疑問」（松岡（2014）41頁）とする評価がある。しかしながら、被災市町村では、まずは資金の確保が優先されたための結果であったことがうかがえる。

表9-1　復興推進計画の申請数

	岩手県内数	宮城県内数	福島県内数
金融上の特例	12	21	46
産業集積関係の税制上の特例（国税、地方税）	2	14	2
工場立地法等に基づく緑地等規制の特例		1	
医療機関に対する医療従事者の配置基準の特例	1	1	
医療機器製造販売業等の許可基準の緩和	1	1	1
薬局等構造設備規則の特例			
用途規制の緩和に係る特例（建築基準法の特例）	1	4	
確定拠出年金に係る中途脱退要件の緩和	1	1	1
応急仮設建築物の存続期間の延長に係る特例	1	4	2
公営住宅の入居者要件等の特例	1	1	1
指定会社に対する出資に係る税制上の特例（国税）		1	
農地法の特例（農地転用許可基準の緩和）		1	
被災者向け優良賃貸住宅の特別償却等		1	
漁業法の特例（特定区画漁業権免許事業）		1	
	20	52	53

（出所）　復興庁「復興推進計画の認定状況（2015年3月26日）」より、岩手県、宮城県、福島県内の県、市町村からの申請数をもとに表を作成。

手県や福島県のように市町村が共同で協議会を設立した理由には、市町村が個別で開催した場合に、同協議会に参加が必要とされた学識経験者を、個別の協議会ごとに確保することが困難になると予想されたことがある。つまり、会議開催に必要となる調整・費用・事務コスト面を配慮し、共同で協議会を設立したのである。

　共同設置の場合であっても、復興整備協議会で扱う案件は、各個別の市町村から申請される。そのため、申請の時期ごとに協議会を開催すると、むしろ開催に手間がかかることになる。そこで、開催日程を、1つの県内で同時期とするように運用した。岩手県と福島県では、概ね2カ月に1回のペースで開催した。ただし、このことには、早期に改訂案をまとめた市町村にとってみると、事後的に案件を提出してくる市町村を待たなければならない欠点がある。しかし、全体として効率が重要とされた。筆者が行った関係者への聞き取り調査からは別の重要な効果が指摘された。すなわち、協議会は、合意形成の集約化の

効果をもたらしたのである。それは、協議会の場で審議が開始されるのではなく、協議会の開催前までに、関係省庁や各市町村の担当者との間で事前調整が進められたことによる。協議会開催前までに関係主体から合意を得ていることが、協議会に議案を提出する前提とされていたので、協議会では、焦点をあらかじめ絞ることができた。

協議会で扱う内容としては、同計画の性格からも農地転用や防災集団移転促進事業が多い。例えば、農地転用を進める場合、協議会の開催前に、農地関連であれば農業関連部局、土地関連であれば土地関連部局と関係省庁との間で調整が進められた。特に、東北農政局との調整は必ず必要とされた。平時の農地転用手続には、2カ月程の時間がかかる。しかし、あらかじめ協議会の開催日を設定しておくと、開催日の日取りに間に合うように、各申請主体と関係省庁とで協議と合議が進められていく。つまり、開催日という締め切りの設定が、通常の予算編成過程等で観察されるような時間的な「圧力」（ダウンズ（1975）213頁）となり、異なる主体間での合意形成が進められたのである。そのため、当事者は、同計画の申請は集中的に進んだ、という印象を持ったという[4]。

被災市町村では、計画の役割は異なるものの、復興に関連する行政計画が並立するように維持、設計されていた。ただ、前記のように、各計画はそれぞれ自立を持ちながらも、総合計画は理念が継続され、復興整備計画等は復興事業の実現性のための実施計画として機能した。つまり、並立するものの、孤立していたわけではなく、相互に補完的な役割を果たした。このような設計と運用の状況の観察から、復興計画の設計に既存の計画体系や計画の運用慣行を反映しながら復旧・復興事業が進められた、とまとめることができるだろう。

1.3 復興計画の標準化

これまで見てきたように、復興計画は、内容が総合的であるため、おのずと復興期間の長期化を余儀なくされた。一般的に被災後の早期に復興計画を策定し、早期に計画を達成することが被災した住民からは期待される。しかしながら、被害状況次第では復興計画の策定にはむしろ時間をかけることがある。さ

4　福島県庁への聞き取り調査結果より（実施日：2014年2月4日）。

第9章 復興計画の設計と運用 223

表9-2 岩手県市町村の復興計画の策定動向

	策定年月	計画期間（年）	目標年限（年）		時期区分（年）						総合計画との関係
洋野町	2011年8月	2011-2016	6	2期	2011-2013	3	2013-2016	4	—	—	実施計画と連動
久慈市	2011年7月	2011-2020	10	3期	2011-2013	3	2013-2016	4	2015-2020	6	実施計画と連動
野田村	2011年11月	2011-2015	5	3期	2011-2013	3	2012-2015	4	2014-2020	7	後期基本計画と連動
普代村	2011年9月	2011-2018	8	3期	2011-2012	2	2011-2014	4	2015-2018	4	総合計画を踏まえて策定
田野畑村	2011年9月	2011-2015	5	3期	2011	1	2011-2013	3	2011-2015	5	総合計画の基本理念の下、実施
岩泉町	2011年9月	2011-2019	9	3期	2011-2012	2	2011-2014	4	2013-2019	7	総合計画と整合性
宮古市	2011年10月	2011-2019	9	3期	2011-2013	3	2014-2016	3	2017-2019	3	総合計画と整合性、復興計画を優先
山田町	2011年12月	2011-2020	10	3期	2011-2013	3	2014-2017	4	2018-2020	3	総合計画の見直し（検討）
大槌町	2011年12月	2011-2018	8	3期	2011-2013	3	2014-2016	3	2017-2018	2	総合計画の理念は継承
釜石市	2011年12月	2011-2020	10	2期	2011-2013	3	2014-2019	6	—	—	総合計画未策定、総合計画に準ずる計画
大船渡市	2011年10月	2011-2020	10	3期	2011-2013	3	2014-2016	3	2017-2020	4	総合計画を踏まえて策定
陸前高田市	2011年12月	2011-2018	8	2期	2011-2013	3	2014-2018	5	—	—	総合計画の理念は継承

（出所）各市町村の復興計画より筆者作成。

らに、被害状況からの復旧・復興に時間を要すると考えれば、計画期間が長期化する場合もある。そのため、現在の総合計画で計画期間が多様であるように、復興計画の復興期間が多様になるとも考えられる。

では、実際はどうであったか。表9-2～9-4では、沿岸部37市町村の復興計画の策定動向を整理した。本表のなかで注目すべき事項は、計画期間である。表からは、目標年限や時期区分が、各自治体で異なっているものの、計画期間には共通性があることがわかる。例えば、最終年は、20市町村で2019年と2020年に設定している。2020年を超える市町村は2町である。つまり、目標年限や時期区分は多様であっても、2020年以内を復興の達成年とする点では共通していたのである。このような計画期間の標準化は、今回の復興計画の特徴であっ

表9-3 宮城県市町村の復興計画の策定動向

	策定年月	計画期間（年）	目標年限（年）	時期区分（年）							総合計画との関係
気仙沼市	2011年10月	2011-2020	10	1期	2011-2015	5	—	—	—	—	—
南三陸町	2011年12月	2011-2020	10	3期	2011-2013	3	2012-2017	6	2014-2020	7	総合計画の見直し（検討）
女川町	2011年9月	2011-2018	8	3期	2011-2012	2	2013-2015	3	2016-2018	3	総合計画の見直し（検討）
石巻市	2011年12月	2011-2020	10	3期	2011-2013	3	2014-2017	4	2018-2020	3	
東松島市	2011年12月	2011-2020	10	2期	2011-2015	5	2016-2020	5	—	—	総合計画未策定、総合計画を兼ねる役割
利府町	2011年12月	2011-2016	6	2期	2011-2014	4	2014-2016	3	—	—	総合計画に即する計画
松島町	2011年12月	2011-2015	5	2期	2011-2015	5	—	—	—	—	総合計画と連携
塩竈市	2011年12月	2011-2020	10	2期	2011-2015	5	2016-2020	5	—	—	総合計画の理念を実現
七ヶ浜町	2011年11月	2011-2020	10	3期	2011-2013	3	2011-2015	5	2011-2020	10	総合計画を踏まえて策定
多賀城市	2011年12月	2011-2020	10	3期	2011-2013	3	2014-2017	4	2018-2020	3	総合計画の基本計画を補完する計画
仙台市	2011年11月	2011-2015	5	—	—	—	—	—	—	—	総合計画の基本計画を補完する計画
名取市	2011年10月	2011-2017	7	3期	年限設定なし						総合計画を踏まえて策定
岩沼市	2011年9月	2011-2017	7	3期	2011-2013	3	2012-2015	4	2013-2017	5	総合計画を踏まえて策定
亘理町	2011年12月	2011-2020	10	—	—	—	—	—	—	—	総合計画の分野別計画を補完する計画
山元町	2011年12月	2011-2018	8	3期	2011-2013	3	2013-2016	4	2016-2018	3	総合計画として位置づける

（出所）各市町村の復興計画より筆者作成。

た。

では、このような復興期間はなぜ策定されたのだろうか。その背景には、2011年7月29日に策定された「東日本大震災からの復興の基本方針」があった。同基本方針では、復興期間を10年間と定めた。加えて、2016年度までの「当初の5年間」を集中復興期間と定めた。つまり、国が定めた復興期間である10年間という目標年限を「横並び」（村松（1988）73頁）的に被災市町村が採用し、復興期間の標準化が生じたという理解ができる。

表9-4 福島県市町村の復興計画の策定動向

	策定年月	計画期間(年)	目標年限(年)	時期区分(年)							総合計画との関係
新地町	2012年1月	2012-2021	10	1期	2012-2016	5	—		—		総合計画を基本とする計画
相馬市	2011年8月	2011-2015	5	—			—		—		—
南相馬市	2011年12月	2011-2020	10	2期	2011-2013	3	2011-2020	10			総合計画と整合
浪江町	2012年10月	2012-2020	9	3期	2012-2013	2	2014-2016	3	2017-2020	4	総合計画の考え方・精神を踏襲
双葉町	2013年6月	2013-2017	4	—			—		—		—
大熊町	2012年9月	—	5	—			—		—		—
富岡町	2012年9月	2012-2020	9	2期	2012-2016	5	2017-2020	4			総合計画の方向性を修正
楢葉町	2012年4月	2011-2020	10	4期							総合計画の目指していた道筋に近づけていく
広野町	2012年3月	2012-2021	10	3期	2012-2014	3	2015-2017	3	2018-2021	4	総合計画を補完
いわき市	2011年9月	2011-2020	10	3期	2011-2013	3	2011-2015	5	2016-2020	5	—

(出所) 各市町村の復興計画より筆者作成。

　同基本方針の10年間という復興期間の設定は、「被災各県の計画を踏まえ」ながら、あわせて「阪神・淡路大震災の例も参考としつつ」定められた。つまり、国が定めた復興期間の根拠には、むしろ、被災地である各県が定めた復興計画の目標期間があった。そのため、国による復興期間の設定は、被災県側が設定した復興期間を積み上げるように設定されたといえる。

　それでは、被災県ではどのように復興期間を定めたのか。例えば、宮城県の復興計画では、計画期間を10年間と設定した。この10年間はさらに区分を設けており、最初の3年間を復旧期、次の4年間を再生期、最後の3年間を発展期とした。ではなぜ同県では10年間と定めたのだろうか。同県知事に対する聞き取り調査をしたところ、10年ぐらいであれば復興を実現できるとの見込みから10年と定めた、と述べている。そして、10年という期間からは復興への遅れという批判を受ける可能性を感じつつも、県民に復興の進捗度を説明する必要性から、何らかの計画期間を置くことに意味があると判断したため、10年間に設定した、という[5,6]。

つまり、県が設定した復興期間を参照しつつ、国が復興期間を設定し、その期間に合わせて、被災市町村がそれぞれ復興期間を設定するというメカニズムが働いたのである。このように国の復興期間と一致する背景には、財源措置がある。2011年6月の東日本大震災復興基本法制定を受けて、復興交付金制度が整備された。具体的な財源は、2011年10月に復興財源として総額9兆円程度の追加が閣議決定され、第3次補正予算として同年11月に成立した。このようにマクロ的な歳入の保障が確定した段階で、各市町村では復興計画の策定を進めたのである。このことは、例えば、月単位で見れば、岩手県、宮城県のうち20市町村は2011年10〜12月に策定時期が集中していることからもわかる。

復興計画は、国による財源保障と不可分であった。言い換えれば、今井照が言うように「分捕り合戦の根拠」(今井 (2014) 92頁) として復興計画が策定された結果、被災市町村側から、国の復興期間に「横並び」的に揃えていったのであろう。このような過程は、震災以前からの戦後地方財政の特徴とされてきた「負担金体制」(礒崎他 (2014) 202頁) に原型を持つ被災前の計画策定の慣行と、行政運営のシステムのなかで、国と自治体が一体となりながら復興計画が設計されたことを表している (河村 (2014) 22頁)。

2 復興計画の進捗と制約要因への対応

以上のような総合化、並立化、標準化の性格を持つ復興計画は、市町村ではどのように運用されたのだろうか。まず、復興事業の進捗状況に関しては、復興庁が公表した「復興の現状」(2015年3月10日) によると、当初47万人と想

---

5 宮城県知事への聞き取り調査結果より (実施日：2013年2月7日)。
6 なお、2007年3月に策定されていた同県の「宮城の将来ビジョン」は、2007年から2016年の10年間の計画期間であり、本章第1節第3項で示した復興計画は、外形的には総合計画に内包したものではない。しかしながら、復興計画内でも同ビジョンの将来像を「実現すべき目標」(72頁) と明記し、実施においては、両者は結合されているのである。復興計画における10年間の復興期間を設定することの背景には、むしろ、このような総合計画の策定慣行がうかがえる。

定された避難者は、4年後には約23万人となった。2936万 t と推計された災害廃棄物（瓦礫）は、2015年1月現在で、いわき市、相馬市、南相馬市、広野町を除いた沿岸市町村で、当初の目標であった2014年3月末までに処理された。このように見ると、復興計画に記載された復旧・復興事業は、目標年限のなかで着実に進捗したと理解することが適切だろう。目標値との対比では、特に、ハード整備を中心とする復旧・復興事業が進捗したことが、今回の復興計画の特徴である。

しかし、すべての事業で所定の水準時期を達成したわけではなかった。例えば、海岸対策は、2012年12月現在の31％から2014年1月には60％、2015年12月には77％と進んでいたものの、他の公共インフラの整備（水道施設、下水道、河川対策）が9割程度の進捗であったことに比べれば、その度合は緩やかであった。さらに、災害復興住宅は、2012年11月現在の27％から2014年1月には67％、2014年12月には85％と進んだが、やはりそれは緩やかである。このように、項目ごとでは達成時期の差異も生じたことがあった。

この差異が生じたのは、震災後3年間に一定期間ごとに実施した聞き取り調査の結果によると、3つの制約要因があったからである。ただし、被災自治体はこれらの制約要因を等閑視することなく、進捗するように対応をとった。そこで、以下では、被災自治体による対応の内容と特徴を明らかにする。

2.1 資金の自由度

第1に、資金の自由度である。今回の復興過程では、復興交付金と交付税措置により復興事業に要する資金が確保された。復興交付金制度では、5省40事業のメニュー方式を採用し、自治体が40事業のいずれかを実施する場合に、地方負担分は国から手当された。基幹事業であれば、経費の50％を国庫補助し、地方負担分は地方交付税で措置する。つまり、国からほぼ100％が補助された。

この点からは、財源負担では被災自治体の自由度は高いものであった。しかし、制度面では自由度に制約があった。例えば、復興交付金制度では前記のようにメニュー方式を採用している。震災前に検討し、2011年度から試みられた地域自主戦略交付金制度のように、メニューの内容は既存の震災復興関連事業を1つに束ねる仕組みを採用したのである。そのため、メニューからの選択で

は、各自治体に自由裁量があったものの、その内容の設定に関しては、被災市町村の裁量は限られていた[7]。

このことは、復興を行うための事業を幅広く捉える被災自治体側と、制度設計を進めた政府との間で、同制度の実際の運用に関して認識上の乖離を生むことにもなった。特に、メニュー確定後に発生した新たな復旧・復興上の課題は、メニューには掲載されていない。例えば、岩手県の広域防災拠点整備、宮古市の新産業の立ち上げ、陸前高田市の学校再建統廃合のいずれもメニューに含まれてはいなかった[8]。片や、復興交付金制度の検討過程や導入当初には、各自治体からは、自由度が高い交付金が整備されたとの理解が広まった。そのため、被災市町村からは、復興交付金の制度の枠組以外のさまざまな要求が提示された結果、実際の採択率が低くなった。これにより特に復興計画を実施する初期段階には、復興事業の進捗度が制約されたのである。

しかし、以上の復興交付金制度の運用には、被災後2年目以降に変化が見られた。復興交付金の採択率を高めようと市町村、県、復興庁が連携しながら制度を運用し始めたのである。例えば、復興庁職員は、各市町村による復興交付金申請に先立ち、膝詰めでヒアリングを実施し、市町村と一緒に復興交付金の申請案を作成した。このヒアリングでは、復興庁側が採択の可能性が低いと判断した提案には、他財源の活用や費用削減の見直しのアドバイスが綿密に行われたのである。これにより、従来からの補助金配分手続と大差なく決定される手続（佐々木（2014）298頁）に沿って、「熟度」が高まった内容が復興交付金として申請された、という[9]。つまり、ほとんど平時の予算要求システムと同様の運用をすることで、復興交付金制度の導入当初の制約要因に対応したのである。

2.2 職員体制の不足

第2に、職員体制の不足である。復興事業では、復興計画の記載事業に加え

---

7 なお、復興交付金制度の創設後、効果促進事業の一括配分化、基幹事業、効果促進事業の対象拡大等の制度改正が進められ、被災自治体の裁量は拡大した。
8 宮古市役所への聞き取り調査結果より（実施日：2012年12月8日）。
9 福島県庁への聞き取り調査結果より（実施日：2014年2月4日）。

て、震災後にも計画未記載の新規事業が増加した。しかし、これらの復興事業を処理するための職員数は恒常的に不足した。この職員不足は、被災前から続く慢性的なものであり、復興事業の進捗を制約する要因となっていた。

そこで、職員不足への対応策が検討された。1つには、常勤職員を採用する案である。2つめには、再任用・任期付職員の採用案があった。3つめは、他自治体から職員派遣を受け入れる案があった。増加し続ける事業量に必要となる職員を、すべて常勤職員として補充することは、理にかなう判断である。しかしながら、復興期間を終えて平時に戻った場合、震災以前から各地域で課題とされていた少子高齢化による人口縮減が想定された。そのため、地域では人口が減少しながらも、自治体の職員が肥大化しているような状態を避けようとする判断があった。そこで、長期的な見通しからは、一定数の常勤職員は採用するものの、大規模な採用は控える選択をとった。

そこで、他の対応策を検討した。例えば、再任用・任期付職員の選択が出てくる。これらの職員を募集した場合でも、他自治体、そして、民間事業者との競合関係が生じた。そのため、主要な職員不足への供給源は、他自治体からの応援職員となった。応援職員を派遣する方法には、自治体と国が介在するいわば垂直的な対応と、自治体間での水平的な連携による対応がある。このように職員不足に対処するために、総務省を介在させた制度を通じた応援職員制度を採用したことは、本書第7章のとおりである。しかしながら、派遣任期を終えた職員が帰還すると、その後、再び職員数の維持が困難となった。被災市町村では、継続的な応援への期待が高かったものの、派遣する自治体の財政運営や職員規模を忖度すると、強く応援の継続を求めることは、むしろ被災市町村側から控える場合があった。

このようななかで、被災前から交流を持ってきた自治体からは、応援職員が多く派遣され、さらには持続する傾向もあった。宮古市と目黒区との間での連携や、釜石市と北九州市との間の連携は、その事例である（東（2014）361頁）。つまり、平時からの緩やかな連携が、災害時での堅固な連携になり、職員不足を補ったのである。

2.3 成果把握の困難

　第3に、成果把握の困難さがあった。被災自治体では、ハード整備等の進捗度を数値化し、住民に対してその公表を進めてきた。例えば、岩手県では、「社会資本の復旧・復興ロードマップ」を策定した。同県のロードマップのように、他自治体や国でも復興事業の進捗度の公表を進めた。このような復旧・復興事業の透明化は、今回の復興行政の特徴である。つまり、復旧・復興事業の結果を公表することで、その進捗管理につなげたのである。

　また、復旧・復興事業の結果（output）だけではなく、被災地全体への成果（outcome）を把握することは、復興計画を進めるうえで必要となる情報であった。しかしながら、成果を把握するための手段として住民の意識調査を実施する際に、県と市町村では対応が異なった。聞き取り調査から得られた特徴では、県レベルでは意識調査を行ったものの、市町村レベルでは住民全体に意見を聞く形式の意識調査は、復興過程の当初は実施されていなかった。もちろん、被災市町村が、住民意識とは距離を置きながら復興事業を進めた、というわけでは決してない。むしろ、被災市町村では、あえて意識調査を実施しなくても、日常的に住民に接しているため住民の意識を常時把握している、という認識があったようである。さらには、震災後の被災市町村では眼前の課題解決が優先されていた。そのため、住民に対する意識調査を実施するには、業務量的にも困難な状態が続いていたのである[10]。このような市町村特有ともいえる住民との身近さこそが、復興の成果を把握するうえでの制約要因となった。

　他方で、県レベルでは意識調査を実施した。例えば、岩手県では、復興業務の進捗度を把握するため、153名（毎回同一人物、一部充て職）に「いわて復興ウォッチャー調査」を2012年2月から年4回実施した。同調査は、2015年2月までには13回実施しており、住民意識の変化が継続的に把握できる。例えば、同調査結果からは、応急仮設住宅の生活が長く続く住民と、それ以外の住民との間で意識の差異が生じている状況を当時の担当者が把握していたことがわかる[11]。これは、各県ともに地震により被災したものの、各県の本庁舎の立地が

10　釜石市役所への聞き取り調査結果より（実施日：2012年12月9日）。
11　岩手県庁への聞き取り調査結果より（実施日：2012年2月8日）。

いずれも内陸にあったため、津波の被災市町村とは物理的距離があったことと関連する。つまり、その距離感があったことが、住民に身近すぎるがゆえに復興の成果の把握が困難であった市町村の代わりに意識調査を実施することを可能としたのである。これは、県の本来業務である補完行政に徹する姿勢を選択したということである。

おわりに

　本章では、東日本大震災後に策定された復興計画には、復興事業の拡大による総合化、関連計画の並立化、計画期間の標準化の特徴があることを明らかにした。そして、復興計画の運用では、復旧・復興の事業ごとに進捗度に差異が生じたものの、進捗を制約する要因にも対応してきたことを明らかにした。
　このような復興計画の設計と運用上の特徴を明らかにするなかで、いずれの特徴にも共通する傾向があったことがわかる。それは、被災前の計画体系、計画策定方法、国―地方間の行政システムの運用の慣行の継続性が見られた点である。つまり、被災市町村では、災害前との継続性を持って、復興計画を設計し、運用してきたのである。この結論は、橋本信之による阪神・淡路大震災時における行政組織の対応の分析結果と共通性がある。つまり、緊急時の対応にあたって、臨機的に完全合理性から適応するのではなく、「既存の組織構造及び技術体系によりつつ、新規の事態に対処」（橋本（2005）170頁）したのである[12]。
　自治体の震災対応には、震災以前からの行政的対応や本来業務で積み重ねてきた運営上の慣行との連続性があるという結論は、災害前の日常的な行政的対応の蓄積が、震災後の対応に結びつくという政策的な含意を持つ。つまり、「震災前（pre-event）」（Smith and Wenger（2007）p.237）からの計画や日常的

12　設計段階ではルーティン的な対応であった復興計画は、決してその後も、維持されたわけではなかった（姥浦（2013）192頁）。計画を修正しながら、改訂版を策定した市町村も現れた。

な行政的対応など、震災前の自治体の行政体としての基礎的な能力が、震災後の政策課題への着実な対応に結びつくのである。

　本章冒頭の問題意識に戻れば、復興計画には震災前からの計画策定の手続や体制との継続性を持つ特徴がある。それは言い換えれば、復興計画とは、震災後に初めて策定するものでは決してないことを意味する。むしろ、震災後を見据えながら、各地域の人口動態、産業、財政力を踏まえた現実的な計画を常備しておくことこそが、震災後の着実な復興計画の設計と運用に資するのだろう。折しも、2013年6月21日に施行された「大規模災害からの復興に関する法律」では、市町村（特定被災市町村）の復興計画作成が法制度化された。今後は同法に基づき、従来、任意で策定されてきた復興計画の作成が震災後に求められることになる。そうであればむしろ、震災後に策定を始めるのではなく、自治体内に並立する複数の計画を復興という視点から束ねた総合計画を準備して、震災後に備えるべきではないだろうか。

【参考文献】

饗庭伸・澤田雅浩（2012）「復興計画を読む」『季刊まちづくり』34号、39-46頁

秋田典子（2014）「復興計画における住民の意思反映」日本都市センター編『被災自治体における住民の意思反映――東日本大震災の現地調査・多角的考察を通じて』日本都市センター、71-89頁

東義浩（2014）「鉄の絆の復興支援――北九州市の活動」東大社研・中村尚史・玄田有史編『〈持ち場〉の希望学――釜石と震災、もう一つの記憶』東京大学出版会

礒崎初仁・金井利之・伊藤正次（2014）『ホーンブック　地方自治』（第3版）北樹出版

伊藤修一郎（2009）「首長の戦略・マニフェストと総合計画」村松岐夫・稲継裕昭・日本都市センター編著『分権改革は都市行政機構を変えたか』第一法規

今井照（2014）『自治体再建――原発避難と「移動する村」』ちくま新書

打越綾子（2004）『自治体における企画と調整――事業部局と政策分野別基本計画』日本評論社

姥浦道生（2013）「被災後1年半の復興計画の実態と課題」大西隆・城所哲夫・瀬田史彦編著『東日本大震災　復興まちづくり最前線』学芸出版社、180-201頁

河村和徳（2014）『東日本大震災と地方自治――復旧・復興における人々の意識と行政の課題』ぎょうせい

ケトル、ドナルド（2011）『なぜ政府は動けないのか――アメリカの失敗と次世代型政府の構想』勁草書房

越澤明（2012）『叢書　震災と社会　大災害と復旧・復興計画』岩波書店

斎藤浩（2013）「被災者のための『復興特区』を考える」平山洋介・斎藤浩編『住まいを再生する――東北復興の政策・制度論』岩波書店

佐々木伯朗（2014）「震災復興と地方自治」小西砂千夫編『日本財政の現代史Ⅲ――構造改革とその行き詰まり　2001年～』有斐閣

ダウンズ、アンソニー（1975）『官僚制の解剖――官僚と官僚機構の行動様式』渡辺保男訳、サイマル出版会

田辺国昭（2012）「規制改革――分析のための試論」森田朗・金井利之編著『政策変容と制度設計――政界・省庁再編前後の行政』ミネルヴァ書房

中井検裕（2013）「津波被災地の都市計画――一部市計画技術者としての報告：第一二回行政法研究フォーラム：東日本大震災と行政法（1）」『自治研究』第89巻第1号、3-19頁

西尾勝（2013）『自治・分権再考――地方自治を志す人たちへ』ぎょうせい

橋本信之（2005）『サイモン理論と日本の行政――行政組織と意思決定』関西学院大学出版会

林敏彦（2011）『大震災の経済学』PHP新書

牧紀男（2013）『復興の防災計画――巨大災害に向けて』鹿島出版会

松井望（2015）「県庁内のガバナンス変容と持続――マニフェスト導入による政治時間の規律づけ」宇野重規・五百旗頭薫編『ローカルからの再出発――日本と福井のガバナンス』有斐閣

松岡京美（2014）『行政の活動――政策変化に伴う地方行政の実施活動の政策科学研究』晃洋書房

村井嘉浩（2012）『復興に命をかける』PHP研究所

村松岐夫（1988）『現代政治学叢書15　地方自治』東京大学出版会

第3部　自治体の復興事業

Smith, Gavin P. and Dennis Wenger (2007) "Sustainable Disaster Recovery: Operationalizing an Existing Agenda," in Havidán Rodríguez, Enrico L. Quarantelli and Russell Dynes, eds., *Handbook of Disaster Research*, Springer

第10章　津波被災地における高台移転

大谷基道

はじめに

　住宅再建は、個人生活における復興への第一歩である。津波被災地において利用可能な住宅再建の主な事業手法は、表10-1に示したとおりであるが、なかでもより困難を伴うのは移転を伴う場合であり、「防災集団移転促進事業」(以下、「防集事業」という)、「自主再建」、「災害公営住宅整備事業」がその場合の中心的な手法とされる[1]。

　住宅は生活の基本かつ重要な基盤であり、被災者は皆、一刻も早く住まいを再建したいと願う。もとの居住地にはもう住みたくないと考える人がいる一方で、慣れ親しんだもとの居住地にいち早く自力で住宅を再建しようと考える人もいる。しかし、住民の安全を守るべき行政の立場からすれば、再度の津波被害の危険性が高い区域に特段の対策を講じぬうちに住宅の再建を認めることはできない。このような再居住に適さない区域の住宅再建については、防集事業による区域外への集団移転が進められた[2]。これに対し、防集事業の対象区域外の被災者、あるいは、対象区域内であっても集団での移転を望まない被災者は自主再建によることとなった。また、いずれの場合においても、資力の関係等で住宅の購入・建設が困難な場合には、災害公営住宅への入居を選択することとなった（図10-1）。

1　自主再建については第12章、災害公営住宅整備事業については第11章を参照のこと。
2　ただし、市街地や漁業集落など移転による再建が難しい地域については、防集事業ではなく土地区画整理事業や漁業集落防災機能強化事業による現地嵩上げなどの対応がとられた。

表10-1 住宅再建のための主な事業手法

再建形態	事業手法	概要	主な事業主体	所管官庁	計画地区数(注1)	計画戸数(注1)
移転して再建	防災集団移転促進事業	居住に適さない区域における建築制限と宅地の公的買い上げ、高台等の移転地の整備と移転者への転居費用の助成	市町村	国土交通省	333地区	9,718戸
現地での再建	土地区画整理事業	市街地において地盤嵩上げのうえ、区画を整え住宅地・公共施設を一体的に整備	都道府県市町村	国土交通省	50地区	10,352戸
現地での再建	漁業集落防災機能強化事業	漁業集落の地盤嵩上げ	市町村	農林水産省	36地区	496戸
移転もしくは現地での再建	災害公営住宅整備事業	低廉な家賃の公営住宅を整備し、被災者に賃貸(注2)	都道府県市町村	国土交通省	―	29,925戸
移転もしくは現地での再建	自主再建	上記のいずれの手法にもよることなく、被災者が自力での再建を行うもの(注3)	―	―	―	―

(注) 1. 計画地区数・戸数は2015年3月末現在。いずれも東日本大震災に係るものに限る。なお、防災集団移転促進事業には茨城県の2地区分を含む。
2. 自治体が自ら整備するほか、民間事業者が整備した住宅の借上げも含む。
3. 「被災者生活再建支援制度」等による助成(第12章参照)を受けているものも含む。
4. これらの事業手法が複合的に用いられる場合もある。例えば、土地区画整理事業で整備した保留地を防集事業の移転先として活用する、防集事業で整備した土地に移転者が入居する災害公営住宅を建設する、漁業集落防災機能強化事業による地盤嵩上げでは安全確保が困難な場合に防集事業を用いて高台移転を推進する、など。また、表に掲げた主な事業手法のほか、都市機能の形成を主眼とする津波復興拠点整備事業などを用いた住宅再建も可能である。

(出所) 復興庁(2012)(2013)(2015)、国土交通省都市局(2013)などを参考に筆者作成。

　本来、支援の枠があるとはいえ、移転か現地再建かを自分自身で選択可能な自主再建が、個々人にとって最も望ましいあり方であろう。しかし、復興の議論に際しては集落単位での「高台移転」が最も望ましい方法だと主張された。住宅再建に際し、なぜ多くの自治体は個人の自由な意思に基づく自主再建ではなく、防集事業による集団での高台移転を選択したのか。また、その実施に際し、住民の合意形成が円滑に進まない例がしばしば見受けられるが、その原因

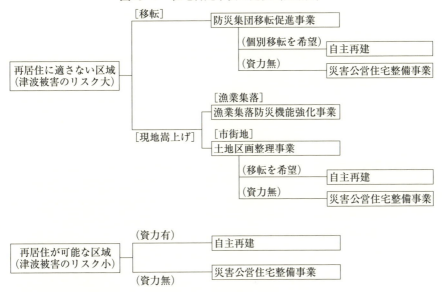

図10-1 住宅再建手法の選択（概略図）

(注) 単純化した概略図であり、これに当てはまらない場合もあり得る。
　　　[ ] は地域レベルでの選択または制度趣旨から自ずと決定されるもの、( ) は個人レベルでの選択。
(出所) 筆者作成。

は何なのか。本章ではこの２点について考察する。

　被災自治体の多くは、明治・昭和の三陸津波を経験している。これらの自治体は、その教訓を踏まえ、被災直後から津波の届かない高台への移転を望んだ。過去の高台移転がなし崩しになった経験から、もとの居住地への再居住は制限したい。そこには住めなくなるが、復興に向けて地域コミュニティは維持したい。高台移転とはそのような性格を持つ事業であった。国も、被災自治体の意向を踏まえて高台移転を打ち出してはいたが、高台住宅地の造成には大きな費用を要する。すべての住宅再建を高台移転で行うのは財政的に無理があり、どこかで線を引かねばならない。加えて、2011年６月以降、国土交通省の検討会議や国の中央防災会議などで「多重防御」[3]という津波からの防御方針が打ち出された。この方針を踏まえ、防潮堤等の整備によって安全化した「低地」への移転も視野に入れるべく、政策過程のなかで「高台移転」ではなく「防集事業の活用」が前面に押し出されるようになった。同年12月には、防集事業が復

興交付金の対象事業の1つに位置づけられると同時に、今般の被災地向けに防集事業の拡充や財政支援措置の見直しが行われた。この結果、国が事業費を全額負担することとなり、財政的な不安から様子見の状態にあった自治体が続々と防集事業の活用に踏み切っていった。この頃から、高台移転イコール「防集事業」との認識が定着していった。

防集事業は、住民の集団移転と引き換えにもとの居住区域での住宅建築を禁止するため、地区住民全員の同意を必要とする。このことが、個々の住民の居住地決定に関して大きな制約を課することになる。住民の安全とコミュニティの維持を確保するため、この制約はやむなしとされた。しかし、「住民の合意」を取り付けることがいかに困難かという点については、大きな注意が払われなかったのではないか。このようなシチュエーションでの合意形成は非常に難しい。防集事業の実施において合意形成ができるかできないかを自治体の評価に単純に結びつける議論があるとすれば、異議を唱えざるを得ない。

本章では、まず被災自治体が防集事業を活用するに至る経緯を追う。次に、その実施事例を取り上げ、最大の課題とされる合意形成の成否の鍵を考察するとともに、実は本来の趣旨と異なる環境下で用いられた制度が合意形成をより困難にしていることを提示する。

1 東日本大震災における高台移転と防災集団移転促進事業

1.1 津波被災地における住宅再建

東日本大震災は広い範囲に大きな被害をもたらした。特に津波による被害が大きく、岩手、宮城、福島の3県（以下、「被災3県」という）の住家被害は、沿岸地域を中心に全壊12万3474戸、半壊23万6040戸にのぼり、多くの人々が住む場所を失った[4]。津波によって失われたのは住宅だけではない。この3県に

---

3 防潮堤や防波堤のような構造物の防災機能のみに依存するのではなく、例えば、防災教育の徹底や避難地の面整備など、ハード・ソフトの施策を組み合わせて総動員する津波防災・減災対策のあり方を指す。詳細は後述（1.4.2）のとおり。

おける死者は1万5822人、行方不明者も2594人にのぼり、死者のほとんどは津波による溺死とされる。このため、被災地の復興に際しては、住宅の再建、それも人命を確実に守ることのできる安全な場所での再建が最も重要な課題の1つとなった。

被災地で用いられている住宅再建の主な手法のうち、表10-1の自主再建を除く4事業は、国が被災自治体の復興地域づくりに必要なハード事業をメニュー化した40の復興交付金事業（基幹事業）に位置づけられている。これにより、各自治体はこれら事業を基本的に財政負担ゼロで実施することが可能となっている。

住宅再建に際しては、移転か現地再建かを被災住民が自分自身の意思に基づいて決定可能な自主再建に対して行政が所要の支援を行うのが、本来は最も望ましいあり方であろう。ところが、津波被災地における高台移転については、防集事業の採択要件に当てはまる場合、自治体はほぼ防集事業を選択する。もちろん他の復興交付金事業と同様、財政的な理由もあろう。しかし、防集事業はもとの居住区域における住宅建築を禁止し、他の区域への移転を促進するものであって、個々の住民の自由な意思決定とは必ずしも相容れない事業であるのにもかかわらず、実際には多くの地域で実施されている。これには財政的な理由だけでは単純に片付けられない、何か別の理由があるのではないだろうか。以下、防集事業が多くの被災自治体で用いられるようになった経緯を見ていく。

1.2 防集事業の沿革と概要

1972年、全国32府県において死者・行方不明者433名、建物全半壊6855戸、山崩れ・がけ崩れ5987カ所もの被害を発生させた「昭和47年7月豪雨災害」を受け、「防災のための集団移転促進事業に係る国の財政上の特別措置等に関する法律」が成立した。ここに、災害被災地のうち住民の居住に適当でないと認められる区域内にある住居の集団的移転を支援する防集事業が誕生した[5]。

つまり、防集事業とは、豪雨時の山崩れや土石流の発生など局地的な災害の

---

4 警察庁緊急災害警備本部広報資料（2014年10月10日）。
5 安本・森川（2013）147-148頁。

危険性が予見される山間地や河川敷等の小集落の住民がまとまって安全な場所に移転する小規模移転の促進事業というのが本来の位置づけなのである。制度創設以来、東日本大震災発災までに延べ35団体で実施され、移転戸数の累計は1854戸にのぼる[6]。近年は地震や噴火災害への適用事例が目立つようになり、北海道南西沖地震（1993年）、新潟県中越地震（2004年）等においても活用されている。

防集事業[7]では、自治体（原則として市町村）が事業主体となって、集団的移転を促進すべき区域（移転促進区域）を定め、同区域内の宅地等を買い取るとともに、買い取った地域を、再び災害に対して脆弱な住宅が建設されることがないよう建築基準法第39条第1項に基づく災害危険区域に指定し、条例により建築を制限する。その代わりに、移転先となる住宅団地を整備し、住宅敷地を被災者に譲渡または賃貸する。集団移転する被災者に対しても、移転促進区域内の土地の買い取り代金が支払われるほか、移転先住宅団地の住宅敷地購入・住宅建設に関するローンの利子補給や移転先への引越代の補助等の手厚い支援が行われる（図10-2）。

事業主体の自治体は、集団移転促進事業計画を国土交通大臣の同意を得て策定する必要がある。この策定にあたっては、移転促進区域内の住民の意向を尊重するとともに、同区域内のすべての住居が移転されるよう配慮しなければならない。また、移転先の住宅団地については10戸以上（移転しようとする住居の数が20戸を超える場合には、その半数以上の戸数）であることが求められる[8]。

防集事業の事業費については、その4分の3を国が負担し、残る4分の1を事業主体の自治体が負担する。ただし、地方負担分には地方財政措置が講じられ、自治体の実質的な負担は事業費の約6％とされる[9]。なお、事業費には限度額（例えば、住宅団地の用地取得造成費の平米単価など）が設定されており、

6　国土交通省資料「防災集団移転促進事業実施状況」（http://www.mlit.go.jp/common/001034433.pdf、2015年4月10日閲覧）。

7　これ以降の防集事業制度に関する記述については、国土交通省パンフレット「東日本大震災の被災地で行われる防災集団移転促進事業」(http://www.mlit.go.jp/common/001049801.pdf）による。

8　東日本大震災の被災地については、特例措置として5戸以上（1.5において後述）。

図10-2 防災集団移転促進事業のイメージ

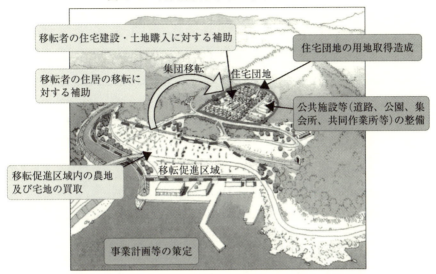

(出所) 国土交通省パンフレット「東日本大震災の被災地で行われる防災集団移転促進事業」。

限度額を超える部分については、100％自治体の負担となる。また、移転者個人が防集事業の枠組みにおいて住宅を移転・再建する場合、個人の資産となる住宅の建設費用や土地取得の費用は移転者の負担となる。その一方で、移転者には「移転元の土地売却収入＋借り入れに係る利子補給」が入るため、それとの差額が実質的な個人負担となる。

9 　国土交通省資料によると、その仕組みは次のとおりである。事業費の4分の1に相当する地方負担分については、一般補助施設整備等事業債の対象（充当率90％）とされ、その元利償還金の80％に特別地方交付税が措置される。起債が充当されない残り10％には地方の一般財源を充てることになるが、その50％にも特別地方交付税が措置される。つまり、地方負担分25％×｛(起債充当90％×特交措置80％) ＋ (一般財源10％×特交措置50％)｝＝19.25％についても実質的には国の負担となり、最終的な地方負担は残りの約6％のみとなる。なお、東日本大震災の被災地については、特例措置として地方負担が実質ゼロになっている（1.5において後述）。

1.3 過去の津波災害からの教訓と高台移転

　防集事業が東日本大震災の被災地で多用されるようになったのには、この地域の津波災害の歴史も影響している。特に大きな被害を受けた岩手県及び宮城県の三陸沿岸地域は、これまでも度重なる津波被害に遭遇してきた。1896年の明治三陸地震による津波では三陸沿岸を中心に死者約2万2000人、流出・全半壊家屋1万戸以上の被害が発生し、1933年の昭和三陸地震による津波でも同じく死者・行方不明者約3000人、流出・倒壊家屋約6000戸の被害が発生している[10]。

　明治三陸津波からの復興[11]に際しては、同じ悲劇を二度と繰り返さぬよう、被害集落の有志や地元有力者の指導により高台移転が進められた。しかし、造成工事の難しさから移転を断念する集落や、漁業に従事する際の不便さなどからもとの低地に戻る者が続出し、最終的には多くの者が低地に住み続けることとなった。その結果、低地では37年後の昭和三陸津波で再び大きな被害を受けることとなった。それとは対照的に高台移転地域の多くは被害を免れたため、高台移転は津波被害回避の貴重な成功例として認識されるようになった。

　このため、昭和三陸津波からの復興[12]に際しては、津波被災区域への再度の居住を回避し、高台に移住することが住宅再建の基本と考えられるようになった。高台移転を含む住宅適地の造成は町村が事業主体となって進められ、その造成費に対しては国からの支援も行われた。この結果、岩手県では18町村38集落、宮城県では15町村60集落が高台に移転することになった。

　しかし、明治のときと同様、いったんは高台に移住したものの漁業に従事する際の不便さなどからもとの低地に戻る者が徐々に現れるようになった。また、津波被災区域でありながら建築制限を設けなかった地域に再び住宅が建築されたり、新たに整備された防潮堤の背後の低地に住宅が建設されたりして、高台移転も被災区域への再居住の回避も次第になし崩しになっていった。

　今般の震災においては、それら低地の住宅の多くが流失の憂き目に遭ったの

10　古川（2002）、中央防災会議災害教訓の継承に関する専門調査会（2005）、杉戸（2012）。

11　これに関する記述は、中央防災会議災害教訓の継承に関する専門調査会（2005）、越村（2005）、杉戸（2012）、大西（2013）による。

12　これに関する記述は、中央防災会議東北地方太平洋沖地震を教訓とした地震・津波対策に関する専門調査会（2011）、杉戸（2012）による。

に対し、高台移転した集落の多くは津波の被害を免れた[13]。想定を上回る津波に対し、防潮堤など新たに整備された防災施設は十分な防御となり得ず、地盤嵩上げにより再建された地域も高さが不十分で住宅流出の被害を受けた。このように、今般の震災は、津波の被害から確実に逃れるには高台への移転が最も効果的であるとの教訓をあらためて残すことになった。

この教訓を踏まえ、被災地ではかなり早い段階から高台移転を求める声が上がった。佐藤仁・南三陸町長は「柱となるのは、『高台移転』そして『職住分離』」「もう二度と家や家族を津波に傷つけられない場所に住まなければな」らないと被災直後から思っていたという[14]。また、戸田公明・大船渡市長も震災2週間後には高台への集団移転構想を表明し、菅直人首相に電話で支援を要請している[15]。この傾向は多くの首長に共通しており、震災から約3カ月の時点では、被災3県の沿岸部37市町村長の約7割が高台移転に賛成している[16]。

また、高台に移転するだけでなく、もとの居住地での再建を禁じることも重要であった。明治・昭和三陸津波の経験から、いったん成立した高台移転が崩れるのは、諦めたはずのもとの居住地への再居住が原因であることが知られていたためである。

このように、被災自治体が住宅再建に求める要素は、「津波の届かない高台への移転」と「もとの居住地への再居住の禁止」が大前提であった。加えて、コミュニティの維持を考慮すれば、その移転は集落単位が望ましいとされる。過去の災害からの住宅再建において、コミュニティの崩壊が問題になった例は少なくない。その例として知られているのは阪神・淡路大震災後の住宅再建である。逆に、新潟県中越地震の場合、被災集落がコミュニティを概ね維持する形で再建され、復興に向けた原動力になったといわれている[17]。

13　大西（2013）25-27頁。
14　佐藤（2014）105-107頁。
15　『東海新報』2011年4月20日。
16　『毎日新聞』2011年6月11日。
17　吉田（2012）。

1.4 住宅再建に関する国の動向：高台移転から防集事業へ
1.4.1 高台移転方針の提示

　他方、国では住宅再建についてどう考え、どう動いたのか。初めての大きな動きは発災から3週間後の2011年4月1日にあった。菅首相は、この日開いた記者会見で、被災自治体の首長たちからの意見も踏まえ、「山を削って高台に住むところを置き、海岸沿いに水産業、漁港などまでは通勤する」まちづくりを目指すと述べた[18]。これにより高台移転が大きく注目されることとなった。

　この会見から10日後の4月11日、有識者と地元関係者からなる東日本大震災復興構想会議（以下、「復興構想会議」という）が設置され、4月23日の第2回会議[19]を中心に高台移転が本格的に議論された。村井嘉浩委員（宮城県知事）からは「三陸沿岸部は高台移転・職住分離」の考えが示された。河田惠昭委員（関西大学教授）からは中心市街地は現地嵩上げ、小集落は高台移転といったパターン別のまちづくりビジョンとその概算工費が具体的に示された。大西隆委員（東京大学大学院教授）からも、明治・昭和三陸津波の教訓から高台移転が原則であるとの考えが示されるとともに、土木技術の発達により工事が難しい地形でも対応が可能になったこと、自動車社会になったため漁港から離れていても通勤が可能であることなどから、過去の移転失敗事由のいくつかは克服可能になっているのではないかとの見解も示された。

　6月11日の第9回会議においては、津波・防災まちづくりに関連する手法・事業等に関する議論が行われ、高台移転を考えるときに最も参考になる既存制度として防集事業が挙げられた。そこでは、防集事業は高台移転にぴったりの既存事業であるが、今回それをそのまま適用するか、少し改善が必要かという議論がある旨の発言も見られた。また、これまでは防集事業をはじめとする既存制度をうまく組み合わせるなどの工夫をして活用していたが、それは小規模であったから可能であった。今回はかなり大規模なので、これまでのようなやり方で可能なのか、それとも、津波ということを考えた制度を作るのか、との

18　首相官邸ホームページ（菅内閣総理大臣記者会見（2011年4月1日））。

19　以降、復興構想会議の議論に関する記述は各回の会議録及び会議資料による。なお、委員の肩書きは当時。

問題提起もなされた。しかし、非常に技術的な面もあることから、具体的な手段についての検討は政府に委ねることで落ち着いた。

　6月25日には復興構想会議の提言「復興への提言――悲惨のなかの希望」がまとめられ、地域類型別に復興のための地域づくりのあり方が示された。そのほとんどの類型において高台移転が基本とされ、移転に際してはコミュニティの一体的な維持が重要であることも示された。なお、この提言では、高台移転を実現する既存手法として防集事業が例示されており、今般の震災に合わせて必要に応じた改良がなされるよう、総合的な検討の必要性にも言及している[20]。

1.4.2　多重防御の推進

　これに先立つ2011年3月30日、国土交通省において「被災地の復旧・再建に関する検討会議」が始動した。6月14日には、この会議の成果が「国土交通省における東日本大震災の復旧・復興に向けた対応」として公表された。そこには、被災状況や地理的条件が地域によって大きく異なるため、地域ごとの特性を踏まえ、ハード・ソフトの施策を組み合わせて総動員する「多重防御」による津波防災まちづくりを推進することがうたわれた。また、この1カ月後の7月6日には、同省の諮問機関である社会資本整備審議会・交通政策審議会交通体系分科会計画部会も「津波防災まちづくりの考え方」と題する緊急提言を行い、多重防御の考え方を提示した。

　中央防災会議の「東北地方太平洋沖地震を教訓とした地震・津波対策に関する専門調査会」も9月28日に多重防御を基本方針とする報告をとりまとめた。この報告には、2つのレベルの津波を想定した津波対策が掲げられ、発生頻度が高く津波高が低い津波については海岸保全施設等のハード整備を中心に対応することとし、発生頻度は極めて低いものの甚大な被害をもたらす東日本大震災のような最大クラスの津波については住民避難等のソフト対策に土地利用、避難施設等を組み合わせた総合的な津波対策を講じるべきことが示された[21]。

20　東日本大震災復興構想会議「復興への提言――悲惨のなかの希望」2011年6月25日、12頁。住宅だけの移転ではなく、多様な用途の立地が可能となるように「総合的な検討」が必要であるとしている。

1.4.3 「高台移転」から「防集事業」へ

　2011年7月29日、政府は「東日本大震災からの復興の基本方針」(以下、「復興基本方針」という) を決定した。6月の復興構想会議の提言書には「高台移転」が盛り込まれていたのに対し、復興基本方針からは「高台移転」の文言が消え、「『防災集団移転促進事業』を総合的に再検討する」との表現が記されていた。

　この背景には国の財政的な問題があった。防集事業を所管する国土交通省幹部は、「高台移転が必要なところはやればいいが、全部を高台にもっていくのは無理」とし、対策をとれば低地の活用もあるとの考えを示した[22]。内閣官房幹部は「高台移転ではなくても津波対策は可能。国民の税負担で復興事業を行う以上は過剰投資を避けるべきだ」と言い、宮城県幹部は「10年23兆円[23]の数字が出た頃から、ある省が『現実的に考えましょう』と言い始めた」とコメントしている[24]。また、復興構想会議で提案された沿岸部に人工高台を造る案が地元や政治家から支持されるのを見た財務省幹部が、コストが膨らみそうな「高台移転」という言葉が独り歩きすることに対して危機感を抱き、「表現するなら『高台移転』じゃなくて『集団移転』だ」として、部下に気をつけるよう指示していたとの報道もなされている[25]。

　この頃、我が国の防災方針は多重防御に転換を遂げつつあった。復興基本方針においても、多重防御の推進が明記されている。何が何でも安全な高台に移転するのではなく、多重防御の考えに基づくハード対策を講じて安全化した「低地」への移転も視野に入れられるよう、「高台移転」から「『防災集団移転促進事業』を総合的に再検討する」との表現に変化したものと考えられる。

21　その後、2011年12月には、多重防御の発想による津波災害に強い地域づくりを推進するため、「津波防災地域づくりに関する法律」が成立した。
22　「官庁速報」2011年8月8日。
23　復興基本方針では、10年間の復旧・復興対策の事業規模 (国・地方の公費分) を23兆円程度と見込んでいた。
24　『毎日新聞』2011年7月30日。
25　『毎日新聞』2012年5月12日。沿岸部をコンクリート柱で嵩上げする人工高台案は、復興構想会議の第2回会議において河田委員から提示され、その概算工費は1ha当たり65億円と見積られていた。

防集事業そのものは、北海道南西沖地震に係る奥尻島の先例から、津波災害における高台への集団移転の代表的手法として関係者の間ではすでに広く認知されていた。国会での議論を見ても、すでに2011年3月30日の衆議院国土交通委員会で国土交通省都市・地域整備局長が高台への集団移転事業の一例として防集事業を挙げている。また、同年5月10日の復興構想会議の第4回会議でも、達増拓也委員（岩手県知事）が防集事業の拡充を要望している[26]。このように、関係者の間ではかなり早い時期から「高台への集団移転といえば防集事業」との認識が広まっていたが、復興基本方針に明記されたことでその認識がよりいっそう広まることとなった。復興の方針が各省の同意のうえで成立すれば、諸事業への方向指示器となり、諸事業への拘束ともなるといえそうである。

1.5 防集事業活用に向けた国及び被災自治体の動向

前述のとおり、被災自治体が住宅再建に求める条件は、「津波の届かない高台への移転」と「もとの居住地への再居住の禁止」であり、さらに、その移転は「集落単位が望ましい」というものであった。

防集事業を使えば、これらの条件をすべて満たすことができるうえ、集団移転する被災者に対しても手厚い支援が可能となる。個人での高台移転を望む住民も少なからず存在するが、今般の津波被害については個人による高台移転を直接的に支援する制度が存在しない。そのため、津波災害のリスクが高い区域からの移転を促進するには、防集事業の方がベターと判断されたものと思われる。

防集事業における実質的な地方負担は、通常、事業費の6％程度である。しかし、移転戸数が多く総事業費が膨大になれば、たとえその6％であっても被災市町村には大きな負担となる。事業費には上限が設定されており、山を切り

26　同知事は、「防災集団移転促進事業の拡充、これは中越地震でも活用された制度なんですけれども、ただ、小さい集落とか、使い勝手の悪いところもあるので、それを拡充していただきたい」「被災した土地の買取りについては時価となると全然二束三文になってしまいますので、適切な価格で買い上げるということが津波被害の場合、特に必要」と発言し、規模要件の緩和（10戸以上→5戸以上）や被災土地の被災前の価格での買取り等を要望している。

崩す場合には上限を超えることも予想されていた。また、大規模な集団移転の場合、病院や学校などの施設も一緒に移転させる必要があるが、それに関する費用は補助対象外であった。国の復興基本方針に防集事業の活用が明記されたが、事業費の地方負担分についての手当策が具体的に示されなかったため、多くの自治体が防集事業の活用を検討しながら、なかなかその実施に踏み切れない状況が続いた[27]。

　2011年12月になると、東日本大震災復興特別区域法（以下、「復興特区法」という）が成立し、復興交付金制度が創設された。防集事業についても、事業費の4分の3を復興交付金として国が負担、残り4分の1の地方負担分についても復興交付金の追加交付と震災復興特別交付税の交付により国が負担することになり、地方負担は実質ゼロになった。同時に、防集事業を少しでも実施しやすくするため、用地造成費に地域実情を加味した補助限度額の引き上げ、移転先住宅団地の規模要件の10戸以上から5戸以上への緩和、住宅団地に関連する公益的施設（病院等）の用地取得・造成費の補助対象化などの特例措置も講じられた。

　これを受け、防集事業の活用を検討しつつも踏み切れずにいた市町村が、その障壁が解消されたことで、雪崩を打つように防集事業の活用に踏み切っていった。ただ、防集事業は、もとの居住地に再度の津波被害の危険性がなければ対象にならない。多重防御の考えに基づき、その判断には防潮堤等の整備後の想定浸水深が用いられる。したがって、移転再建を希望しても、想定浸水深が災害危険区域に指定される程度のレベルになければ、防集事業の対象とは認められない。このため、対象地域はかなり限定されることとなり[28]、移転を希望しながら防集事業の対象区域に入れなかった、特に区域境界近くの一部住民からは不満の声も挙がっている。

27　『毎日新聞』2011年6月11日。
28　自治体の内部検討段階での変更であるため正確な把握は困難であるが、震災直後にしばしば見られた壮大な高台移転計画が次第に縮小していったのも、多重防御の考え方に基づくこの線引きの影響が大きいものと思われる。

2 防集事業と合意形成

2.1 東日本大震災の津波被災地における防集事業の実施事例

東日本大震災の津波被災地における2015年3月末時点の防集事業の実施状況は、実施が予定されている333地区9718戸のすべてが大臣同意を取得済であり、うち328地区9662戸は着工済、さらにそのうちの168地区3440戸は事業完了済となっている[29]。

防集事業は関係住民全員の同意が必要なため、その合意形成が最も大きな課題とされている。ここでは合意形成が円滑に進んだ例とそうでない例を、自治体の行動に着目し、「住民主導か行政主導か」「住民と行政との相互理解の機会の多寡」を軸に複数取り上げ、何が合意形成に影響しているのかを考察する。なお、近隣の移転適地の有無のような地理的条件や対象集落の産業構造的な条件の違いもその成否に影響を及ぼすため、事例の選択に際しては、比較的同じような条件にある事例（2.1.1～2.1.3：移転適地を見つけることが可能な地形、沿岸居住の必然性の高い住民が少ない）を選び、それに1つだけ条件が異なる事例（2.1.4：移転適地が極めて少ない地形、漁業集落が多い）を加えることとした。

2.1.1 住民主導の例（気仙沼市小泉地区）[30]

気仙沼市小泉地区の防集事業は、同地区の120戸を市内内陸部にある現況森林の丘陵地約5.9haに移転させるものである。奥尻島の防集事業を経験した専門家のサポートを得ながら、関係住民による検討が重ねられ、2015年5月には造成工事が完了した。

同地区では、被災からわずか1カ月後の段階で、集落の存続に危機感を持っ

---

29 復興庁（2015）4頁。なお、地区数には茨城県の2地区を含み、完了3440戸には完了済168地区のほか一部完了地区で供給された戸数を含む。
30 気仙沼市小泉地区の事例については、次の資料に基づく。小泉地区の明日を考える会（2013）、森（2013）、『河北新報』2014年9月15日、気仙沼市ホームページ。

た住民有志が「小泉地区の明日を考える会」を結成し、防集事業の実施に向けて行動を開始した。集団移転に関する住民の意向確認や移転先の選定も同会主導で行われ、移転先のまちづくりについても関係住民によるワークショップを22回にわたり開催して検討を重ねている。同地区では被災前から住民同士の日常的な意思疎通と相互扶助の関係が築かれており、それが防集事業に係る合意形成において有利に作用したものと考えられている。

2.1.2　行政主導だが住民との相互理解が進んでいる例（岩沼市）[31]

　岩沼市では被災した沿岸6地区を内陸の新たな造成地に集団移転させることとした。広さ約20haの造成地には、宅地158区画と災害公営住宅178戸が整備され、2013年12月には大規模な造成を伴う集団移転では最も早いといわれる宅地の引き渡しが一部開始された。

　同市では、震災直後から月1回程度のペースで当該被災地区の住民との情報交換の場を設けてきた。移転先の選定についても、住民たちが目をつけて地権者に話を持ちかけ、そのうえで市に情報を提供したのがきっかけであるという。

　国土交通大臣の同意を得て防集事業が実施段階に移って以降も、市が6地区の住民と外部有識者からなる委員会を設置し、1年半の間に28回もの開催を重ねた。土地利用計画、区画割、公共・公益施設の整備方針等についてワークショップ方式での検討が行われ、2013年11月には市長に報告書を提出している。

　住民の積極的な参画を引き出すことができた最大の理由は、市が震災直後から被災住民との連携を密にして信頼を構築してきたことと、震災前から公共インフラの計画時に住民参加の手法を積極的に活用してきたことによって蓄積されたノウハウが生かされたことにあるといわれている。

31　岩沼市の事例については次の資料に基づく。岩沼市資料「岩沼市の防災集団移転の事業概要等」（http://www.city.iwanuma.miyagi.jp/kakuka/040300/documents/tamaura0427.pdf）、『日本経済新聞』2013年3月12日、『朝日新聞』2013年12月22日、時事通信社「iJAMP」2013年12月24日配信記事「集団移転で宅地引き渡し＝大規模造成で被災地初──宮城県岩沼市」。

2.1.3 行政主導で住民との相互理解が進んでいない例1（宮城県山元町）[32]

　宮城県山元町では、防集事業を用いて沿岸部の10集落を内陸に造成する3つの新市街地に移転・集約する計画が進められている。町の将来への危機感から人口減少時代においても魅力的で持続可能な町に改造するため、この機会に都市機能を徒歩圏内に集約することを目指すものであるが、町議会や住民の間から批判が噴出し、町長選の大きな争点にもなった。コンパクトシティ化への批判もさることながら、住民への十分な説明もないまま移転先を3つの新市街地に限定するという、過度の行政主導が反発を生んでいるといわれる。近くの高台への移転を求める住民たちが自ら移転先を選んで町に掛け合ったものの、コンパクトシティ化を崩すものとして取り上げられなかったという。

2.1.4 行政主導で住民との相互理解が進んでいない例2（石巻市雄勝地区）[33]

　石巻市では、雄勝地区（2005年市町合併前の旧雄勝町）の618戸を同地区内の高台のほか、旧河北町内、旧石巻市内も含めた市内造成地のいずれかに移転させることとしている。雄勝地区では現地再建を望む声が多かったが、市は防集事業による内陸移転案を示し、住民も最終的には合意した。市としては、現地再建には20m近くの嵩上げが必要で現実には困難であり、住民を再び危険な場所に戻すわけにはいかないため、やむを得ない措置であったという。

　その結果、内陸の移転地よりも利便性に勝る旧河北町内、旧石巻市内への移転を希望する住民が増え、雄勝地区の人口は震災前の4割程度にしか戻らないともいわれている。防集事業に住民が合意したのは、行政の説明やメディアの取材、世論の雰囲気を見て、高台移転は避けがたい国策のように感じ、本意ではないが同意したということもあるという。そのため、雄勝地区の将来を危ぶむ一部の住民からは、未だに現地再建の再考を望む声が上がっている。

　32　山元町の事例については、次の資料に基づく。『産経新聞』2014年4月13日、同2014年4月29日、『毎日新聞』2014年3月10日、同宮城版2014年1月11日。
　33　石巻市の事例については、次の資料に基づく。『石巻かほく』2012年8月21日、『読売新聞』2013年3月10日、『河北新報』2014年5月4日、『毎日新聞』2014年9月5日、同夕刊2012年12月11日。

2.2 何が合意形成に影響を与えるのか

4つの事例からは、住民の参画や行政の合意形成努力が十分に見られれば合意が円滑に進む傾向が示唆される[34]。それらの行為は住民の同意、つまり本心からの納得を得るためのものであり、それを結果的に得られるかどうかが成否を分ける。

本心からの納得が成否の鍵であるというのは、過去の事例からもうかがえる。新潟県中越地震の被災地から防集事業によって移転した住民にその満足度をたずねた研究によれば、集落の仲間と一緒にいたい、あるいは利便性が高まるといった能動的動機に基づいて移転した世帯は概ね満足する傾向が見られ、逆に、集落の判断に従っただけといった受動的動機に基づいて移転した世帯は満足度が低い（やや後悔している）傾向が見られるという[35]。

住民に本心から納得してもらうには、住民の参画促進や行政の手厚い説明等によって能動的動機を持たせることが必要である。しかし、少ない職員で膨大な復興事務に追われる被災自治体の現状を考慮すれば、そのような対応はなかなか難しい。合意が円滑に進まない原因を自治体の対応に求めるのが果たして本当に適当なのか。

合意形成が円滑に進んだ地区については、濃密なコミュニティ、卓抜したリーダーシップ、外部専門家の適切な支援などの特殊要因が存在していたという指摘もある[36]。前述の気仙沼市小泉地区や岩沼市の事例にもこのような要素が存在する。逆に言えば、このような特殊要因がない普通の地区の場合、自治体の努力くらいでは円滑な合意形成は無理な可能性がある。となれば、筆者には、問題は「制度」にあるのではないかと思われるのである。

2.3 合意形成を難しくしているのは何か

防集事業は、豪雨時の山崩れや土石流の発生など局地的な災害の危険性が予見される山間地や河川敷等の小集落において、住民がまとまって安全な場所に

---

34 迅速な合意形成には行政の強いリーダーシップが必要との意見もあるが、それだけでは円滑な合意形成は図られないこともこの4事例からうかがえる。
35 田中（2011）。
36 金井（2014）20頁。

移転する小規模移転の促進事業として創設された。これまでの適用事例を見ても、制度創設以来の約40年で100戸以上の事例はわずか4例にとどまる[37]。それが東日本大震災では100戸以上の場合が30地区を超えている[38]。今回取り上げた4つの事例もすべて100戸以上の大規模移転の事例である。

　防集事業では、もとの居住地は条例で災害危険区域に指定され住宅の建築が禁止されるため、区域内のすべての住民の同意が必要とされる。防集事業は小規模という前提であるからこそ、このような制度設計が可能であるが、規模が大きくなるにつれて合意形成がより困難になるのは明らかである。

　近年は奥尻島のようにもともとの想定とは異なる適用事例も見られるが、そもそも防集事業は山村の小集落が被災を機に生活利便性の高い麓に移転するような場合に適用されてきた。実際、1972年の制度創設から10年程度は、過疎、振興山村、離島、豪雪地帯等の地域指定を受けている地域からの移転が大半であった[39]。不便な場所から便利な場所に移るときの合意形成はそれほど難しくはないが、今回は逆に不便な山側に上がることになるため、合意形成が困難になることが容易に予想される[40]。

　また、山村集落向けの事業であることから、移転世帯に漁業従事者が含まれることはこれまでほとんどなかった。津波被災地における唯一の防集事業適用事例であった奥尻島においても、漁業従事者を中心に現地再建の強い要望があったため、その地区については高台移転ではなく漁業集落環境整備事業[41]を用いた現地嵩上げを行っている。2011年4月1日の菅首相の会見以降、「高台に住居、海辺に通勤」の考え方が広まったが、漁業従事者の場合、海の様子が見えない高台からでは出漁の判断ができず、また、港まで10分程度の高台であっ

37　注6と同じ。
38　復興庁ホームページ「住まいの復興工程表」（2014年9月末現在）の被災3県の市町村別個票に記された防集事業を筆者が集計した結果による。全333地区のうち、計画戸数30戸未満が225地区（うち10戸未満99地区）、30戸以上50戸未満が40地区、50戸以上100戸未満が37地区、100戸以上が31地区であった。
39　水谷（1982）。
40　『読売新聞』2013年1月9日。
41　東日本大震災で活用されている漁業集落防災機能強化事業の前身事業。

ても、津波の際にすぐ駆けつけて船を沖に逃がすには遠すぎるという[42]。

 では、なぜ新たな制度を作らず、既存の防集事業に手を加えて活用することになったのか。それは、早く対応せよという圧力もあるし、また関係機関としても早く対応したいという意思が、過去の経験のなかから適用可能な事例を探し出し、早い段階から関係者の間に「防集事業は今回の高台移転にぴったりの既存事業」との認識を生じさせていたのではないか。もし新たな制度を設けるのであれば、関連法を整備する必要がある。復興構想会議に復興の青写真の検討を委ね、住宅再建を含めた復興まちづくりについて議論が進められている以上、そこで方向性が出される前に法案を国会に提出することはできない。しかし、他方で、震災直後から「被災地の復旧・再建に関する検討会議」の開催を重ねていた国土交通省から見れば、自らのフィールド内に解決案があった。仕事は、既存事業をベースに検討が進められる。既存事業に少し手を加えるだけで済むのであれば、新たな制度を設けるよりも迅速な対応が見込めると判断したとの推測が成り立つように思われる。

 つまり、本来は今般の津波被害に合わせた別の制度を新たに考えるべきではなかったか。例えば、移転先が内陸で不便な土地であるにもかかわらず、「防集事業に同意すればもとの居住地に戻ることは一切できない」という要件があることは、合意形成の大きな妨げになる。また、同じ集落の被災者でも通勤・通学先などの違いから移転先の希望が分かれることが少なくないが、移転先住宅団地の規模は（要件緩和後でも）5戸以上でなければならない。移転元の土地売却収入が住宅再建の原資となるにもかかわらず、買い取り価格が震災前の実勢価格より割安になる[43]。これらも同様に、合意形成の妨げとなろう。

---

 42 『日本経済新聞』2011年6月10日。
 43 移転元の土地については、被災により評価額が大きく下落している。買い取りに際しては、復興後の価値上昇分を時価に上乗せした価格が適用されるが、それでも震災前の評価額には及ばない。

おわりに

　東日本大震災の津波被災地における住宅再建について、なぜ多くの自治体は住民個人の自由な選択を犠牲にしてまで防集事業による高台移転を選択したのか。また、その実施に際し、住民の合意形成が円滑に進まない例がしばしば見受けられるが、その原因は何なのか。本章ではこの２点について考察した。
　住宅再建に対する自治体の希望は、高台への移転、現地再建の禁止、コミュニティの維持の３点であった。それを同時に満たすのが震災以前から存在する防集事業である。国も早々に高台移転を打ち出すが、やがて財政的な問題から防集事業を前面に押し出すようになる。その後、国が今般の被災地向けに制度の拡充や財政支援措置の見直しを行ったこともあり、自治体は一気に防集事業の活用に傾いていった。
　防集事業の実施に際しては、合意形成が最大の課題といわれる。防集事業に同意すればもとの居住地には戻れないため、ただでさえ同意取得は容易ではない。加えて、山村の小集落の住民がまとまって安全な場所に移転するという防集事業本来の制度趣旨を十分に考慮せず、大規模移転、それも利便性が劣る地域への移転にも活用しようとしたことが、合意形成をより困難にしていたのである。
　このほかにも、既存事業である防集事業を活用した結果、事業の進捗とともにさまざまな課題が発生している。例えば、移転の規模が大きくなるほど適当な移転先を探すのが困難になる。多くの土地が必要となれば地権者も多数となり、地権者や境界の特定等の作業が多々発生する。相続登記未了等で同意を得るべき地権者の特定が困難なことも少なくない[44]。また、地籍調査が未了の地域では買収に際して測量と境界確認作業が必要となり、進捗に遅れが生じてい

44　NHK盛岡放送局ホームページ「ニュースのはてな」2014年２月27日放送分（http://www.nhk.or.jp/morioka/obandesu/newsnohatena/140227/index.html、2015年４月10日閲覧）。

るという[45]。

　今般の防集事業をめぐる政策過程から示唆されるのは、国が既存制度の活用を推進したことが結果的に円滑な事業実施の妨げになったのではないか、ということである。たとえ迅速な対応が必要であったとしても、それが結果的に的確さを欠くものであれば、事業に遅滞が生じ、かえって時間を要することもある。東日本大震災は未曾有の大災害であり、多数の被災者を早期に救済すべく、その対応には迅速さが求められた。着手後に問題点が明らかになれば、適時、制度の見直しも行われた。このような背景・経緯を踏まえれば、防集事業の活用を推進した国の対応は、その時点では最善の対応であったとも捉えられる。その一方で、前述のとおり、復興構想会議において既存の防集事業をそのまま適用するかどうかは議論の余地がある旨の意見が出されていた。また、既存事業の活用ではなく津波ということを考えた制度を作るのかとの問題提起もなされていた。これらを踏まえれば、また別の対応もあり得たとも考えられるのではないだろうか。

【参考文献】

安部美和（2013）「2004年中越地震後の集団移転とその課題──新潟県長岡市（旧川口町）小高集落の事例」『都市計画報告集』No.11、184-187頁

大西隆（2013）「復興を構想する」大西隆・城所哲夫・瀬田史彦編著『東日本大震災　復興まちづくり最前線』学芸出版社、14-35頁

金井利之（2014）「被災地における住民の意思反映と自治体行政職員」日本都市センター編『被災自治体における住民の意思反映──東日本大震災の現地調査・多角的考察を通じて』日本都市センター、9-30頁

小泉地区の明日を考える会（2013）『大好きな小泉を子どもたちへ継ぐために──集

---

45 「特集　どう進める『地籍』調査」『日経グローカル』No.234ほか。なお、2014年5月の復興特区法の改正により、筆界特定の申請や測量のための土地の立入り等について一定の特例措置が設けられた。

団移転は未来への贈り物』みんなのことば舎

国土交通省都市局（2013）「東日本大震災の被災地における市街地整備事業の運用について（ガイダンス）」9月26日一部改正版（http://www.mlit.go.jp/common/001014480.pdf）

越村俊一（2005）「シリーズ　過去の災害に学ぶ（第4回）1896年明治三陸地震津波」『広報ぼうさい』第28号、18-19頁

佐藤仁（2014）『南三陸町長の3年　あの日から立ち止まることなく』河北新報出版センター

塩崎賢明（2014）『復興〈災害〉――阪神・淡路大震災と東日本大震災』岩波新書

杉戸克裕（2012）「昭和三陸津波」農林水産政策研究所『過去の復興事例等の分析による東日本大震災復興への示唆――農漁業の再編と集落コミュニティの再生に向けて』震災対応特別プロジェクト研究資料、第1号、115-126頁

田中正人（2011）「集団移転事業による居住者の移転実態とその背景――新潟県中越地震における長岡市西谷地区及び小高地区の事例」『日本建築学会計画系論文集』第76巻第665号、1251-1257頁

中央防災会議災害教訓の継承に関する専門調査会（2005）「1896 明治三陸地震津波報告書」（http://www.bousai.go.jp/kyoiku/kyokun/kyoukunnokeishou/rep/1896-meiji-sanrikuJISHINTSUNAMI/index.html）

中央防災会議東北地方太平洋沖地震を教訓とした地震・津波対策に関する専門調査会（2011）「第5回会合　資料1　高地移転と土地利用規制」（http://www.bousai.go.jp/kaigirep/chousakai/tohokukyokun/5/pdf/1.pdf）

復興庁（2012）「復興交付金　基幹事業」（http://www.reconstruction.go.jp/topics/120405gaiyou.pdf）

復興庁（2013）「復興の現状と取組」11月29日（http://www.reconstruction.go.jp/topics/main-cat1/sub-cat1-1/20131129_gennjoutotorikumi.pdf）

復興庁（2015）「公共インフラの本格復旧・復興の進捗状況（平成27年3月末時点）」（http://www.reconstruction.go.jp/topics/main-cat1/sub-cat1-2/20150522_FukkoShihyo.pdf）

古川浩太郎（2012）「東日本大震災における津波災害と復興まちづくり――集団移転を中心に」国立国会図書館調査及び立法考査局『東日本大震災への政策対応と諸

課題』57-73頁
水谷武司 (1982)「災害危険地集落の集団移転」『国立防災科学技術センター研究報告』第29号、19-37頁
森傑 (2013)「気仙沼市小泉地区の住民発案による高台集団移転計画とコミュニティの継承 (概要)」『Urban Study』Vol.56、1-18頁
安本典夫・森川憲二 (2013)「復興まちづくりと集団移転の事業制度」平山洋介・斎藤浩編『住まいを再生する――東北復興の政策・制度論』岩波書店、141-162頁
吉田行郷 (2012)「研究成果の概要」農林水産政策研究所『過去の復興事例等の分析による東日本大震災復興への示唆――農漁業の再編と集落コミュニティの再生に向けて』震災対応特別プロジェクト研究資料、第1号、1-11頁

第11章　仮設住宅と災害公営住宅

西田奈保子

1　はじめに

　災害で住まいを失った被災者の暮らしの再生には、住宅の確保が欠かせない。応急仮設住宅（以下、「仮設住宅」という）[1]と災害公営住宅[2]は、被災者の生活再建におけるセーフティネット経路として災害後の住宅行政の重要な柱とされてきた。1995年に発生した阪神・淡路大震災後の住宅供給は、住まいを失った被災者に対し、避難所から仮設住宅、そして公営住宅の供給という単線型プログラムを基調に進められた[3]。短期間で大量に公的住宅を供給するこの方式には、当時は強い必要性があったという（復興10年委員会（2005））。しかし、郊外を中心に大規模高層集合住宅として公営住宅を建設したこの方式には、入居者選定に抽選方式を採用したことも重なって、被災者の社会的孤立を助長したとの批判もある（塩崎（2009））。この方式の底には、公的住宅を画一的な手法で大量に供給することで高度経済成長期の住宅需要に応えた戦後日本の住宅政策があり、この政策の路線を災害後においても適用したともいわれる（復興10年委員会（2005））。住宅再建は災害からの復興の重要な一部であるが、当然ながらそれだけで被災者の暮らしがもとに戻るわけではない。緊急事態が過ぎ

---

[1] 災害救助法に基づき、被災者の一時的な居住の安定を目的に供給される住宅のこと。
[2] 公営住宅法に基づき、一定規模以上の災害が発生した場合に供給される住宅のこと。福島県は語感の問題から復興公営住宅と呼んでいるが、本章は制度上の呼称である災害公営住宅を用いる。
[3] 阪神・淡路大震災における公的住宅復興政策が単線的であるとの指摘は、被災者に対して他の選択肢が十分に用意されなかったことへの批判でもあった。

た後には、地域社会をいかに回復できるかという課題もある。

　東日本大震災後の住宅行政には、主に、被災直後からの仮設住宅の供給とその後の本設住宅の供給がある。後者には大別して2種類あり、1つは、被災者の持家の自力再建に対する用地確保や住宅再建支援策である[4]。もう1つは、住宅再建の資力が不足する人等を対象とする災害公営住宅の供給である。これらの住宅行政のうち本章では、被災者のセーフティネットとしての仮設住宅と災害公営住宅が被災後3年半の間にいかに供給されたのかを考察する。

　災害後の住宅供給のあり方は国の法制度上の仕組み[5]が基本であり、これらは、被災者の暮らしや地域社会に対して大きな影響を与える。しかし、災害後の執行プロセスもまた被災者に住宅を供給するうえで大きな役割を持つ。そこで本章では、国、県、市町村がどのように連携したか、特に県や市町村はいかにそれぞれの「政策」の選択をし、また実施したのかを、自治体レベルの政策過程に着目して明らかにする。従来、日本の中央と地方の政府間の権限体系は融合的であるといわれ、そこでは、自治体が集権制の下にあることが示唆されがちであった。ここでは、地方は独自の政策意思を持つ限り（村松（1988））、独自の住宅政策を選択する場合があることを示す。

　以下においては、まず、第2節で、東日本大震災から3年半時点の岩手県、宮城県及び福島県（以下、「被災3県」という）における仮設住宅と災害公営住宅の供給状況を概観する。第3節及び第4節では仮設住宅と災害公営住宅の供給に係る仕組みを見たうえで、福島県を中心とした政策過程を考察する。具体的には、仮設住宅に関しては民間賃貸住宅の借上げ（以下、「借上げ仮設住宅」という）[6]が大量に供給された過程、さらに原子力災害に係る災害公営住宅に関しては県が供給の中心となった過程について、ジョン・キングダンの政策過程モデルを参考に分析する[7]。第5節では、仮設住宅と災害公営住宅の供

4　東日本大震災における住宅自力再建支援策に関しては第10章及び第12章を参照されたい。

5　災害公営住宅と被災者の生活復興に関し現状と問題点を法的に分析し、将来の災害のための法政策を提言した論考として板垣（2014）がある。

6　民間賃貸住宅などの既存の住宅ストックを活用し、災害救助法に基づく仮設住宅として扱うもので「みなし仮設住宅」とも呼ばれる。

給過程の事例から、災害住宅行政において自治体政策過程に見られた特質をとりまとめる。今回の被災者への住宅供給に関わる意思決定を見ると、県の政策過程は、平時の政策に大きな影響を受けつつも、国だけではなく、関係市町村、被災者など、組織をとりまく環境との相互作用にも耳を傾ける、いわば「オープンシステム」として機能したように思われる。そこに自治体の自律的な判断が結びついたのである。これらの事例に見る限り、国、県、市町村の行政は融合的な面を持つが、災害時における自治体は、この融合システムのなかで、過去の災害住宅行政や平時の政策を変容させ、創意をこめた独自の政策内容を選択する可能性を持つと論じる。

2 被災3県における仮設住宅及び災害公営住宅の供給状況

本節では、福島の政策過程に焦点を絞る前段階として、被災3県の仮設住宅と災害公営住宅の供給状況を概観する。被災3県における住家被害は全壊12万3474棟、半壊23万6040棟であり[8]、被害は津波を受けた太平洋沿岸部に集中した。以下に見るように、被災者の暮らしの回復の基礎となる住宅再建は、政府の定めた集中復興期間5年(2011年度〜2015年度)の間には終わりそうにない。

2.1 仮設住宅の供給状況

東日本大震災で住まいを失った被災者に供与された仮設住宅には、新規に建設された仮設住宅(以下、「建設仮設住宅」という)と、物理的には仮設ではない既存ストックの空室を仮設住宅扱いとするものがある。後者には、借上げ仮設住宅と公的住宅の貸与の2種類がある。表11-1は被災後約3年半時点の供給状況であり、7万9475戸に17万9133人が暮らしている。建設仮設住宅への入居戸数が借上げ仮設住宅を上回るのは岩手県、宮城県である。福島県では建

---

[7] ある課題が浮上し、特定の政策が選択される過程について、キングダン(Kingdon (1995))は、「問題」「政策」「政治」の3つの流れが合流するとき「政策の窓」が開くとした。

[8] 警察庁緊急災害警備本部広報資料(2014年10月10日)による。序章表序-1参照。

表11-1　被災3県における仮設住宅の供給状況

	合計	建設仮設住宅				借上げ仮設住宅	公的住宅
	入居戸数 (入居者数)	入居戸数 (A) (入居者数)	建設戸数 (現管理戸数 (B))	入居率 (A/B)		入居戸数 (入居者数)	入居戸数 (入居者数)
3県合計	79,475戸 (179,133人)	41,384戸 (89,323人)	52,879戸 (52,651戸)	78.6%		36,410戸 (85,207人)	1,681戸 (4,603人)
岩手県	13,550戸 (30,699人)	10,964戸 (23,957人)	13,984戸 (13,887戸)	79.0%		1,909戸 (4,729人)	677戸 (2,013人)
宮城県	32,643戸 (76,046人)	17,423戸 (39,130人)	22,095戸 (21,982戸)	79.3%		14,555戸 (35,445人)	665戸 (1,471人)
福島県	33,282戸 (72,388人)	12,997戸 (26,236人)	16,800戸 (16,782戸)	77.4%		19,946戸 (45,033人)	339戸 (1,119人)

(注)　「公的住宅」の対象住宅のうち、福島県の数値は県営住宅と市町村営住宅のみであり、雇用促進住宅等を含まない。
(出所)　2014年8月末各県公表データに基づいて筆者作成。

設仮設住宅よりも借上げ仮設住宅への入居戸数が上回る。県ごとの状況が異なるのは、民間賃貸住宅市場の状況と原子力災害に伴う広域避難者が多数発生した影響であり、詳細は第3節で述べる。公的住宅には「政策的空家」となっていた公営住宅も含まれ、自治体が示した供給可能数に比べ、築年数や立地といった点で被災者から選択されにくい傾向があった。

　建設仮設住宅は3県合計で5万2879戸建設された。2014年8月末現在の入居率は平均78.6%であり、2割程度が空室である。建設当初からの空室も含まれているが、持家や災害公営住宅が完成し、転居が発生したことが一因である。次のステップは、建設仮設住宅の集約や撤去であるが、震災後3年半の時点ではほとんど行われていない。物理的には、転居先となる持家の再建地の造成も災害公営住宅も大半が未完成であることが原因であるが、社会的要因ともいうべきものも推測される。例えば、災害公営住宅では相応の家賃が発生することを考慮して転居を実行しなかったり、仮設住宅団地で形成された社会関係を断ち切ることにためらいが生じている場合がある。他方、建設仮設住宅の撤去が始まったところもある。仮設住宅は必ずしも適切な空地に建てられたわけではなく、使用要請のある民有地や校庭等では撤去が進行せざるを得ない。

2.2 災害公営住宅の供給状況

　阪神・淡路大震災における仮設住宅入居世帯調査によると、約55％は借家被災、持家被災は約27％であり、世帯主が65歳以上の世帯は約42％、年収300万円未満の世帯は約70％であった[9]。この結果から、自力での住宅再建が困難な世帯が多数と判断され、公営住宅の建設が積極的に推進された[10]。全半壊住家被害数との関係では、その17.4％にあたる戸数が供給された。他方、東日本大震災の被災世帯は約８割が持家被災といわれる。しかし、災害公営住宅の供給予定量が全半壊住家被害数に占める割合は、後述するように、阪神・淡路大震災時に比べて、極端に少なくなってはいない。その原因としては、土地基盤そのものへの被害があるため、いったんは災害公営住宅への入居を希望する場合があること、持家再建を断念する高齢世帯が多いこと、被災後の転居プロセスや災害公営住宅の間取り等が原因で世帯分離が選択されていることが考えられる。

　表11-2は災害公営住宅の供給状況である。３県合計で２万9055戸が建設される計画であり、この数は全壊住家棟数の23.5％、全半壊住家棟数の8.1％に相当する。2014年度中の進捗率は平均37％で、集中復興期間５年の工事終了予定は69％である。５年間の進捗予定率は福島県の原発避難者向け災害公営住宅が29％と低い。地震・津波被災者向けに比べ、後発で用地確保に動き始めたことが一因であろう。岩手県、宮城県においても４分の３にとどまる。なお、兵庫県内で阪神・淡路大震災後に新規供給された当初計画分２万5100戸に占める震災後３年の完成率は94％[11]と高いが、それは郊外に大規模集合住宅を建設した影響によると思われる。東日本大震災における災害公営住宅の建築形式に着目すると、大規模集合住宅とともに木造戸建・長屋建も計画されている[12]。早期

9　兵庫県住まい復興推進課「応急仮設住宅入居者調査結果速報」（実施時期1996年２～３月）1996年に基づく。

10　兵庫県まちづくり部（2000）によれば、阪神・淡路大震災で兵庫県内に供給された復興公営住宅は４万1963戸（うち、震災前に着工済の公営住宅及び公営住宅等の空家活用を除く２万5421戸が新規供給分）であり、全半壊住家被害数は24万956戸（消防庁、2006年５月19日）である。

11　兵庫県まちづくり部（2000）の資料編のデータに基づく。

表11-2　被災3県における災害公営住宅の供給状況

		建設戸数合計	2012年度 戸数(進捗率)	2013年度 戸数(進捗率)	2014年度 戸数(進捗率)	2015年度 戸数(進捗率)	2016年度 戸数(進捗率)	2017年度 戸数(進捗率)	調整中
3県合計		29,055	248 (0%)	2,274 (8%)	10,763 (37%)	19,935 (69%)	24,183 (83%)	25,270 (87%)	3,785
岩手県		5,946	118 (2%)	574 (10%)	1,722 (29%)	4,348 (73%)	5,667 (95%)	5,946 (100%)	0
宮城県		15,505	50 (0%)	1,343 (9%)	6,695 (43%)	11,589 (75%)	14,518 (94%)	15,326 (99%)	179
福島県	合計	7,604	80 (1%)	357 (5%)	2,346 (31%)	3,998 (53%)	3,998 (53%)	3,998 (53%)	3,606
	地震・津波	2,714	80 (3%)	357 (13%)	1,638 (64%)	2,574 (95%)	2,574 (95%)	2,574 (95%)	140
	原子力災害	4,890	0 (0%)	0 (0%)	708 (14%)	1,424 (29%)	1,424 (29%)	1,424 (29%)	3,466

(注)　「戸数」は工事終了戸数を指す。
(出所)　復興庁「『住まいの工程表』の更新（2014年6月末現在）について」（記者発表資料、2014年7月31日）に基づき筆者作成。

に大量の住宅を供給する必要性と小集落や被災者の個別事情への対応の必要性という両面への配慮であろう。整備手法には、自治体による直接建設方式、都市再生機構や地元建設事業者等建設分の買取方式、民間住宅の借上げ方式[13]がある。

　用地取得の難しさ、新たな造成工事、コスト高騰による入札不調、広範囲に及ぶ震災復興土地区画整理の影響等、進捗の制約要因は多数あるが、3県合計の供給予定量は2015年度に最大となるため、仮設住宅から災害公営住宅への住

12　福島県内の地震・津波被災者向け災害公営住宅2702戸のうち27.2%の735戸が木造戸建・長屋建だが、事業主体である市町村により方針が異なる。戸建・長屋建の割合は、例えば新地町77.4%、相馬市79.4%、南相馬市24.6%、いわき市9.6%である。原発避難者向け災害住宅4890戸では、建設用地未確定分を除いた4345戸のうち21.7%が木造戸建・長屋建だが、県主体分（3979戸）15.1%、市町村主体分（366戸）94.0%と差がある。福島県建築住宅課「復興公営住宅の進捗状況（2014年10月31日時点）」に基づく。

13　復興10年委員会（2005）は借上げ公営住宅の問題点として、入居期限が自立困難層にも適用されること及び自治体の費用負担が新規建設よりも多くなる国の補助制度を挙げている。

み替えは4年目以降に本格化することになる。災害公営住宅の量、立地、質が被災者の需要に適合しているかどうかは、入居辞退率や空室率により今後明らかになる。しかし、短期的に判断するのは容易ではない側面もある。例えば、空室率は、仮設住宅の入居期限の設定や、福島県内においては避難指示区域の見直し時期等の関連要因によって変動すると考えられるからである。災害公営住宅の供給は、維持管理コストや住宅ストック形成といった中長期的観点からも検討されなければならない。

3 仮設住宅の供給過程

　仮設住宅に関する事務は、第1号法定受託事務であり、国の予算措置と一般基準[14]に基づき都道府県が実施し、市町村が補助を行う融合した政策過程のなかで行われる。本節では、まず、制度とその運用実態を考察する。そのうえで、福島県ではなぜ借上げ仮設住宅が大量に供給されたのかを明らかにする。

3.1 仮設住宅供給の枠組み
3.1.1 国、県、市町村の関係

　東日本大震災における仮設住宅は、1947年に制定された厚生労働省管轄の災害救助法第23条に基づき、被災者の一時的な居住の安定を目的に供与された[15]。仮設住宅は、住宅が全壊等により居住できず自らの資力では住宅を得ることができない者を収容する施設で、入居は原則被災者に限られ家賃は発生しない[16]。被災者への住居提供は、避難所、食品の供給等と並んで欠乏状態における救助物資と位置づけられ、従来、家賃分の現金の直接給付は認められず、「現物支給」

14　災害救助法施行令第9条及び第11条に基づき「災害救助法による救助の程度、方法及び期間並びに実費弁償の基準」（厚生省告示第144号、2000年3月31日）が定められており、この基準に従いあらかじめ都道府県がこれを定めるとされている。

15　2013年度の第183回国会で改正案が成立し内閣府に移管された。有識者会議「被災者に対する国の支援の在り方に関する検討会」は2014年8月に中間報告を出し、大災害時の家賃の現金給付、民間賃貸住宅の活用、高所得者の家賃有料化等の検討を求めた。

が実務上の原則とされてきた[17]。

過去の災害で供給された仮設住宅はそのほとんどが建設仮設住宅であり、借上げ仮設住宅の本格供給は、東日本大震災が初めてであった[18]。1970年代末からの仮設住宅は、各都道府県が業界団体である社団法人プレハブ建築協会(以下、「プレ協」という)と結んだ「災害時における応急仮設住宅の建設に関する協定書」に基づき、一括してプレ協に発注する方式が主流であったからである。1995年の阪神・淡路大震災以降、全都道府県が自然災害に備えて急速にこの協定を結んでいる[19]。以下ではまず、従来型の建設仮設住宅を念頭に仮設住宅供給の枠組みを検討し、政策過程を論じる部分で借上げ仮設住宅を取り扱うこととする。

震災後、県と各市町村は役割分担に関し「応急仮設住宅に関する基本協定書」を取り交わした。建設仮設住宅は、市町村の要請に応じ県が建設するのが原則であるが、県から市町村への委託も可能である[20]。市町村は、インフラが整った公有地を優先して用地の選定を行う。しかし、震災前に毎年更新していた建設候補地リストは津波や放射線被害等により機能せず、用地不足を解消するために民有地の活用や新たな造成も行われた。

---

16 民主党野田政権は、この例外として、自治体から要請を受けたボランティアや自治体等から派遣された応援職員に仮設住宅への入居を認めた。自民党安倍政権は、大槌町等からの要望を踏まえ、仮設住宅の空室が増加し、かつ民間賃貸住宅事情が改善しないなか、仮設住宅の目的外使用を認め、入居基準の運用を市町村に任せる方針とした。

17 災害救助法は、都道府県が認めた場合は救助を要する者に対し金銭を支給することができるとしているものの、「災害救助法の運用に関する件」厚生省通知、1947年のいわゆる「現物支給の原則」が実務上の基本とされてきた。しかし、東日本大震災後、会計検査院(2012)や注15の有識者会議の中間報告は、現金給付を検討課題に挙げた。

18 阪神・淡路大震災でも避難先として自助努力で民間賃貸住宅を借りた層は存在したが、「借上げ仮設住宅」として入居したのは避難所生活が困難だという特別の要件に合致した世帯であった。

19 従来、プレ協が建設する仮設住宅は、組立ハウス及びユニットハウスを供給するメーカーで構成される規格建築部会(以下、「規格部会」という)による鉄骨プレハブ造りのものであった。東日本大震災では需要に対し当初のストックが不足していたため、規格部会だけでなく、プレ協加盟の住宅メーカーで構成される住宅部会も供給に加わった。

3.1.2　設備と費用

　国の一般基準は、災害発生の日から20日以内の着工、1戸当たりの標準規模（1世帯3人で29.7m^2）、その費用（238万7000円以内）、賃貸住宅の居室の借上げによる収容が可能等の基本事項を規定しているが、大臣との協議による特別基準の設定も認めている。災害救助費での国庫負担金が法定され、県の財政力（標準税収入見込額に占める災害救助費の割合）に応じ、5割、8割、9割で交付される。残る県負担分についても災害対策債（充当率100％、普通交付税措置95％）で賄われるが、東日本大震災では、国会で「極小か、場合によってはゼロ」とする方針が示され[21]、震災復興特別交付税措置が行われた。

　東日本大震災では、自治体からの要望を受け、建設仮設住宅の標準仕様に含まれない設備等を特別基準として国庫補助の対象とする通知が五月雨式に示され、バリアフリー対策、暑さ・寒さ対策といった追加工事が住宅完成後にも発生した。しかし県は、発注時に認められていた基準で随時発注を始めたため、結果的に大量の追加工事が発生し、費用と事務作業量の増大を招いた。2012年3月末までの1戸当たりの設置費用は628万円であり、基準額を大幅に上回った要因は、建設用地不足により造成費が必要であったこと、寒冷地仕様等の費用が必要であったこととされている（会計検査院（2012））。その後、国の通知で物置の設置を認めていることや、リースではなく買取方式による建設仮設住宅の撤去費用及び建設用地の原状回復費用等が発生することを踏まえれば、最終的な費用はさらに膨らむ。

　1990年代以降の仮設住宅は、いずれも当時の一般基準を超える特別基準による対応がなされてきた[22]。過去の特別基準が後の災害時に踏襲される傾向が既定路線化していたといえる。それにもかかわらず、現代の生活水準や地域性に

20　仙台市は建設仮設住宅と借上げ仮設住宅に関し、宮城県に同市への事務委託を申し入れ、借上げ仮設住宅については一部委託を受けたが、建設仮設住宅については広域調整の観点から見送られた（仙台市復興事業局震災復興室編（2013））。相馬市は建設仮設住宅に関し、早期供給と地元事業者への発注を目的に福島県に委託を申し入れたが、事業者公募は県が実施し（西田（近刊））、市内の業者も共同企業体で選定された。相馬市は現場監督や配置計画等を委託されたが、結果的に見れば早期供給に結びつかなかった。

21　第177回国会参議院国土交通委員会会議録2号（2011年3月24日）の厚生労働省社会・援護局長答弁による。

適合的でない状態の一般基準を維持し、通知の繰り返しによる運用を継続してきた弊害が東日本大震災で表面化した。すなわち、本住宅行政の事務は、その基準が過剰に煩雑であった。災害救助法に基づく仕組みが大災害や長期避難に対応できる内容ではなかったという点を差し引いても、このことが、実施主体である自治体への事前の確実な周知を妨げ、事務作業と費用の増大、苦情対応の増大を引き起こした大きな原因であったと考えられる。

3.1.3 供与期間

　供与期間の定めは、災害救助法、建築基準法及び特定非常災害特措法から構成され、災害救助法では最長2年間である。しかし、阪神・淡路大震災では補修を講じながら最長5年間供与された。これは、被災者の需要に応じるに足る適当な住宅が不足する場合、かつ、安全上、防火上及び衛生上支障がないと認められる場合には、特定非常災害特措法第8条に基づいて特定行政庁たる自治体が許可を行うことにより、1年以下の範囲内ごとに供与期間の延長が可能だからである。東日本大震災では、震災後3年半までの間に供与期間の延長の決定が3回に分けて行われた。つまり、供与期間の延長対象となった市町村で被災し、かつ、仮設住宅に居住している人の場合、2016年3月末まで通算5年間は住み続けることが可能になったが、延長の決定は小出しに行われた。しかし、被災地の状況を概観すれば、地震・津波被災地では土地の嵩上げ等が大規模に計画され、原子力災害では避難の長期化が確実な区域が存在するなかで、災害公営住宅等の本設住宅の供給、さらには生活環境の一定の回復が5年間に収まらないことは早い段階で想定可能であった。被災形態や事業の進捗の多様性が明白であれば、より合理的に延長期間を決めることを検討すべきであろう。

22　復興10年委員会（2005）によれば、阪神・淡路大震災では撤去復旧費を含めて1戸当たり約344万円であった。国土交通省住宅局住宅生産課（2012）によれば、近年の1戸当たり単価は次のとおり。2004年新潟県中越地震472万円、2007年能登半島地震502万円、新潟県中越沖地震497万円、2008年岩手・宮城内陸地震541万円（岩手県）、451万円（宮城県）。2011年東日本大震災では岩手県約568万円、宮城県約664万円、福島県約574万円。

3.2 福島の仮設住宅供給の特徴

すでに第2節で指摘した点も含まれるが、福島県の仮設住宅供給の特徴は、第1に、借上げ仮設住宅の割合が高い、第2に、移築を含めて建設に長期間を要した、第3に、地元業者による提案型の木造による建設仮設住宅（以下、「木造仮設住宅」という）の割合が高いという3つにまとめることができる。

表11-3は福島県における仮設住宅の供給状況である。建設仮設住宅1万6800戸、借上げ仮設住宅2万4221戸が供給された。借上げ仮設住宅が供給全体の59.0%を占め、岩手県（19.8%）、宮城県（52.0%）に比べ高い割合を示す[23]。なお、借上げ仮設住宅の特例型とは、県が借り上げた住宅を被災者に供給する手法（以下、「一般型」という）によらず、被災者が自ら県内の民間賃貸住宅に入居したのち、被災者の賃貸借契約を県との契約に切り替え、県借上げ仮設住宅扱いとする特例措置（以下、「特例型」という）のことをいう。

表11-4に被災3県における建設仮設住宅の内訳と完成時期を示した。福島県では2011年秋頃までにほぼ完成しているとはいえ、震災後約2年間にわたって建設が継続した[24]。この原因は、原子力災害による住民の広域避難と時間経

表11-3 福島県における仮設住宅の供給状況

	建設仮設住宅			借上げ仮設住宅			公営住宅
				合計	一般型	特例型	
	要請戸数	完成戸数(A)	入居戸数(B)(入居率(B/A))	入居戸数	入居戸数	入居戸数	入居戸数
地震・津波	5,868	5,778	5,188 (89.8%)	7,814	579	7,235	268
原子力災害	11,022	11,022	9,354 (84.9%)	16,407	599	15,808	138
合計	16,890	16,800	14,547	24,221	1,178	23,043	406

（注）1. 地震・津波被災者対象の集計には南相馬市が含まれているため、原子力災害に伴う避難者が含まれているが内訳は不明。
2. 要請戸数と完成戸数の差は南相馬市要請分であるが、新規建設の予定はないため建設は終了。
（出所）福島県災害対策本部（2013年5月現在）「応急仮設住宅・借上げ仮設住宅・公営住宅の進捗状況」に基づいて筆者作成。

---

23 岩手県及び宮城県の借上げ仮設住宅の割合は、米野（2012）図1を参照した。
24 阪神・淡路大震災において兵庫県が建設した仮設住宅は4万8300戸、震災から約7カ月後の1995年8月11日までにすべて完成した（兵庫県公営住宅等推進協議会（1997））。

表11-4　被災3県における建設仮設住宅の内訳と完成時期

	建設戸数	プレハブ建築協会	地元公募
福島県	16,800 (2013年3月6日完成)	9,981 (59.4%)	6,819 (40.6%)
岩手県	13,984 (2011年8月11日完成)	11,632 (83.2%)	2,352 (16.8%)
宮城県	22,095 (2011年12月26日完成)	21,572 (97.6%)	523 (2.4%)

(出所)　自治体公表資料に基づいて筆者作成。

過による需要の変動が関係している。供給時期が遅いものでは、避難区域から遠いために当初は需要が見込まれた会津や中通り方面の建設仮設住宅を、時間経過に伴い需要が発生した浜通りのいわき市等に移築したケースがある。

福島県内供給数の40.6%は地元事業者を対象とした公募に基づく供給であり、他2県に比べその割合は高い。また、地元発注分の92.7%に相当する6319戸が木造であった。被災3県で供給された地元提案型木造仮設住宅は約9000戸[25]であるから、その約7割は福島県で供給されたものである。過去の災害でこれほど多くの地元提案型木造仮設住宅が建設された事例はない。福島県は震災当初、供給するすべての建設仮設住宅をプレ協に発注しようとしたが、県の政策過程のなかで独自の政策意思が働いたことがこの結果をもたらしている[26]。

3.3　政策過程：借上げ仮設住宅特例型の供給

前記3点の特徴は相互に関連しているが、ここでは、福島県ではなぜ大量の借上げ仮設住宅が供給されたのかを焦点に[27]、問題、政策及び政治の3つの流れから分析する。この政策実施結果に至った要因は、端的にいえば、原子力災

25　大水（2013）を参照した。

26　福島県内で地元提案型木造仮設住宅が大量供給された要因として、当初プレ協が建設可能とした戸数が県の要請数に満たなかったために早期の供給手法を模索する環境があったこと、県の平時の政策的な文脈であった「地域循環型住まいづくり」が産学官ネットワークを形成しており、仮設住宅の供給手法として平時のアイディアが移入する機会と推進者が存在したこと等がある。詳細な政策過程は西田（近刊）を参照されたい。

27　主に2013年9月2日、10月2日、10月23日、2014年4月21日の福島県土木部建築総室及び建築住宅課の担当者へのインタビュー調査（筆者実施）に基づく。

害による大量の避難者が元の自治体区域外に広域に分散し、使用可能な住宅ストックのある都市部に住宅を求めたからであった。しかし、建設仮設住宅ではなく借上げ仮設住宅が大量供給された具体的契機は、被災者が自力で借りた民間賃貸住宅を仮設住宅と認める、特例型の導入にあった。以下では、国の通知により福島県で特例型が導入されるまでの政策過程について、県を中心に分析し、自治体が独自の政策意思を持っていたことを明らかにする。

　問題の流れを見ると、まず、地震・津波被災者の発生、そして原子力災害による双葉郡等からの広域避難者の発生によって福島県内外に[28]応急的な住まいの需要が大量に発生した。しかし、宮城県、岩手県においても被害は広域に及んでおり、プレ協は両県にも建設仮設住宅を供給する必要があった。福島県は1万4000戸を要請したが（2011年3月15日）、この時点でのプレ協の建設仮設住宅の供給能力は各県1万戸であり、当面の不足が判明した。既存の計画では対応しきれないことが政策決定者に認識され、災害直後の危機下で代替策を模索せざるを得ない切迫した状況が生じていた（西田（近刊））。

　次に政策の流れを見る。建設仮設住宅不足分の代替策として県は、地元事業者への県独自の発注方式を探り始め、木造仮設住宅を供給するに至る。他方、国の一般基準は賃貸住宅の居室の借上げによる収容を可能としていたため、不足分の解消策としては民間賃貸住宅の借上げや公営住宅の空室の提供という方策もあり得た。厚生労働省は各県に対し、震災の翌日に「応急仮設住宅の設置に代えて民間賃貸住宅の借り上げも可能」[29]、約1週間後に「民間賃貸住宅、空き家の借り上げにより設置することも差し支えない」[30]と通知した。しかし問題は、実施を担当する県が民間賃貸住宅の借上げを・ど・の・よ・う・にに実現していくのかにあった。当初試されたのは、物件と入居希望者とのマッチングに県と市町村とが関与する一般型方式であった。

　県は震災前から「災害時における民間賃貸住宅の媒介等に関する協定」を不

28　東京都や山形県等への県外避難者も発生し、借上げ仮設住宅が主な受け皿になった。
29　厚生労働省社会・援護局事務連絡「避難所の生活環境の整備及び応急仮設住宅の設置等による避難所の早期解消について（留意事項）」2011年3月12日。
30　厚生労働省社会・援護局通知「東北地方太平洋沖地震に係る災害救助法の弾力運用について」2011年3月19日。

動産関係団体と締結しており、これに基づいて物件情報リストの作成を要請した。県の地域防災計画は仮設住宅担当を建築住宅課と定めていたものの、借上げ仮設住宅については明示がなかった。調整のうえ、結局、建築住宅課内の企画部門が担当することとなった。仮設住宅の供給目標戸数は、当初把握した地震・津波被災世帯数と原発避難区域の世帯数の合計の約半数とし、全体で2万戸と算出した。2万戸の内訳は、住宅・土地統計調査[31]と公営住宅状況を検討し、使用可能な空家数を見積もった結果、借上げ仮設住宅5000戸、公的住宅1000戸、建設仮設住宅1万4000戸と公表した（2011年3月22日）[32]。

　県は、市町村に対し、借上げ仮設住宅に係る事務手続きに必要な各種様式を通知し、募集を開始する旨の被災者への周知も要請した（2011年3月25日）。ところが、不動産関係3団体から届いた物件情報リストには重複物件が多数含まれていることが判明した。そこで県は、リストをいったん精査したうえで要請市町村に物件情報を提供しようと作業を始めた。しかし、さらに問題が発生した。このリストは県が契約を済ませた物件情報ではなかったという点である。いわき市では避難所等で雇用促進住宅や民間賃貸住宅の借受申請書の配布を開始し（2011年3月28日）、津波被害を受けた市民や原子力災害から逃れてきた双葉郡からの避難者から約3000件の申し込みを受け付けた（2011年4月8日）。いわき市では、自ら物件を探す人々によりリストの物件が日々契約済になっていく状況のなか、県に対してより有効な手立てを要請する一方（2011年4月上旬）、県からの新たなリストの提供を待てなくなり、市職員が市長公印を押した契約書を持って市内の不動産屋を回ることを決断する（2011年4月14日）[33]。つまり、借上げ仮設住宅の供給は、県が家主と契約を結んでいない状態の物件情報である未契約リストから運用を開始したが、ニーズの集中したいわき市では実情に合致せず十分に機能しなかったのである。この初動期の状況に対し県

31　発災年度に住生活基本計画の見直し作業中で、統計上の空室を把握していたという。

32　仮設住宅の目標供給戸数はその後変更された。2011年4月14日に総数3万5000戸（建設仮設住宅2万4000戸、借上げ仮設住宅1万戸、公的住宅1000戸）、2011年7月15日に総数は変わらず内訳は建設仮設1万6000戸、借上げ仮設住宅1万8000戸と設定され、逆転した。

33　その結果、いわき市では県内で最も多くの一般型での契約物件が発生した。

第11章　仮設住宅と災害公営住宅　273

ではどのような代替策が検討されたのか。

政策案として浮かんでいたのは3つのアイディアであった。家賃補助、未契約リストの契約済リスト化及び特例型である。家賃補助については、効率的かつ効果的に応急的な住宅を供給可能との考えから、担当課は県災害対策本部を通じて厚生労働省と協議した。しかし結果的に、現物支給の原則の下、受け入れられなかった（2011年4月中旬）。契約済リスト化については、前述のいわき市からの苦情を受け、リストで空室となっている物件は県がいったんすべて借り上げることを独自に決定した（2011年4月19日）。しかし、契約済リスト化という県の対応は、決断から1カ月で大きな影響力を失うこととなった。県では国の決定に先駆けて限定的な開始を決めていた特例措置を、国の4月30日通知[34]の影響の下、最終的には全面展開するに至るからである（2011年5月14日）。それでは、特例型を最終的に県が選択するまでにどのようなプロセスがあったのだろうか。

初期の一般型が機能しにくく、家賃補助の見込みも立たないなか、不動産関係団体からは、住民が自ら選択した物件を役所で受付すれば入居が円滑になるとの助言があった。郡山で行われた双葉郡町村の副町長級と県課長級の会議（2011年4月8日）では「既に自ら住宅を借り、町村に負担をかけていない住民を救済できるスキームを」という主旨の要望が町村から寄せられた。そこで、高齢、障害、乳幼児等を抱え、避難所生活に支障のある世帯に限定し、特例型を認める決裁が県建築総室でとられ（2011年4月14日）[35]、庁内の決裁を経て公表された（2011年4月22日）。こうして被災3県で最も早く、対象世帯要件付きで被災世帯が自ら契約した住宅を県の借上げ仮設住宅とする特例型の運用を開始した（2011年5月1日）。県の公表段階では特例型導入の可否について

34　厚生労働省社会・援護局通知「東日本大震災に係る応急仮設住宅としての民間賃貸住宅の借上げの取扱について」（2011年4月30日）は、発災以降に被災者名義で契約したものであっても、その契約時以降、県（その委託を受けた市町村）名義の契約に置き換えた場合、災害救助法を適用し国庫負担を行うとし、県外への避難者についても同様とするとした。これにより避難指示区域外からの県内及び県外への自主避難者もすべて対象となった。

35　同日、仮設住宅の供給目標総戸数を3万5000に上方修正。新たに把握した地震・津波被災世帯数と計画的避難区域等の設定に伴う避難世帯数を見込んだため。

厚生労働省の返答はなかったが、被災者のニーズ及び現物支給の原則にも沿う選択肢だと判断し、国との協議は粘り強くやろうというスタンスがとられたという。しかしながら、県がこの方針を公表した約1週間後（2011年4月30日）、厚生労働省は対象世帯要件のない特例型の導入を通知した。その後、県は対象世帯要件の緩和[36]と同時に、6万円以下の住宅に5人以上で入居した世帯の住み替え制度を導入した（2011年5月14日）[37]。

最後に政治の流れを見る。中央政府の動向としては、仮設住宅供給目標戸数と供給目標時期について「5月末までに3万戸」等、期限を区切った語り方が見られた。菅直人首相は2011年4月26日の衆院予算委員会の東日本大震災に関する集中審議で、被災地全体で「お盆までに希望者全員入居」と発言し、理想状態を設定した。これらの状況は、特に中央の政策決定者に対して、新たな供給手法の選択を迫る圧力となったとみられる。県レベルでは、県議会方面から「民間賃貸住宅の空家を使うべき」という主旨の意見があったという。

他方、県や市町村の窓口や電話には、仮設住宅への入居に関して被災者からの切実かつ激しい苦情が絶えなかった。その声を聞き続けた自治体職員の体験は、政策の流れのなかで被災者の意見を制度構築に生かす強い原動力になったと推察できる。しかしその一方で、度重なる運用の変更は、それがたとえ被災者の利便を高める要件の緩和であっても、すでに適用を受けた被災者からの苦情を引き起こす要因となり、自治体職員を苦境に立たせた。

これらの3つの流れは、最終的には国の通知を介して合流し、広域避難者が発生した福島県では大量の借上げ仮設住宅が供給されることとなった。つまり、

---

36 7月15日には供給目標戸数の内訳の変更が行われた。県が5月に実施した双葉郡4町村（大熊町、双葉町、富岡町、川内村）の避難住民への質問票調査結果等に基づき、建設仮設住宅を8000減、借上げ仮設住宅を8000増とした。

37 特例型に関連して国の通知に示された「変化」に家賃上限額の緩和がある。厚生労働省社会・援護局の2011年3月19日、4月30日通知では、岩手・宮城内陸地震の際には民間賃貸住宅について1戸当たり月額6万円で借り上げたことを「参考」として挙げていたが、同5月24日通知「東日本大震災に係る応急仮設住宅について（その2）」及び同7月15日通知「東日本大震災に係る応急仮設住宅について（その4）」では「あくまで参考」であり上限額ではないとの念押しが示され、自治体に対し、事実上、上限額の緩和を要請している。

この政策過程において、国は既存の制度、政治の動向、通知行政によって、政策実施段階における自治体の政策内容に枠を与えていた。そして、最終的には、借上げ仮設住宅を被災者全般に提供するという一般化を主導した。しかし、通知という手法で国が政策選択を表明する前段階において、市町村や県が地域の実情を捉えた独自の政策意思を持ち、自ら行動を選択した事実もまた、震災後の約2カ月間のプロセスのなかに確かに見いだすことができる。

借上げ仮設住宅の供給が被災者の生活再建と地域社会の回復に与える影響はどうか[38]。避難所の劣悪な環境から被災者を早期に解放し、既存ストックを被災者の需要にある程度応じて提供できる点は有効であろう。一方で、既存ストックの立地に応じて仮設住宅を広域に分散させる方式は被災者の社会的孤立の可能性を高めたかもしれない。また、既存ストックは都市部に集積しているため、意図せざる結果として被災地からの人口流出や世帯分離を促し、被災地の地域社会にとってはネガティブな影響も生じたと思われる。

4　災害公営住宅の供給過程

災害公営住宅の供給は自治体の事業であるが、戸数と財源に国が直接的に関与する政策過程である。本節では、まず、制度とその東日本大震災における位置づけを見る。そのうえで、日本の住宅システムが公営住宅を限定的に位置づけて県営住宅の役割を低減させる傾向のなか、なぜ福島県内では他県に比べて県営災害公営住宅の割合が高く計画されたのかを焦点に政策過程を分析する。

4.1　災害公営住宅供給の枠組み

一般の公営住宅は、住宅に困窮する低所得者に対して低廉な家賃の住まいを供給することを目的に、公営住宅法に基づき自治体が供給するものである。激甚災害に指定された東日本大震災では、国から自治体への補助率が引き上げら

38　民間賃貸住宅などの恒久住宅を、災害救助法の対象となる仮設住宅と見なして供与することに伴う課題については、津久井・鳥井（2013）による検討がある。

れ、地震・津波による滅失住宅に居住していた人に家賃低廉化が適用される災害公営住宅を供給できる。供給戸数の上限は自治体ごとに滅失戸数の5割であり、国が査定する。しかし、この仕組みは原子力災害を想定したものではなかったため、避難指示区域からの避難者を対象とできるのかどうかは、当初定まっていなかった。

災害公営住宅に係る事業は、2011年12月、東日本大震災復興特別区域法（以下、「特区法」という）に基づく「復興交付金基幹40事業」のなかに位置づけられた。国の補助率は建設分及び用地取得造成分の8分の7とされ、一般の公営住宅の補助率が建設分の45％であることに比べ高い割合であった[39]。また、入居者等への譲渡処分の条件が耐用年数の4分の1から6分の1に引き下げられた[40]。条件が緩和されたのは、ある基礎自治体首長が国に対し直接要望したことがきっかけであった。譲渡を前提とした入居者募集はできないものの、相馬市や新地町では被災者への払い下げが将来的に可能であることを視野に入れ[41]、木造戸建住宅が多く建設された。

4.2 福島の災害公営住宅供給の特徴

福島県内における災害公営住宅供給の特徴は、第1に、原発避難者向け災害公営住宅を整備したこと、第2に、供給の責任主体に占める県の割合が高いこと、第3に、第2節で指摘したように、供給に時間を要していることである。第2、第3の点は、最大の特徴である第1点に伴う現象である[42]。つまり、2012年3月施行の福島復興再生特別措置法（以下、「特措法」という）を根拠として、現に避難指示区域に存する住宅に震災当時に居住していた人(以下、「居

---

39 新規建設によって維持管理費用等が発生するストックが増加するが、既存公営住宅の老朽化や人口減少への対応は自治体住宅政策の大きな課題であり、ストック更新や定住人口増加の機会という捉え方も存在し、事実、実現如何にかかわらず誘致の動きも見られた。

40 木造7.5年、準耐火11.25年、耐火17.5年であったところを、木造5年、準耐火7.5年、耐火11.7年とした。

41 長谷川（2014）を参照した。

42 福島県内で整備される災害公営住宅のハード面、入居者募集方法、復興庁等調査による入居意向の状況については長谷川（2014）に詳しい。

住制限者」という）を対象に災害公営住宅の供給が可能となったためである[43]。

　災害公営住宅供給に関する役割分担のあり方は、地震・津波被害が主であった岩手、宮城両県と、これに原子力災害が加わった福島県とでは傾向が異なる。宮城県内の場合、市町から県への建設委託分等はあるものの、総戸数の約6％にあたる1000戸程度を県営とする方針を途中で変更し、すべて市町営と位置づけた[44]。岩手県内の場合、県への建設委託分は総戸数の約半数あるものの、全体の75.9％にあたる4620戸を市町村営と位置づけた[45]。他方、福島県内では地震・津波被災者向けの2714戸はすべて市町営としたが、原発避難者向けは総戸数の92.5％にあたる4524戸を県営とした[46]。

　つまり、地震・津波被災者向けを基礎自治体中心で供給する傾向は被災3県で共通している。広域行政主体である県の果たす役割の比重は、福島県内においてのみ、原子力災害に係る災害公営住宅の供給に関して高くなっている。しかし、以下の政策過程に見るように[47]、当初は県による直接供給は計画されておらず、県はあくまで避難元基礎自治体を支援する立場であり、災害公営住宅供給については直接の当事者ではなかった。

4.3　政策過程：原発避難者向け災害公営住宅の供給

　ここでは、福島県内ではなぜ県の役割が増大したのかを焦点に、問題、政策

43　避難指示区域が解除になった場合、居住制限者ではなくなるため第一義的には入居対象とならない。したがって、2014年時点で避難指示解除準備区域のみの楢葉町は原発避難者向け災害公営住宅の入居対象市町村一覧に掲載されていない。しかし、広野町等の解除区域の住民帰還率が3〜4割にとどまる実態から推測すれば、仮設住宅供与期間の猶予の要望、あるいは災害公営住宅等の住まいの需要が発生すると予想される。

44　「宮城県復興住宅計画」（2012年4月改定及び2014年10月改定）。

45　岩手県「災害公営住宅の整備に関する方針」（最終改正2013年9月30日）。

46　福島県「第一次福島県復興公営住宅整備計画」（2013年6月）、同「第二次福島県復興公営住宅整備計画」（2013年12月）及び、同建築住宅課「復興公営住宅の進捗状況（2014年10月31日時点）」。

47　主に次の機関の担当者へのインタビュー調査(筆者実施)に基づく。2014年6月6日(飯舘村)、8月29日（福島県建築住宅課）、9月1日（福島県建築住宅課及び生活拠点課）、9月3日（浪江町）、9月4日（福島復興局）、10月29日（飯舘村）、10月30日（福島県生活拠点課）、11月5日（南相馬市）、11月20日（飯舘村）。

及び政治の3つの流れから政策過程を分析する。県の役割が増大するに至った要因は、端的にいえば、時間経過とともに、原子力災害、広域災害の長期化が覚悟され、県と関係市町村とが広域調整が必要だとする認識を共有したからであった。しかし一方では、市町村主体での原発避難者向け災害公営住宅の建設が少数ながら選択された。その要因は、避難元市町村や受入市町村が今後のまちづくりに向けて独自に政策判断をしていることにあった。以下では、県を中心としつつ、これら2点を一連のつながりで明らかにする。

問題の流れを見ると、まず、原子力災害は住民と役場の広域避難を引き起こした。例えば、避難元の浪江町は役場機能を二本松市に移転、住民は県内だけでも9市町村に分散し、復興計画においては二本松市、南相馬市及びいわき市に「町外コミュニティ」を形成するとした。他方、双葉郡からの避難者の最大の受入市となったいわき市の場合、7町村の住民が市内の仮設住宅に入居した。つまり、避難元町村が避難先自治体で「仮の町」的な場所を望んだとしても、自治体間の複雑な調整が不可避な状況が発生したのである。それでは、なぜいったんは市町村主体での供給と位置づけられたのか。

福島県における平時の住宅政策の柱は、住宅マスタープランにあった。県内の公営住宅ストックは建設後40～50年が経過しているため維持管理・更新が課題となり、近年は新規建設を抑制しつつ民間活用等の路線が検討されてきた。また、戦後住宅政策のなかで「残余化」[48]（平山（2011））してきた公営住宅部門においては、住民に身近な行政主体である市町村が供給等を担うべきとする基礎自治体重視の方向性のなか、県の役割は縮小しつつあった。平時の政策文脈は、非常時の災害公営住宅の供給計画づくりにおいても適用され、供給は市町村主体と位置づけられたといえる。2012年度当初予算公表の段階では、県は避難元町村を支援する立場を表明するにとどまり、直接供給の方針は見られない。また前述のとおり、2012年3月の特措法の成立まで、国は原子力災害対応のための災害公営住宅を制度化していなかった。自治体区域外避難が発生した非常時において、事態の見極めが進むまでの当面の間、平時の政策にならった

---

48 持家セクターの拡大に傾斜し、社会賃貸住宅はほぼ公営住宅に限られ、その戸数は少なく、供給対象は低所得者に限定されていることを指している。

政策選択が行われたのである。県は2011年8月末から県内全市町村に対し、国土交通省とともに災害公営住宅建設に関する情報提供の会議を始めたが、避難元自治体は意向を明らかにしていなかった。

　次に政策の流れを見る。県は国に対し、原子力災害に災害公営住宅の制度を適用することを求めた。特措法が成立し、特区法による復興交付金が動き始めたなか、県が調整主体となって避難元自治体を支援し広域調整を進めていくべきとの機運が関係市町村と県との間で高まっていった。2012年6月定例議会で知事は「避難者や関係市町村の実情に応じてさまざまな選択を可能とするため、復興公営住宅を県自らが県営住宅として整備することを検討していく」と答弁し、従来の方針の転換を公表した。2012年9月補正予算では、県が500戸分を先行して建設するとし、原発避難者向け災害公営住宅の供給は実施段階に入った。

　他方、特区法に基づく復興交付金の事業メニューは、地震・津波による被災自治体に比べ原子力災害による被災自治体には適合的でない[49]との指摘がなされ、新たな交付金の制度設計が模索されることになる。震災から2年後の2013年3月、特措法改正により長期避難者生活拠点形成交付金(以下、「コミュニティ復活交付金」という)が創設された。災害公営住宅を中核とするインフラ整備と、これと一体に行う生活環境改善やコミュニティ維持のためのソフト事業とを財政的に支援する交付金で、「仮の町」や「町外コミュニティ」といった名称で指し示される構想の実施手段として制度化されたものである[50]。

　県は、2013年6月、第一次福島県復興公営住宅整備計画を公表し、コミュニティの維持・形成を基本的な考え方に据え[51]、2015年度内に概ね3700戸の入居

49　福島県による先行建設分や、原発避難者向けとしては県内最速で福島市内に整備された飯舘村営の災害公営住宅(子育て拠点)には、特区法に基づく復興交付金が充てられた。

50　2014年度予算では狭義の福島再生加速化交付金が創設された。実施要綱の目的には「避難指示等に伴い住民が避難したこと等により復興・再生に遅れが生じている地域に対して、(中略)避難住民の早期帰還を促進(中略)させること」とある。生活拠点整備事業の交付対象は、避難指示区域見直し前の12市町村内に福島再生賃貸住宅(入居は避難者限定ではない)を整備する事業等で、すなわち避難元自治体内拠点形成への財政支援である。

51　具体的には、避難元基礎自治体単位を基本とした割り振りや、親族同士等のグループ入居、集会室を交流拠点にするといった考え方が示されている。

を目指すとした。同年12月には供給戸数を1190戸増の4890戸とする第二次整備計画を公表し、2015年度以降の早い時期を入居目標とした[52]。しかし2014年8月、用地確保の難航に伴って完成予定を2016年度末に変更、整備計画の遅れを公表した[53]。

最後に政治の流れとして、供給の実施段階における住民意向の反映、及び関係市町村との調整が供給計画に与えた影響を取り上げる。各避難元自治体、県及び復興庁は共同で、2012年度、2013年度、2014年度の3回にわたり避難元自治体住民を対象に意向調査を実施した。この結果を災害公営住宅の必要戸数の算定と受入市町村ごとの供給戸数を算定する根拠としている。避難元自治体の状況ごとに若干の相違はあるものの、大まかに把握すれば、避難期間中に災害公営住宅への入居を希望する世帯は2割程度、現時点で判断できない世帯は3割程度で、判断できないとする世帯のうち4～5割は今の住居で当面暮らしたいと回答している。居住先としてどの受入市町村を希望しているかを見ると、希望が最も集中しているのはいわき市であり、次いで南相馬市、郡山市、福島市の順で多くなっている。これらの結果を基本に、県は「判断できない」世帯分として入居希望数に1割弱を上乗せする方針で供給戸数全体を算定し、整備計画に反映させた。

県営災害公営住宅を、どの基礎自治体内に、どの基礎自治体の避難元住民を対象に、いくつ配分するのかは、関係市町村間での広域調整が必要な領域であり、県では避難地域復興局内の生活拠点課が総合調整を担当することとなった。2013年6月以降、県と各市町村との個別の事前打ち合わせを経て、受入自治体ごとの個別部会[54]で整備方針をとりまとめることとなった。具体的には、県は

---

52 建設戸数には県の先行建設分と原発避難者対象の市町村営分を含む。

53 2014年9月末に全用地確保の見通しがついた（『福島民報』2014年10月1日）。なお、第二次整備計画以降、総戸数に変更はないものの受入市町村別内訳には変更があった。また、第1期分の入居募集（県の先行整備528戸分）は2014年春に行われ、第2期分224戸は2014年秋に行われた。

54 2014年11月現在で受入自治体ごとに個別部会が設置され（全14部会）、各部会は「長期避難者等の生活拠点の形成に向けた取組方針」を策定、公表している。個別部会の構成機関は、少ない事例として福島市、国、福島県、飯舘村の4機関、多い事例としていわき市、国、福島県、富岡町、大熊町、双葉町、浪江町の7機関となっている。

住民意向調査結果や仮設住宅の立地状況等に基づき各市町村に対し原案を提示し、各市町村の意見を聴取する。避難元自治体によれば、避難者の入居希望が集中するいわき市内における配分戸数等に関しては「せめぎ合い」があるという。また、供給に時間を要しているなか、県による先行供給分500戸の避難元自治体への配分をめぐっては、個別部会を構成する避難元自治体と個別部会に含まれていない避難元自治体の間で、配分戸数に関して仕切り直しが必要な事態が発生し、相互調整が図られた。

　他方、県主体の供給という今回採用された主方式とは別の動きも現れた。原発避難者向け災害公営住宅であっても、県の当初の方針のように市町村が供給主体となるものである。とはいえ、広域避難が発生した状況下、それは平時には発生しない特殊なパターンとして現れた。具体的には、避難元である飯舘村が受入自治体である福島市に飯舘村営住宅を供給する事例、受入自治体である本宮市が避難元の浪江町民対象に本宮市営住宅を供給する事例、同様に、受入自治体である桑折町が浪江町民対象に桑折町営住宅を供給する事例、といった特殊なパターンである[55]。このような供給計画が現れたのはなぜなのか。

　まず、避難元市町村営災害公営住宅として分類できる飯舘村営住宅を見てみよう。飯舘村は、23戸の災害公営住宅を「村外子育て拠点」として飯舘村に比較的近い福島市飯野地区に建設した。立地や供給時期など、村としての姿勢を表すためにこの手法を選択したという。村立学校に通う子どもの数は震災前に比べ約半数にまで減少しており、その対策としての位置づけだと考えられる。県営で主に採用された集合住宅とは異なる戸建型住宅とし、集会所や広場などの共用空間にはゆとりのある設計が採用された。入居資格を子育て世帯に限定している点も県営には見られない独自の方針である。総事業費のうち8割は復興交付金とコミュニティ復活交付金によるもので、残る約1億8800万円は村の持ち出し分である。将来的には福島市営住宅への移管が検討されることとなっている。工事は予定より遅れたものの、原子力災害対象としては第1号で完成

55　福島県「復興公営住宅整備箇所及び入居対象市町村一覧」（2014年8月4日公表資料）に基づき例を挙げると、飯舘村は福島市内に村営住宅23戸、葛尾村は三春町内に村営住宅125戸、本宮市は浪江町民対象に市営住宅56戸、桑折町は同じく浪江町民対象に60戸、大玉村は富岡町民対象に村営住宅67戸を整備する。

し、2014年9月1日に入居が開始された。

　次に、受入市町村営災害公営住宅として分類できる浪江町民対象の本宮市営住宅及び桑折町営住宅の計画を見てみよう。これらの事例は、受入市町からの打診に避難元自治体が応じた[56]ものだという。この2市町は、浪江町が復興計画に「町外コミュニティ」を明記した3市とは異なる。しかし、受入市町から提案があったこと、浪江町民が入居する仮設住宅が当該市町に立地していることが協定を締結するに至った理由であった。

　市町村が供給主体となるこれらの事例は、県営の場合は市町村の意向が十分に反映されないかもしれないという推測の下、立地、建物形態、入居資格等について、市町村の政策意向を供給計画に直接反映させるための手法として選択されたと考えられる。

　これら3つの流れは、震災から1年後に県の要請を受け、国が原子力災害に対し災害公営住宅を適用したことを契機に、震災後3年半かけて徐々に合流し、原発避難者向け災害公営住宅第1号の供給に結びついた。つまり、この政策過程において県と国は、平時の政策文脈に縛られながらも時間経過に伴い状況を見定め、原子力災害に対応するために方針を新たにした。原発避難者の中長期の住まいをどう確保するのかは、避難元自治体にとって住宅だけの問題にとどまらない。避難元自治体の態度形成にも時間が必要であった。県は、基礎自治体間調整の役割を、県が災害公営住宅を供給するという方法で担うこととした。市町村は、避難元自治体に加え受入自治体も、災害公営住宅の供給過程のなかに自らの自治体の将来のまちづくり構想の一端を組み込み、供給過程を主導しようとした形跡を見いだすことができる。

　それでは、以上の政策過程が被災者の生活再建と地域社会の再生に与える影響はどうか。原発避難者向けの災害公営住宅供給の初動が地震・津波被災者に比べ遅れたことには理由があったが、仮設住宅での暮らしを長期化させることにつながった。このことは、計画的な広域避難が困難であった住民と基礎自治体にとって、一時的な居場所だと思っていたかもしれない場所が、ただの仮ではない場所へと転じていく可能性をいっそう高めることとなった。また、大部

56　注39を参照されたい。

分を供給する県に対して戸数の確保と立地の利便性が要求される状況のなか、建物形態や間取りに被災地域の特徴が反映されなかったことは、被災者の避難経緯と相まって、間接的に世帯分離を促すかもしれない。

5 おわりに

　本章では、被災者のセーフティネットとして供給される仮設住宅と災害公営住宅はどのように供給されたのか、そして、実施主体である自治体は、そのような供給手法をなぜ選択したのかを考察した。具体的には、福島県に観察された現象として、2点に着目した。1つは、借上げ仮設住宅が大量に供給されたこと、もう1つは、原発避難者向け災害公営住宅の供給主体が変容したことである。

　福島県において借上げ仮設住宅が大量に供給されたのは、原子力災害からの避難者が自治体区域外避難で都市部に流入したこと、被災者が自ら契約した民間賃貸住宅を県の借上げ仮設住宅と見なす特例を世帯要件を問わない形で国が認めたことが重要な契機であった。原発避難者向けの災害公営住宅を原則的に県営とする方針に途中で転換したのは、県からの要請を受け国が避難区域住民を災害公営住宅の対象と認めたこと、広域的な観点から用地や戸数の調整にあたる必要性を県と関係市町村とで共有したことが大きな要因になっていた。また、少数ながら市町村営で供給される災害公営住宅が計画されたのは、避難元自治体と受入自治体が県が目的とした広域調整や量の確保とは別の切り口の独自の目的を有していたからであった。

　これらの大別して2つの政策過程では、共通して、国、県、市町村の行政は融合的で相互依存的な関係にあった。また、どちらも東日本大震災前の災害制度や平時の制度の影響を受けていた。しかし、地震・津波に原子力災害を伴う、類のない複合災害への対応を迫られた福島県の住宅行政は、その政策過程のなかで独自の政策意思を確かに持ち、既存の政策内容に変化をもたらした。事例に見られたように、県の政策過程は、国だけではなく、市町村、被災者といった多元的な主体との相互作用のなかに開かれており、いわば「オープンシステ

ム」として機能したことが、自律的に新たな政策対応を模索する行動に結びついたと推論できる。

　それでは、2つの政策過程の相違点はどのようなものであったか。まず、当初の福島県の関わり方の位置づけが異なっていた。仮設住宅供給では能動的な主体としての行動が見られたが、災害公営住宅供給では市町村重視という平時の枠組みを踏襲して避難元市町村の出方を待ち、一歩引いた立場をとった。また、具体化までの迅速さの程度も異なっていた。仮設住宅の供給にめどをつけ、その後、災害公営住宅供給の本格的な検討に入ったようにも見える。これらの差異は、仮設住宅と災害公営住宅を時系列でつながった1つの政策の束として捉える制度的、組織的枠組みの不足に起因するものとして、一定程度、整理できよう。確かに、原子力災害は災害住宅行政としては特殊な事例かもしれないが、自治体間調整が不可欠な広域災害の事例として捉えれば、「想定外」とは言っていられない。これらの政策過程を経た住宅供給が、地域社会にどのような影響をもたらすのかは今後の観察を要するが、応急的避難から本設住宅供給までを一連のまとまりで捉え、住宅そのものの供給だけではなく被災者の生活再建と持続可能な地域社会のあり方という観点を併せ持った、制度的かつ組織的対応が中央―地方の政府に求められるといえよう。

【参考文献】

板垣勝彦（2014）「災害公営住宅と被災者の生活復興（1）-（3・完）」『自治研究』第90巻第4-6号

大水敏弘（2013）『実証・仮設住宅――東日本大震災の現場から』学芸出版社

会計検査院（2012）「会計検査院法第30条の2の規定に基づく報告書『東日本大震災等の被災者を救助するために設置するなどした応急仮設住宅の供与等の状況について』」10月

北村喜宣（2011）「仮設住宅の供与と運用」『ジュリスト』第1427号

国土交通省住宅局住宅生産課（2012）「応急仮設住宅建設必携 中間とりまとめ」

塩崎賢明（2009）『住宅復興とコミュニティ』日本経済評論社

仙台市復興事業局震災復興室編（2013）『東日本大震災 仙台市 震災記録誌――発災から1年間の活動記録』

津久井進・鳥井静夫（2013）「仮設住宅政策の新局面」平山洋介・斎藤浩編『住まいを再生する――東北復興の政策・制度論』岩波書店

西田奈保子（近刊）「東日本大震災における木造仮設住宅供給の政策過程――福島県を事例に」日本地方自治学会編『地方自治叢書27』敬文堂

野内忠宏（2013）「福島県はどのように応急仮設住宅対策を進めてきたか」『建築雑誌』Vol.128、No.1640

長谷川洋（2014）「福島県における災害公営住宅の取組みと今後の課題」『住宅』3月号

兵庫県公営住宅等推進協議会（1997）「震災から復旧・復興へ――阪神・淡路大震災から災害復興公営住宅へのあゆみ」

兵庫県阪神・淡路大震災復興本部総括部住まい復興局住まい復興推進課（2000）「阪神・淡路大震災に係る応急仮設住宅の記録」

兵庫県まちづくり部（2000）「住まい復興の記録――ひょうご住宅復興3カ年計画の足跡」

平山洋介（2011）『都市の条件――住まい、人生、社会持続』NTT出版

復興10年委員会（2005）「阪神・淡路大震災 復興10年総括検証・提言報告《第3編 分野別検証》Ⅰ 健康福祉分野」

村松岐夫（1988）『現代政治学叢書15 地方自治』東京大学出版会

米野史健（2012）「既存の民間賃貸住宅を活用する借り上げ仮設住宅」『住宅』3月号

Kingdon, John, W. (1995) *Agendas, Alternatives, and Public Policies*, 2nd ed., HarperCollins College Publishers

第12章　震災復興における被災者住宅再建支援制度の展開

竹内直人

1　本章の視点

　本章は、東日本大震災の被災自治体における被災者住宅再建支援制度[1]（以下、「住宅再建支援制度」という）について検討する。具体的には、震災時にすでに存在した国の被災者生活再建支援制度（以下、「生活再建支援制度」という）を出発点として、それが自治体によりどのように拡大され、変容したかについてニーズ、財源、類似制度という3つの観点から考察を行う。
　現代国家における地方公共団体（以下、「自治体」という）の活動は、集権と自治の狭間にあると言われる[2]。
　ここでは2つのことが前提とされている。第1に、住民の行政サービス需要が強く、かつ増大する傾向があること。第2に、行政資源、特に財政資源は補助金や交付金として国に留保されており、多くの場合、自治体に十分ではないこと。このことから自治体が行政サービスの増加に直面するとき、通常次のような傾向が見られる。まず当該サービスに充てることができる国（や県）の既存の補助金等を求めること、次にそれらがない場合には、新たな補助金創設を求めること。そのうえで最終的に外部から財源が得られなければ、行政サービスの優先順位を見直し、一部のサービスを削減するか、それができなければ事業を断念（先送り）する。集権と自治の狭間とは、自治体が置かれたこのよう

1　本章では、国の「被災者生活再建支援制度」をもとに県、市町村が独自に行う上乗せ補助や横出し補助の全体を捉えて「被災者住宅再建支援制度」と呼ぶ。
2　村松（1988）165頁以下、金井（2007）19頁以下。

な活動量(行政サービスの増加)と自律(外部財源依存)の二律背反状態のことである[3]。

その関係は、図12-1のような自治体の活動量と自律性の相関曲線によって示すことができるだろう(例えばA)。政治的、財政的な条件によって自治体ごとに曲線の傾きは異なるであろう。また、この曲線は個々の事業にも政策全体にも当てはまり、自治体政策の個性を示すものと見ることもできる。

個々の事業や政策全体は通常は特定の曲線上を移動するが、ニーズや資源制約条件が大きく変化すると新たな曲線(A')に移動する($a \to a'$)ことになる。

この場合、均衡を保っていた政策体系は崩れ、さまざまな政治的、財政的な要素が新たに検討されることになる。自治体における具体例を挙げれば、財政非常事態宣言による緊縮財政の実施、議会の特別委員会や議員連盟の設置による特定事業への圧力、新たな総合的計画やマニフェストの策定や登場、また、国の経済対策による地方債スキームの変更や交付金の創設などがある。

これらを通して自治体の政策体系は不安定となり流動化するが、やがてニーズは処理され新たな均衡[4]に落ち着くことになる。

これを東日本大震災後の自治体の住宅再建支援に当てはめてみよう。第1に、東日本大震災という未曾有の災害は住宅に甚大な被害を与え、被災者の住宅再建支援は行政ニーズとして強く認知され、対応すべき課題となった。

第2に、今回の被害が甚大であり同時に被災自治体の財政力が弱かったため、復旧・復興には国による前例のない財政支援が行われた[5]。

具体的には、「震災復興特別交付税」「東日本大震災復興交付金」[6]という財源及び取り崩し型の「東日本大震災復興基金」という制度が作られた。これにより、自治体の復旧・復興財源は、起債—将来の交付税措置という従来の仕組

---

3 地域におけるボランティアやNPOの支援などソーシャル・キャピタルの活用は、二律背反を乗り越えるための地方自治の一戦略である。
4 均衡は常に持続的とは限らない。本章が対象とする住宅再建支援制度の均衡は、一時的なものであろう。
5 黒田(2012)483頁以下。
6 復興地域づくりに必要な5省40の公共事業を基幹事業とし一括交付金化したもの。関連のソフト事業等も効果促進事業として行うことができる。

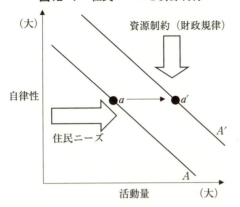

図12-1 住民ニーズと資源制約

みと異なり、特別交付税などにより直接資金が供給されることとなった。

その効果は岩手、宮城、福島の被災3県及び沿岸市町村の実質公債費比率、将来負担比率が被災後も悪化していないことに表れている[7]。

第3に、ニーズと財源に加えて制度的要因がある。今回の大震災後の住宅再建支援制度の拡充のもとには、生活再建支援制度という国の先行制度があった。また、防災集団移転促進事業[8]（以下、「防集事業」という）による被災者への土地・住宅取得補助が事実上、住宅再建支援制度として機能していた。市町村は、国の生活再建支援制度に依拠し、また防集事業を引き合いに出すことで議会や利害関係者への説明コストを低下させ、単独事業[9]を拡充したのである。

このような3つの条件が重なり、被災自治体の住宅再建支援の制度は、阪神・

7　2012年度の実質公債費比率は、宮城県15.2％、福島県14.1％であり、震災前からほとんど伸びておらず、全国平均（14.8％）と変わらない。また将来負担比率も大きな変化はない。事情は被災市町村についても同じである。岩手県の実質公債費比率は2012年度、起債に許可を要する18％を超えているが、これは震災の影響ではなく、岩手県立大学の開学や東北新幹線盛岡以北延伸など、以前の建設事業の影響である（2014年9月改定岩手県「公債費負担適正化計画」2頁）。

8　防集事業の概要については、第10章を参照。また、国土交通省ホームページを参照。

9　本章にいう単独事業とは、国の補助金や使途の特定した交付金などを財源としない事業であり、特別交付税や復興基金などの移転財源までも充てていないという意味ではない。

淡路大震災後の国会などの議論で中心となった私有財産への助成の是非という論点を飛び越え、新たな制度へと大きく拡張した。被災地における人口減少の危機が指摘されるなかで、住宅再建を超えて人口誘致機能を狙う例も見られる[10]。

　これらの現象を捉えて、財政規律の弛緩や予算の無駄遣いと言うことは易しい。しかしそこには、融合行政とも呼ばれ、国の政策執行が自治体に依存する日本の地方自治の仕組みに根ざす背景がある。重要なことは、危機のなかで制度が拡張した要因を考察することであり、将来想定される危機に備え、今回の経験を将来のより安定した制度に結びつけることである。

2　東日本大震災の建物被害と対応

　2011年3月11日午後2時46分、三陸沖で発生したマグニチュード9.0の地震の巨大津波は建物に甚大な被害を与えた[11]。被害は22都道県に及び、死者・行方不明者1万8487人、全壊建物12万7511戸、半壊建物27万3795戸、一部損壊建物は74万戸を超えた。被害が集中した岩手、宮城、福島の3県では、全壊12万3474戸、半壊は23万6040戸にのぼる。全壊建物の約97％、半壊建物の約86％が東北3県で発生している。

　住居を失った被災者は避難所生活を余儀なくされる。一日も早く避難所生活を終えることができるよう仮設住宅の準備が進められ、従来型のプレハブの応急仮設住宅[12]や木造仮設住宅[13]に加え、新たに民間賃貸住宅を借り上げ提供する「みなし仮設住宅」[14]が導入された。その数はおよそ13万戸に達する。

　これらの対策により、2014年1月以降、避難所で生活する住民はいない。しかし、被災後3年が過ぎても4万4000世帯、約10万人がなお仮設住宅等に居住

10　第4節表12-3参照（大槌町の町外転入補助金）。
11　以下は「警察庁緊急災害警備本部広報資料」（序章表序-1参照）に拠る。
12　約5万3000戸（2012年10月現在）。
13　東北3県で約8750戸。
14　約6万7000戸（2012年8月現在）。

している[15]。仮設住宅の標準的な大きさは、1世帯3人家族で30㎡に満たない。生活は不便でストレスも大きい。被災者が訴える一番の課題は住居であり、被災自治体も「仮設（住宅）は生活の根拠地にならず」、住民に「恒久的な住宅に住んでもらうことが復興の一歩」である、と言う[16]。

恒久的な住宅確保のための公共事業として、災害公営住宅の建設、防集事業や民間住宅用宅地供給事業がある。一方、これらと併せて、個人の自力再建を支援するための基幹的制度が生活再建支援制度である。

前述したように、岩手、宮城、福島の3県における建物（住家）被害は全壊だけで約12万3000戸を超える。最終的な災害公営住宅戸数は約2万6000戸であるから、約10万戸が公営住宅以外の手段で再建を行うことになる（他に約5万6000戸の大規模半壊建物があるため、その数はさらに増えるだろう）。

表12-1から被災3県における生活再建支援金の支給状況（2013年度末まで）を見ると、総交付件数約27万8000件、支給総額は約2513億円となっている[17]。全壊建物に対する基礎支援金が約10万2000戸に支払われている。基礎支援金の支払期限は2015年4月10日まで延長されているが、支払いは2013年度末までに

表12-1 被災者生活再建支援金交付件数及び金額（2011〜2013年度）

（単位：件、千円）

	基礎支援金			加算支援金			合計
	全 壊	大半壊	その他*	建設・購入	補 修	賃 借	
岩手県	19,295	2,475	1,385	4,352	2,925	629	31,061
	20,435,500			11,553,250			31,988,750
宮城県	68,559	43,180	17,580	21,907	40,400	11,857	203,483
	96,768,000			85,608,375			182,376,375
福島県	14,174	10,760	4,867	6,215	6,690	1,079	43,785
	17,984,250			18,996,000			36,980,250
合 計	102,028	56,415	23,832	32,474	50,015	13,565	278,329
	135,187,750			116,157,625			251,345,375

（注）上段：件数、下段：金額。＊その他は解体及び長期避難。
（出所）各県照会に基づき筆者作成。

---

15 復興庁（2014a）「2 避難者の状況」。
16 特集「東日本大震災3年」『毎日新聞』2014年3月10日。

約 8 割が終了している。

一方、再建の態様に応じて支払われる加算支援金のうち、住宅の建設・購入に関する支援金が約 3 万2000戸、賃借に関する支援金は約 1 万4000戸に支払われているだけである。加算支援金の申請期限は2018年 4 月10日まで延長されているが、その支給状況からも2014年夏現在、10万世帯のうち約半数が仮設住宅に住んでいることが裏付けられる。そこで次に住宅再建支援制度について見ることとする。

3 　生活再建支援から住宅再建支援へ

3.1 　生活再建支援制度の成立と改正

住宅再建支援制度については、 2 つの点が重要である。第 1 に、その土台となる国の生活再建支援制度の成立と改正は自治体（都道府県）のイニシアティブにより進められてきたこと。第 2 に、国の制度は改正経緯を反映した 2 階建てになっており、その構造が今次の自治体の住宅再建支援制度の拡充に影響していることである。本節ではこの点に留意し、まず生活再建支援制度の成立と変遷について整理する。

生活再建支援制度は、1995年 1 月の阪神・淡路大震災を契機に議論が始まる。兵庫県の独自制度の創設や全国的に広がった署名・要望運動を受けた各政党の取り組み、全国知事会の「災害相互支援基金制度」の創設決議（1997年 7 月）及び国への提案が大きな力になり、1998年 5 月に議員立法により被災者生活再建支援法（以下、「支援法」という）として成立した。その後2004年、2007年の改正により制度は拡充され、その性格は大きく変わっている[18]。

成立当初の支援制度は、全壊もしくは大規模半壊家屋に対する当座の家財道具購入費用等の支援という趣旨であった。

17 　（公財）都道府県会館の資料（http://www.tkai.jp/）では、総件数28万2041件、支給総額2608億5850万円となる（各年事業報告書から筆者集計）。差は集計日が異なる（都道府県会館資料が新しい）ため「各県調べ」に未集計分があるためと思われる。項目が詳細であるため、ここでは「各県調べ」による。

具体的な対象経費は、寝具や炊飯器、冷蔵庫などの日用電化製品など20品目の購入、ストーブやエアコンなどの修繕費、住宅移転のための運送交通費などに限定されていた。支給も2人以上の世帯（複数世帯といわれる）で100万円が上限であり、被災者の生活再建のための見舞金といった性格の給付であった。また、年収や世帯主の年齢など細かな条件が付されていた。支援金の原資は都道府県の拠出による基金300億円[19]の運用益であり、支給にあたって国が同額を補助することとされた。

　成立の6年後、2004年には支援法は改正され、支給限度額が引き上げられ支給対象も拡大された。成立時に付された「住宅再建支援の在り方については、総合的な見地から検討を行うものと……する。」との附則、また施行後5年をめどとして、総合的な検討を行う旨の附帯決議を受けたものである。

　2001年10月には中央防災会議が改正の検討を始め、2002年7月の「防災体制の強化に関する提言」[20]において「住宅の所有・非所有に関わらず、真に支援が必要な者に対し、総合的な居住確保を支援していくことが重要」との提言を行った。制度は、生活再建から住宅再建へ一歩踏み出したのである。そこには法附則のほかに次のような背景がある。

　2000年10月に鳥取県西部地震が発生し、過疎地域の住宅に大きな被害が生じた。被災者支援のため、鳥取県が全国初の住宅再建支援策である「住宅復興補助金」を創設した[21]。鳥取県は政策づくりと並行して、2001年2月には米子市で震災フォーラムを開催し、兵庫県など地震被災県と全国規模の住宅共済制度について意見交換を行うなど、住宅再建に関する公的支援の枠組みを議論、提案するなど活発な活動を展開した。

　このようななかで2003年7月には、制度創設に大きな役割を果たした全国知

18　制度の成立と改正の詳細については竹内（2013）を参照。
19　各都道府県の分担は、①拠出額の80％を世帯数に応じて按分（世帯数割）、②拠出額の20％を均等按分（均等割）とすると定められた。
20　特に「6　被災者支援の充実を参照（http://www.bousai.go.jp/kaigirep/chuobou/5/pdf/siryou2.pdf）。
21　被災者の住宅再建や修繕に直接補助を行う制度であり、再建には300万円、修繕には150万円が支払われるもの（負担割合は県3分の2、市町村3分の1）。補助金は2001年6月、条例により恒久的制度とされた。

事会が、被災者の生活支援とは別に住宅再建のための新制度を提案し、緊急決議を行い、8月に政府に緊急要望を行った[22]。家財道具等にとどまらず、住宅本体の再建経費を支給対象とすべきとの提言であった。

2004年3月の法改正はこのような動きの延長上に実現された。生活再建に加え「居住安定支援」が盛り込まれ、住宅の解体撤去費や整地費用、住宅建築のための借入れローン利子に対象が拡充された。しかしながら自治体が求める住宅本体の建築費用は支援対象とならなかった[23]。制度は被災者の住宅再建へと徐々に動き始めるが、住宅本体はなお補助対象から外れていた[24]。これが2004年の改正制度[25]の内容である。

一方、この改正は自治体独自の制度拡充に道を開くことになる。兵庫県は改正に合わせ住宅本体再建への補助を導入し[26]、福井県も2004年7月の福井豪雨の被災者支援策として住宅本体の再建支援を行った[27]。このような自治体の新しい政策は国会で紹介され[28]、2007年改正の機運を醸成していく。2007年3月に能登半島地震、同年7月に新潟県中越沖地震が発生し、自治体においては住宅本体の再建支援が広がっていく[29]。

22　全国知事会「自然災害被害者支援制度の創設に係る制度設計等に関する緊急要望」（http://www.nga.gr.jp/ikkrwebBrowse/material/files/group/3/2003_8_x02.pdf）。

23　全国知事会（http://www.nga.gr.jp/）「居住安定支援制度の創設」等に係る全国知事会会長の談話（2003年12月24日）。

24　根底には住宅という私有財産への補助は公的支援としてはふさわしくないという考え方がある。例えば、衆議院災害対策特別委員会、井上喜一大臣答弁（2004年3月18日）を参照。

25　2004年改正の際にも衆参の災害対策特別委員会において「本法の施行後4年を目途として、制度の施行状況等を勘案し、制度の見直しを行うなどの総合的な検討を加えること」という附帯決議が行われた。

26　2004年4月から「居宅安定支援助成金」を創設し、全壊家屋の新築・購入に最大200万円、大規模半壊の補修に最大100万円の上乗せ支給を制度化した。

27　全壊家屋に対して上限400万円、半壊に200万円、床上浸水等には50万円の補助を実施。経費は県が2分の1、市町村が4分の1を負担し（所有者負担4分の1）、計4500戸の家屋に約20億円を支給した。

28　例えば、2004年3月18日、衆議院災害対策特別委員会において奥田建委員が鳥取県の事例を紹介し、また2007年11月1日、高橋千鶴子委員は衆議院災害対策特別委員会で鹿児島県、福井県の事例を紹介している。

災害が続くなか、国会では生活再建支援制度に基づく居住関係経費の支給率が28％と低いことが問題とされ、居住関係経費の使途が解体撤去費や住宅ローン利子などに限定されていることや支給に複雑な費用の積上げが必要であることが批判された。

　住民ニーズを受けて自治体の活動が続く。2007年6月28日には地震や豪雨など自然災害の被災5府県（新潟、石川、福井、京都、兵庫）が7項目の共同提案を行った。これらは全国知事会の緊急提言を経て同年の法改正に結実する。

　2007年の改正によって、ついに住宅本体の建設・購入の経費が支援対象となった[30]。また年齢・年収要件は撤廃され、支給に係る複雑な手続きはなくなり、住宅の被害の程度（全壊、半壊等）や再建方法（新築、修繕等）に応じ50万円から最大300万円の渡し切り方式に改められた。

3.2　住宅再建支援制度への移行

　このような経緯で成立し、変化してきた制度の現在の内容は、表12-2のとおりである。その特徴は、改正の歴史を反映し、支援制度が基礎支援金と加算支援金という性格の異なる2つの部分に分かれていることにある。

　基礎支援金は被害程度に応じた見舞金的性格を持ち、被災者の生活再建支援から始まった制度元来の部分である。これに対して、加算支援金は改正による追加部分であり、新築や修繕など住宅再建の方法に応じて支払われる。例えば、

29　2004年には7県、2012年10県、現在13県が独自支援制度を持つ（『朝日新聞』2014年6月23日）。

30　ただし表向きは次のように説明された。「住宅本体の再建費用を直接支給対象にしているわけではなくて、支援金を定額化している、あるいは使途を限定しないとすることで制度を被災者の方々に活用していただける」（衆議院災害対策特別委員会、泉信也防災担当大臣答弁（2007年11月1日））。一方、赤羽一嘉委員は改正成立に当たって、「住宅が面的に見れば町並みを形成している、そういう意味では公共的な、公的な側面がある、これも否定できないことであります。……国会の論議の中では、個人財産の住宅に公的なものを入れるか入れないのかということを、ある意味では神学論争的なことを延々と続けてきた。……そこで、やはり知恵を出すのは政治家の仕事という思いで、最終的には、見舞金的な性格、再建をする被災者に対して奨励するという形で（結論を）出した」と説明している（2007年11月1日（衆議院議員ホームページ、http://www.shugiin.go.jp/internet/index.nsf/html/index.htm））。

表12-2　被災者生活再建支援制度（2007年改正後）

基礎支援金（住宅の被害程度に応じて支給）

住宅の被害程度	全　壊	解　体	長期避難	大規模半壊
支給額	100万円	100万円	100万円	50万円

加算支援金（住宅の再建方法に応じて支給）

住宅の再建方法	建設・購入	補　修	賃　借
支給額	200万円	100万円	50万円

（注）　1．支給額は基礎支援金と加算支援金の合算額となる。
　　　　2．世帯人数が2人の場合。世帯人数が1人の場合は各欄の4分の3が支給額となる。
（出所）　内閣府「被災者生活再建支援制度の概要」。

　被災により家屋が全壊し、その後、新築や中古住宅を購入した場合の支払額は、基礎支援金100万円、加算支援金200万円の合計300万円となる。

　支援法は、阪神・淡路大震災の被災者支援政策として出発した。成立時はもちろん、改正のたびに震災被災者の住宅支援の必要性という現実と私有財産である住宅への公的支援はできないという理念の対立が議論の焦点となってきた[31]。しかし、成立以降の震災の続発による住民ニーズを背景に、2007年の改正ではこの問題は棚上げにされた[32]。加算支援金が導入され実質的には住宅の再建費用が支援対象となったのである。改正の経緯が2階建ての制度を作り上げた。

　今回の震災後、被災自治体（主に市町村）は、住宅再建の観点からこの2階部分で独自に上乗せ、横出しを行った。それは国の留保[33]にもかかわらず、2007年の改正が住宅再建に補助金を支給する改正を実現したものと自治体や知事会が受け止めた[34]からである。

　つまり、住宅再建支援に関して、東日本大震災後の被災自治体が置かれた状

31　八木（2007）、とりわけ「Ⅴ　阪神・淡路大震災の被災者支援をめぐる議論」を参照。
32　後に見るように、対立は解決されたわけではない。
33　注30参照。
34　例えば全国知事会災害対策特別委員会（2010）1頁。また、2007年11月8日の平井伸治鳥取県知事の定例記者会見の発言。同11月9日の井戸敏三兵庫県知事のコメント。

況は次のようなものであった。第1に、目の前に住宅への支援という応答すべき住民ニーズがあり、第2に、国が住宅支援の正当性を認めた（と受け止められた）生活再建支援制度がある。そして第3に――これが最も強い要因であると思われるが――防集事業との間の大きな支援額の制度格差があった。

これらの要因により、市町村執行部は議会への制度拡充の必要性説明や住民理解の獲得など手間のかかる政治的障害をはじめから免れていた[35]。財源さえあれば、被害の実態に基づく支援金増額が容易な構造になっていたのである。

そこで次に第3の点に注目して、市町村による制度の拡充がどのように進んできたかを、国の関連制度や財政支援と併せて具体的に見ていく。

4　住宅再建支援制度の拡充と課題

4.1　市町村による拡充の実態

まず、現在（2015年7月時点）の住宅再建支援制度はどのようになっているのだろうか。

表12-3は、岩手県内の6市町[36]の単独事業に着目し、住宅再建支援制度をまとめたものである。支援内容は被害の態様や家族構成などにより細かく分かれ、複雑になっているため、複数世帯の新築・購入に絞って整理を行った。

住宅再建支援制度の土台となる国の生活再建支援制度については、建物被害が甚大であったことから、直ちに2つの課題が生じた。

第1には、膨大な支払いが想定されたため、都道府県の基金から2分の1、国の補助金が2分の1というスキームでは、基金残高の点からも都道府県の財政負担という点でも制度の維持が困難になったことである[37]。

このため、国は補助率2分の1を特例的に5分の4に引き上げるとともに、総支払額を4400億円と見積もり[38]予算措置を行った。具体的には、2011年5月

35　議会からこのような支援政策に反対が出ることは稀であるが、その規模や地域バランスは大きな論点となる。各論が問題なのである。

36　6市町を選んだのは地理的な条件に共通点があり、いずれも世帯全体の20％以上が津波により全壊する大きな被害を受け、また、財政規模が比較的類似しているためである。

表12-3 住宅再建支援制度の支給額（複数世帯新築・購入）

(単位：万円)

| | 国＋県 | 市町村上乗 | 市町村横出し | | | 合　計 |
	生活再建[*1]	住宅再建	工事費[*2]	利子補給[*3]	その他[*5]	
陸前高田市	400	100	350	250	耐震改修	1,100+ a
大船渡市	400	0	230	708	地域木材使用	1,338+ a
釜石市	400	100	50	250	地域木材使用	800+ a
大槌町	400	200	200	650	町外転入補助金[*6]	1,450+ a
山田町	400	200	200	[*4]	地域木材使用	800+ a
宮古市	400	200	200	250	地域木材使用	1,050+ a

(注) ＊1　生活再建支援制度300万円、県単独継足し100万円。
　　 ＊2　敷地造成（復旧）、取付け道路工事、水道工事など。
　　 ＊3　土地、住宅購入のための借入金利子相当の補助金。
　　 ＊4　借入上限1460万円、利子率上限2％で実額算定。
　　 ＊5　耐震改修や地域内木材使用など特色のある項目。
　　 ＊6　町外からの転入者に対して100万円。
(出所)　各市町ホームページ及び聞き取り。2013年度予算（消費税引上げ前）。

　2日成立の第1次補正予算で520億円を措置し、7月25日成立の第2次補正予算において見積もりに基づき、3000億円[39]を追加措置した。一方、都道府県も7月負担分880億円を追加拠出した[40,41]。

　第2は、住宅再建支援という目的からは、上限300万円という金額が不十分であると考えられた[42]ことである。しかしこの点についてはむしろ、国や近隣自治体の類似制度との比較が問題であった。

　具体的には、国の防集事業により高台等に移転する被災者への支援との比較

37　全国知事会は2011年3月23日に、被災者生活再建支援金とは別に、国全額負担の基金を地方に創設すべきとの緊急要請を行っている。岩手県も同年4月22日の国への要望において、被災者再建支援基金に代えて全額国庫負担の特例基金を創設することを求めている。

38　支払い対象の被災世帯を20万世帯、支払額を新潟県中越沖地震をもとに1世帯当たり220万円と見積もった（黒田（2012））。

39　4400億円×4/5（国負担割合）－520億円（1次補正措置分）＝3000億円。

40　この880億円の95％は交付税措置されることとなり、都道府県の実質的負担割合は5％となった。

41　2013年度末時点での被災者への支払額は約2600億円、加算支援金の申請期限は2018年まで延長されていることを勘案すると、見積もりは概ね妥当なものであろう。

である。防集事業では、土地及び住宅の取得に対する借入ローンの利子額相当の補助金が上限708万円とされていた[43]。

この防集事業に係る補助金が、市町村の住宅再建補助金の拡充をもたらす要因となった。これは住民感情からすれば理解しやすいことである。防集事業による移転にはローンの金利補填として上限708万円が一括して交付され得る[44]。一方、同じ被害を受けながら防集事業の対象とならず、もとの場所で自ら宅地を嵩上げしたり、民間造成地に移る住民には補助金は交付されない。行政は不公平、不均衡であるという批判を恐れるが、住民に近い市町村はとりわけ住民間不均衡に敏感である。

表12-3からは708万円が市町村の利子補給補助金の上限目安であり、住宅再建補助金の拡充が防集事業との均衡から生じたことがうかがえる[45]。

このような不均衡は現場自治体から国に伝えられたであろう。また国自身も、ある時点で防集事業と生活再建支援制度の不均衡を自覚したと思われる。そしてこの不均衡を市町村単独の住宅再建支援事業で埋めるため、財源が手当てされた。次にはこの点について確認する。

---

42 例えば、2011年3月28日の衆議院災害対策特別委員会において畑浩治委員は、生活支援法における個人財産への補償、支援を前提にその金額の拡大を求めており、同様の意見が多く出された。一方、上限の300万円は全労済の火災保険加入者（地震特約には未加入）への地震等災害見舞金額に一致しており、それなりに合理的である（平泉他（2006）11頁参照）。

43 住居移転という同様のスキームを持つ「がけ地近接等危険住宅移転事業」の助成額と同額であり、もともとの算定根拠は移転費用を借り入れた場合の支払利子想定額である。消費税導入後は722万7000円に増額した。大船渡市の単独事業もこれに同調している。

44 長期ローンの利払い総額を算定し、その相当額を一括交付するもので実質的には補助金である。市町村が実施する金利相当補助方式は国のこの制度にならったものである。この制度に関しては、変動金利の場合にどうなるか、補助金の交付を受けた後で繰り上げ償還できるかなど被災自治体でもさまざまな点が議論となった。なお防集事業の補助金は国の生活再建支援補助金と併給されるものである。

45 例えば、大船渡市議会2013年5月20日、第2回臨時会における滝田松男議員に対する住宅公園課長答弁。

4.2 財源による誘導

　市町村の大型補助制度は国等の財政支援がなければ実現困難である。2013年2月に成立した国の2012年度復興特別会計補正予算に計上された震災復興特別交付税が、市町村の住宅再建支援事業拡充を後押しした。

　具体的な内容は次のようなものである。補正予算成立を受けて2013年3月、岩手、宮城、福島を含む被災6県に対して、総額1047億円の特別交付税が交付された。被災3県の内訳は、岩手県215億円、宮城県709億円、福島県103億円である。交付趣旨は「住民の定着を促し、復興まちづくりを推進する観点から、被災団体が弾力的かつきめ細かに対処できる資金」[46]の供給である。当該交付税は、いったん2011年度に創設された県の取り崩し型の「復興基金」[47]へ積み立てられるものとされた。各県の基金に積み立てられた交付税は総務省、復興庁の指導の下、交付金としてその全額が県内の被災市町村に分配された[48]。

　復興庁の資料によると、定着促進事業の交付対象は「津波により被災（全壊）した持ち家住宅のうち防災集団移転促進事業等の対象とならないもの」[49]である。対象戸数は4万738戸[50]、対象経費は住宅建築や宅地の嵩上げ経費にかかる利子相当額とされ、具体的な支援内容は「被災団体が地域の実情に応じて決定」することとされている[51]。

46　総務省（2014）7頁。

47　2011年10月に創設され、被災9県に合計1960億円が同年12月に特別交付税として交付された。

48　したがって、この交付税は使途目的が指定されている市町村への補助金である。交付額は、陸前高田市37億3300万円、宮古市33億9700万円、大船渡市33億8843万円、大槌町30億6900万円他。

49　復興庁（2014b）「3-6 東日本大震災に係る『取崩し型復興基金』について④」を参照。

50　試算値であり、求め方は、東日本大震災による全壊戸数から災害危険区域内の戸数（防集事業の対象となる）を除き、それに持ち家比率及び災害公営住宅非入居率の合算0.95を乗じたものである。ここでも防集事業との均衡が考慮されている（「津波被災地域の住民の定着促進のための震災復興特別交付税の加算について」総務省自治財政局財政課発事務連絡、2013年1月15日）。

51　各県はこれに基づき関係市町村に通知を出している。例えば岩手県は「東日本大震災津波復興基金市町村交付金（住宅再建分）の事務取扱について」（2013年3月27日）を発出し、使途の基準を示している。

図12-2 再建パターンと支援策

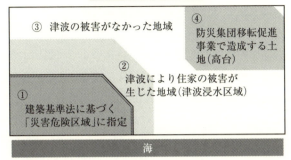

①→②〜④の移転：防災集団移転促進事業等による支援あり
（被災土地買上げ、住宅建築・土地購入利子補給、移転経費助成）
②における現地再建、②→③、④の移転：上記支援措置なし

（出所）　復興庁（2014b）77頁。

　防集事業と生活再建支援制度の不均衡（防集事業の突出）は、図12-2に示す防集事業の仕組みから生じる問題である。国はこの格差問題を市町村に財源を供給し、市町村の住宅再建支援制度を拡充して解決しようとしたのである。
　市町村の側も敏感に反応する。2013年3月の交付金の配分を受けて、多くの市町村は同年の夏までには、予算措置を行っている。例を挙げよう。
　大船渡市では交付金を原資として、住宅再建支援補助金を100万円から200万円に増額（複数世帯・新築）し、また上限708万円の被災住宅債務利子補給補助金を創設した。釜石市も住宅再建支援補助金を50万円から100万円に増額（複数世帯・新築）し、250万円を上限とする利子補給補助金を創設した。
　興味深いのは大槌町である[52]。交付金を財源に新築住宅支援事業補助金の増額（150万円から200万円）、上限650万円（土地区画整理事業等の対象世帯が土地と住宅を購入する場合）の被災者住宅再建事業利子補助金の新設を行う。これらに併せて、「大槌町定住促進事業住宅取得補助金」が創設されている。

52　以下、大槌町議会2013年6月第2回定例会一般質問質疑における答弁を参照（http://www.town.otsuchi.iwate.jp/docs/2014012900010/files/250611kaigiroku.pdf）。

これは町外に住民票を有する者が定住を目的に町内に移転した場合に建物1棟に対して100万円を支給するもの[53]であり、被災者以外も対象とするもので被災者の住宅再建支援とはいえない人口誘致策である。
　ここで注目したいのは、町がこの事業については当該交付金を充てていないことである。補助金の創設にあたって、町は次のように説明する。
　まず、補助金は「町内にいた親族全員が亡くなる、あるいは町に帰れない事情の中で被災を免れた親族が町内に家を再建する場合」であり、独自支援施策の延長と捉えることができる、と慎重に適用事例を限定する。このような想定をしたうえでさらに、次のように述べる。「被災していない親族が町内に住宅再建する場合の独自支援（は）、……財源を（交付金とは）明確に切り分けること（が必要）。本来、被災した住民が受け取るべき支援額を減額して、親族が被災したとはいえ被災していない人に支援することは、被災した住民感情からも許されるものではないだろう……。次に、被災した町民と同額、あるいは上回るような支援もまた同様に許されるものではない……。」[54]
　結局、この補助金の財源については震災とは関係のない既存の「ふるさとづくり基金」から支出されるとされた。自治体は国からの特別交付税について、被災者の住宅再建支援が目的と理解し、厳密に運用したのである[55]。
　このような慎重な制度運用は特例的なものではなく、自治体行政に日常的に現れるものである。国と自治体、自治体と住民の関係の一面を表すとともに基礎自治体の公平観念、行政実務能力の水準を示す例として興味深い。
　一方、国の防集事業との均衡とともに、自治体にとっては近隣自治体との比較も大きな関心事であった。住宅再建支援制度の金額の上乗せと併せて、各市町村は敷地造成、水道敷設、取付け道路工事など独自の補助メニューを追加した。これらのメニューや金額はそれぞれの議会で近隣自治体の制度や金額との比較が度々取り上げられている[56]。
　新たな問題も生じている。このような相互参照を通して各市町村の制度内容

53　大槌町復興局「大槌町独自支援事業」2013年8月（http://www.town.otsuchi.iwate.jp/docs/2013073000011/files/h26110.pdf）。

54　大槌町復興局長答弁。（　）内は筆者による補足。

55　同制度による2013年度の交付件数は1件であった。

は、ある程度類似の水準に収斂するが、財政状況等による格差はなお残る。市町村単独事業を活用することによって同一市町村内での被災者支援格差は解消したが、市町村間に補助金競争が生じることになったのである[57]。

4.3 共済制度を導入し持続可能な制度に

住宅再建支援制度の大幅拡充は、いわば国と市町村が結果的に共同事業を行うことになった。その最終の姿は当初から意図されていたものではない。

国の防集事業と生活再建支援制度の被災者支援の差を埋めるため、国は実施主体として市町村を選んだ。私有財産に国が公的支援を行うことはできないという財政原則を重視したためである[58]。原則を守りつつ格差を解決するためには、個別事例として処理し解決するしかない。そのため被災市町村の対応力に頼ったのである[59]。

住民ニーズ、支援制度間の不均衡、その調整のための国の財源が加わり、東日本大震災後の住宅再建支援制度は大きく拡充された。背景には今回の住宅再建支援における県の不介在もあろう。被害が沿岸部に偏ったため対応を市町村に任せたとも考えられる[60]。これらさまざまな要因により、住宅再建支援の最大額は約1600万円になっている[61]。

この制度は持続可能であろうか。今回の拡充は、国の特別交付税措置の下、

---

56 市町村について、大船渡市議会、宮古市議会、大槌町議会などの議事録ホームページを参照。一方、県の上乗せは3県とも100万円である。

57 「家再建支援上乗せ合戦」『朝日新聞』2013年9月7日。

58 このような解決の背後には、防集制度を複雑にしたくない国土交通省、国が私有財産に直接支援することを避けようとする財務省、住民間不均衡問題という自治体からの圧力にさらされる総務省相互の利害対立と妥協があったことは想像に難くない。

59 日本の「融合型」自治の表れであるとともに、現場の実務能力が原理・原則を柔軟に修正するという国の自治体への「執行依存」の例でもある（天川（1986）18-19頁；村松（1988）169頁）。

60 一方、住宅再建支援と並ぶ生業支援については、いわゆるグループ補助金を活用して、県が積極的に小規模事業者（商店など）の支援を行っている。

61 国、県、市の支援額を合わせた釜石市の場合（2013年6月7日の市長記者会見資料、釜石市ホームページ「記者会見」を参照）。

外見上は市町村単独事業として行われた。このため、将来大規模災害が発生しても、市町村への特別の財政支援がなければ今回と同様の支援は不可能である。一方、支援が国の積極的関与の下で実現したことは明白である。支援は前例となり、同様な災害が起これば同水準の住民ニーズを惹起し、自治体行動の前提となる。それを無視することは難しいだろう。

　国の試算によれば、首都直下地震による建物の倒壊、焼失は約61万戸である[62]。固定資産税の課税統計から推定すると住宅はそのうち約9割、55万戸となる。今回の国の生活再建支援金の算出方法[63]をこれに適用すると、所要額は約1兆2000億円にもなる。南海トラフ巨大地震の被害想定をもとに同様の試算を行うと、全壊住宅は約249万戸[64]、支援金の所要額は約4兆9000億円にのぼる[65]。この試算はいずれも全壊家屋だけを対象に、1戸当たり220万円として行ったものである。いずれにせよ、このような大規模災害に対しては、現行の生活再建支援制度ですら維持できない。持続可能な新たな制度が必要である。

　生活再建支援制度の成立は、全国知事会（都道府県）が災害相互支援基金を創設し、都道府県の相互扶助制度として財源負担を決めたことが大きな契機であった。住宅という私有財産に対する国の直接支援を避け、より住民に近い都道府県による相互扶助制度というスキームを作ったのである。

　表面上の説明にかかわらず、2007年改正により、国は住宅への公的支援を認めたと考える余地が生じた。しかし、今回の特別交付税による市町村支援という手法を見ると、住宅への公的支援は認めないという国の原則は堅持されている。これは住宅を所有しない国民も税負担者であることからすると、もっともな側面があり、また、国という超広域の統治組織の抽象度の高い公平性の限界であろう。

　さらに、今回、生活再建支援金の財源については、国、都道府県2分の1という負担割合は見直され、国が95％を負担した。都道府県間の相互扶助という

62　中央防災会議防災対策推進検討会議（2013b）。
63　注38を参照。
64　中央防災会議防災対策推進検討会議（2013a）。
65　支払い対象等は異なるが、損害保険料率算出機構の試算（2010年）では、地震保険の支払いは首都直下地震では3兆円、南海トラフ巨大地震では4兆2000億円となっている。

スキームは崩れているのである。

　2007年の改正後、全国知事会は支援基金のあり方に関する検討を始め、2010年1月に中間報告をまとめた。そのなかで、当時の基金（2008年度末残高539億円）で対応できない超大規模災害への対応は、特別立法により国が行うべきであると提言している。確かに超大規模災害への対応は国の役割であろうが、そのことは国による直接の住宅再建支援を意味しない。国は地震再保険特別会計を設け民間の地震保険の支払いを保証している[66]。モラルハザード抑止には再保険方式が優れているという主張も成り立つのである。一方、民間保険の補償水準は不十分であり、それが地震保険の加入の阻害要因になっている[67]との指摘もある。いずれにしても、個人財産への公的直接支援は行わないという原則が乗り越えられなければ、住宅への直接支援は実現困難である。

　このような状況を考慮すると、1995年10月に兵庫県が提案し（実現しなかっ）た「住宅地震災害共済制度」の導入を考えるべきであろう。この制度は住宅所有者に対して固定資産税課税時に共済掛け金を同時徴収する強制共済の仕組みである。

　固定資産（個人住宅）への課税額は、全国で年間約2兆3280億円になる[68]。仮に全国平均で税率を0.1％上げる[69]と税収は年間約1663億円増え、10年間積み立てれば約1兆7000億円となる[70]。

　このいわば共済部分を基礎として、そのうえに過疎地域や高齢地域など特に

66　財務省「地震再保険特別会計」を参照。
67　平泉他（2006）3、25頁。
68　総務省「平成25年度　固定資産の価格等の概要調書」から筆者試算（税率1.4％）。
69　全国一律ではなく、リスク計算に基づき県ごとの賦課率を求めることになろう。
70　取り崩し型基金とし、運用益を住宅の耐震化や、管理に問題がある空き家の撤去費用などに補助すれば、被害の軽減とともに自治体が直面する課題解決にも役立つ。空き家対策条例を持つ355自治体（2014年4月現在）のうち7割は撤去費用への補助金を持たない。撤去費用の負担は有効であるが「公平性に欠ける」と考えるからである（「空き家：撤去『補助』3割」『毎日新聞』2014年9月21日）。空き家撤去問題の本質は、個人の資産にどの程度まで公的資金の投入が許されるかという住宅再建支援制度と共通の構図のなかにある。撤去費に住宅所有者から広く徴収した資金（の運用益）を充てることは基金目的にも合致する。

考慮する事情がある場合には、都道府県と市町村が現実・具体的な公平性、公共性に照らして上乗せ、横出しを行えばよい。その判断が適切なものであれば、国の一定の財源分担も可能であろう。住宅所有者としてさらに不足分があれば、民間保険を活用するのである。地震に備え、自助、共助、公助の3層の仕組みを形成するのである。

5 むすび

　地方自治における公平性や公共性は経済理論や財政理論のなかにあるのではない。また、自助や共助から独立して単独で存在するものでもない。それは住民と関わる自治体の政治・行政の現場活動から生まれ、より抽象度の高い（国の）原理と対峙することを通して鍛えられる。既存の理論では捉えられない現場の課題に直面し、そのなかに新たな公共性を見つけ、解決策を提案するところに地方自治の意義がある。自治体は制度の制約下で活動するが、その真の役割は住民のニーズに応え、制約を乗り越え新たな公共性を発見する実験性にある。自治体は互いに学習・競争し、政治家やメディアなどにアプローチし、国に要望・提案する。国はそれらを比較し、異なる観点から検討し反論もする。

　生活再建支援制度確立の10年間は、自治体の問題提起から始まった活動が制度として安定するために要した期間であった。自治体間の政策競争があり、国と自治体の間でも全国知事会や国会を舞台に活発な議論が行われた。それが継続的な制度改善に結びついてきた。

　一方、今回は東日本大震災という未曾有の災害に直面し、住宅という私有財産への公的支援はどうあるべきかという根本議論がないなかで国の財政支援が直接市町村に行われ、制度が大きく拡充した。そのプロセスは生活再建支援制度とは大きく異なり、制度内容は緊急避難的であり、ニーズと財源の均衡は一時的なものである。制度はいずれ見直しの必要性に直面する。

　固定資産税の賦課権は自治体にある。全国知事会と都道府県の努力により成立した生活再建支援制度である。今度は市長会や町村会にまで議論を広げ、自治体自らの財源による地震災害共済制度を導入し、安定した住宅再建支援制度

を構築する必要がある。

【参考文献】

天川晃（1986）「変革の構想——道州制論の文脈」大森彌・佐藤誠三郎編『日本の地方政府』東京大学出版会

金井利之（2007）『行政学叢書3　自治制度』東京大学出版会

黒田武一郎（2012）「東日本大震災における地方財政措置等について」地方財務協会編『平成24年度 改正地方財政詳解』地方財務協会、第9章

全国知事会災害対策特別委員会（2010）「被災者生活再建支援基金に関する検討状況中間報告」1月21日

総務省（2014）「東日本大震災総務省の主な取組」3月11日（http://www.soumu.go.jp/main_content/000215509.pdf）

竹内直人（2013）「被災者への生活再建支援政策」稲継裕昭編著『自治体行政の領域——「官」と「民」の境界線を考える』ぎょうせい

中央防災会議防災対策推進検討会議南海トラフ巨大地震対策検討ワーキンググループ（2013a）「南海トラフ巨大地震対策について（最終報告）」5月

中央防災会議防災対策推進検討会議首都直下地震対策検討ワーキンググループ（2013b）「首都直下地震の被害想定と対策について（最終報告）」12月

平泉信之・小黒一正・森朋也・中軽米寛子（2006）「地震保険改善試案——高まる地震リスクと財政との調和を目指して」PRI Discussion Paper Series No.06A-14、5月（https://www.mof.go.jp/pri/research/discussion_paper/ron148.pdf）

復興庁（2014a）「東日本大震災から3年 復興の状況と最近の取組平成26年3月版」（http://www.reconstruction.go.jp/topics/main-cat1/sub-cat1-1/20140318_higashinippondaishinsai_fukkoh.pdf）

復興庁（2014b）「復興の取組と関連諸制度」8月（http://www.reconstruction.go.jp/topics/main-cat1/sub-cat1-1/140826_torikumi.pdf）

村松岐夫（1988）『現代政治学叢書15　地方自治』東京大学出版会

八木寿明（2007）「被災者の生活再建支援をめぐる議論と立法の経緯」『レファレンス』

No.682、31-48頁（http://www.ndl.go.jp/jp/diet/publication/refer/200711_682/068202.pdf）

第13章　瓦礫処理をめぐる自治体の行動選択

河合晃一

1　はじめに

　大震災で生じた大量の災害瓦礫を処理することは、復興まちづくりを進めるうえで重要なステップであると同時に、復興進捗の可視化にもつながる。被災自治体にとって、瓦礫処理は復興政策全体のなかでも優先順位の高い施策であるといえよう。本章は、市町村レベルの被災自治体の瓦礫処理に注目し、当該市町村の行動選択に焦点を当てた議論を行う。

　2011年3月11日の東日本大震災により被災地域に生じた災害瓦礫は、質・量ともに過去の災害をはるかに超えたものであった[1]。しかし結果的には、2011年5月に環境省が出した「東日本大震災に係る災害廃棄物の処理方針」（マスタープラン）が提示する原則3年（2014年3月末までを目途）という期間内に、岩手県及び宮城県内の災害瓦礫処理率は100％に達し、福島県内の処理率は約74％に至っている[2]（図13-1）。被災市町村は、限られた資源と時間のなかで、大量の瓦礫処理を実現させたと捉えることができるだろう。

　では、そのような制約のなかで被災市町村は、瓦礫処理を実際どのように進めたのだろうか。本章の主たる目的は、岩手県、宮城県、福島県の沿岸部市町村に焦点をしぼり、当該県域内での処理経緯を具体的に記述することである[3]。先に結論を述べれば、当該県域内で行われた瓦礫処理は、大別して、市町村か

1　環境省（2014）56頁。
2　福島県は避難指示区域を有する関係で岩手県、宮城県に比べ対応が遅れている（環境省大臣官房廃棄物・リサイクル対策部「3県沿岸市町村（岩手県・宮城県・福島県（避難区域を除く））での処理状況」2014年3月末現在。

310　第3部　自治体の復興事業

図13-1　岩手県、宮城県、福島県の災害瓦礫処理率の推移

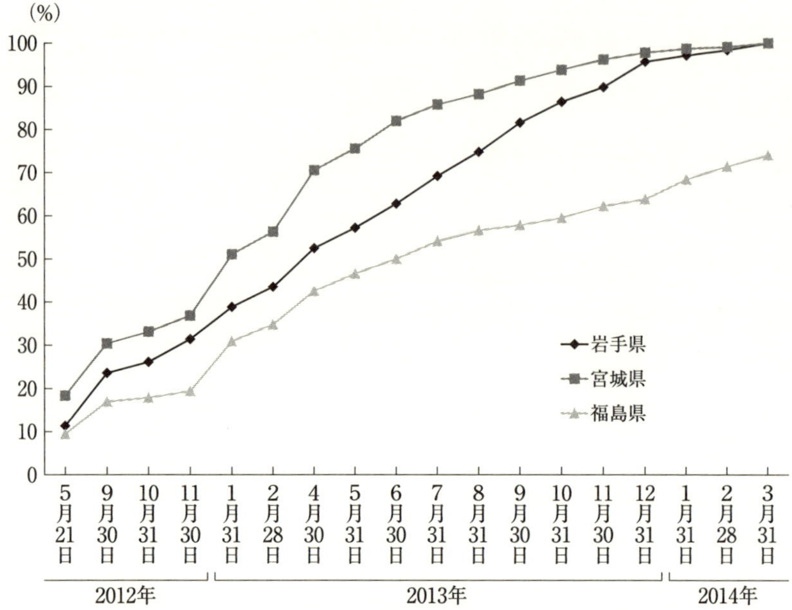

（出所）　環境省廃棄物・リサイクル対策部「災害廃棄物等処理の進捗状況（3県沿岸市町村（避難区域を除く））」2012年5月21日～2014年3月31日をもとに筆者作成。

ら県への事務委託による処理（以下、「県委託」という）と市町村独自の処理（以下、「独自処理」という）の2つの選択肢から構成される。日常的な一般廃棄物処理は各市町村独自に実施されるのに対して、非日常的な大震災により甚大な被害を受けた市町村の多くは、県委託を選択したのである。

しかし、甚大な被害を受けた沿岸部市町村のなかにも、独自処理を主たる方法として選択した自治体がある。本章は、独自処理を選択したそれらの市町村が、どのような特徴を有しているか、という問いについても考察を行いたい。

なお本章では、「東日本大震災により生じた災害廃棄物の処理に関する特別措置法」（以下、「災害廃棄物処理特措法」という）等の関連法規に基づいて震

3　岩手県、宮城県、福島県の県域外に瓦礫を搬出したうえで実施する広域処理は、本章における議論の対象に含めないものとする。

災により生じた災害瓦礫を「災害廃棄物」と定義し、これ以降の議論を進めることにする。

また繰り返しとなるが、本章の目的は、被災市町村の行動選択という観点から災害廃棄物処理の経緯を具体的に記述し、その実態を把握することであり、県委託と独自処理の是非を議論することではない。

2 東日本大震災と災害廃棄物

2.1 災害廃棄物の定義

まず議論の前提として、そもそも本章で定義する災害廃棄物とはいかなるものかを説明する。

災害廃棄物処理特措法において災害廃棄物と定められるものは、東日本大震災により生じた「ごみ、粗大ごみ、燃え殻、汚泥、ふん尿、廃油、廃酸、廃アルカリ、動物の死体その他の汚物又は不要物であつて、固形状又は液状のもの(放射性物質及びこれによつて汚染された物を除く。)」である（同法第2条）[4]。また、震災後の2014年3月に環境省が出した「災害廃棄物対策指針」では、災害廃棄物を、「地震や津波等の災害によつて発生する廃棄物」[5]と「被災者や避難者の生活に伴い発生する廃棄物」[6]から構成されるものとしている。

注目すべきは、後者の「被災者や避難者の生活に伴い発生する廃棄物」が、日常的に市町村が処理を行っている一般廃棄物とほぼ同質のものであるのに対して、前者の「地震や津波等の災害によって発生する廃棄物」には、日常的に排出事業者が処理を行っている産業廃棄物と同質のものが多く含まれることである。つまり、災害廃棄物と規定される廃棄物のなかには、従来の一般廃棄物

4　災害廃棄物処理特措法第2条の廃棄物の定義は、廃棄物の処理及び清掃に関する法律第2条第1項の規定に拠る。

5　具体的には、木くず、コンクリートがら等、金属くず、可燃物、不燃物、腐敗性廃棄物、津波堆積物、廃家電、廃自動車等、廃船舶、有害廃棄物、その他、適正処理が困難な廃棄物の12種を指す。

6　具体的には、生活ごみ、避難所ごみ、し尿の3種を指す。

だけでなく産業廃棄物も含まれている。

　本章では、「災害廃棄物対策指針」でいう地震や津波等の災害によって発生するすべての廃棄物を「災害廃棄物」と定義する。そのため、特段の断りがない限り、本章の「災害廃棄物」には津波堆積物も含めていることに留意されたい[7]。では次に、東日本大震災における災害廃棄物が、実際どのような質・量で発生したのかを確認しよう。

2.2　東日本大震災における災害廃棄物の特徴

　災害廃棄物の発生は、一般廃棄物と比較して短期間に膨大な量が生じるという特徴を持つ（島岡（2009））。東日本大震災では、被災した13道県239市町村（福島県の避難区域を除く）の域内において約3100万ｔの災害廃棄物が発生した[8]。そのうちの9割にあたる約2800万ｔの災害廃棄物が、岩手、宮城、福島の3県沿岸部市町村で生じている[9]。表13-1を見ると、3県域内の発生量だけでも、阪神・淡路大震災時の災害廃棄物総量の約2倍という膨大な量の災害廃棄物が発生したことを理解できるだろう。

　次に、東日本大震災で生じた災害廃棄物の種類別内訳を、岩手県、宮城県、福島県を中心に見る。表13-2は、津波堆積物を除いた3県の災害廃棄物の種類別内訳を示したものである。これによれば、重量ベースで、可燃系廃棄物が約390万ｔ、不燃系廃棄物が約 1578万ｔであり、全体のうち、前者が約20％、後者が約80％を占めている。環境省によると、この割合は阪神・淡路大震災で生じた災害廃棄物（住宅・建築物系）の内訳と同程度の割合である[10]。また種類別で見ると、可燃物が約255万ｔ、不燃物が約478万ｔ、コンクリートがらが

　7　自治体の公表資料には、津波堆積物を災害廃棄物から区分して表記しているものが多い。これは、津波堆積物の性質が他の廃棄物と大きく異なるためである。

　8　3100万ｔのうち、約1100万ｔが6県36市町村において生じた津波堆積物である（環境省（2014）56頁）。膨大な津波堆積物が生じたことは、東日本大震災の大きな特徴である。津波堆積物は津波被害による産物であるため、阪神・淡路大震災では生じていない。

　9　環境省大臣官房廃棄物・リサイクル対策部「3県沿岸市町村（岩手県・宮城県・福島県（避難区域を除く））での処理状況」2014年3月末現在。

　10　同上。

表13-1 阪神・淡路大震災と東日本大震災における災害廃棄物の発生量

		阪神・淡路大震災	東日本大震災			
発生年月日		1995年1月17日	2011年3月11日			
規模	震災の規模（M）	7.3	9.0			
	最大震度	7	7			
主な被災地域		兵庫県	全被災地域	岩手県	宮城県	福島県
災害廃棄物		約1,450万t	約3,100万t	約570万t	約1,880万t	約350万t
	うち津波堆積物	—	約1,100万t	約160万t	約760万t	約175万t

（注）　東日本大震災の全被災地域とは、福島県の避難区域を除く13道県239市町村の地域を指す。
（出所）　環境省（2014）、環境省廃棄物・リサイクル対策部「災害廃棄物等処理の進捗状況（3県沿岸市町村（避難区域を除く））」（2014年3月26日）をもとに筆者作成。

表13-2 災害廃棄物の種類別の内訳（津波堆積物を除く）

可燃系廃棄物（千t）			不燃系廃棄物（千t）			
	可燃物	木くず		不燃物	金属くず	コンクリートがら等
3,901 （約20%）	2,554 (13%) [65%]	1,346 (7%) [35%]	15,778 （約80%）	4,783 (24%) [30%]	654 (3%) [4%]	10,340 (53%) [66%]

（注）　1. 漁網は不燃物に計上。
　　　2. コンクリートがら等にはアスファルトくず、瓦くずを含む。
　　　3. （　）内の数値は全体に対する割合を示す。［　］内の数値は可燃系・不燃系廃棄物それぞれの内訳を示す。
（出所）　環境省廃棄物・リサイクル対策部「東日本大震災における災害廃棄物処理について（避難区域を除く）」（2014年4月25日）より筆者作成。

約1034万t生じており、全体の半分強がコンクリートがらにより占められていることがわかる[11]。コンクリートがらは、前述したとおり日常においては産業廃棄物に分類される廃棄物である。

　このように、実態としても東日本大震災による災害廃棄物の多くは、日常であれば産業廃棄物として扱われる廃棄物である。また、東日本大震災では、津波により多くの災害廃棄物が海水を被ったために、塩濃度の高い廃棄物が生じた。この点も東日本大震災における災害廃棄物の特徴である[12]。

11　環境省廃棄物・リサイクル対策部「東日本大震災における災害廃棄物処理について（避難区域を除く）」2014年4月25日。

314　第3部　自治体の復興事業

　以上のような災害廃棄物の質・量の特徴は、災害廃棄物処理をめぐる被災市町村の行動に大きな影響を及ぼしたと考える。具体的には、生じた災害廃棄物の量が膨大であったことに加え、それらの大半が産業廃棄物に該当する廃棄物によって占められていることにより、多くの市町村は、東日本大震災において一般廃棄物の場合とは異なる行動を災害廃棄物処理に関し選択せざるを得なかったのである。

3　災害廃棄物処理をめぐる地方自治体の行動

3.1　廃棄物行政の特徴

　一般廃棄物を対象とする廃棄物行政は、伝統的に自治事務と解されてきた事務であり[13]、市町村が収集や処理の方法を自由に定めることができるものと位置づけられてきた。また、「廃棄物の処理及び清掃に関する法律」(以下、「廃掃法」という)においても、一般廃棄物の処理責任は市町村にあると規定されている(同法第4条第1項)[14]。

　寄本(1981)(1990)(1994)は、廃棄物行政(清掃行政)を地方自治の典型的な分野の1つであるとし、各市町村の収集や処理の方法にかなりの多様性が見られると主張する[15]。つまり、廃棄物行政は、自治事務であるため国からの統制が相対的に弱く[16]、市町村の裁量の範囲が広いという特徴を持つ。また、自治体や民間セクター、市民といった複数のアクターが、地域における種々の

12　塩濃度の高い廃棄物を焼却すると焼却炉が傷む危険があるため、同廃棄物の処理にあたっては、一般廃棄物の焼却炉ではなく、除塩措置などの配慮を行った焼却炉が必要となった。

13　宇賀(2013)105頁。

14　廃掃法では、廃棄物を産業廃棄物と一般廃棄物に大きく分類している。前者は、主に事業者が事業活動に伴い排出する廃棄物であり、その処理責任は当該事業者にあるのに対して、後者の一般廃棄物は産業廃棄物以外の廃棄物を指し、市町村が処理責任を有することになっている(同法第2条第2項及び第4項、第3条第1項、第4条第1項)。

15　寄本(1990)223頁。

16　寄本(1981)12頁。

事情を反映しつつ、政策過程に関与する構造も廃棄物行政の特徴である[17]。このような廃棄物行政の特徴が、各市町村の日常的な収集・処理方法に多様性を生み出している。

災害廃棄物の処理についても、一般廃棄物の処理と同様に、その責任主体は原則として市町村であるとされる。ただし、災害廃棄物そのものに関する規定は、東日本大震災後に災害廃棄物処理特措法が制定されるまでの間、法令上存在しなかった[18]。従前は、廃掃法第22条「国は、政令で定めるところにより、市町村に対し、災害その他の事由により特に必要となった廃棄物の処理を行うために要する費用の一部を補助することができる」に依拠する形で、災害廃棄物の処理責任は市町村にあるという解釈がなされてきた(金子(2011);島岡(2009))。つまり、廃掃法などの法的枠組みに、市町村が実施すべき具体的な災害廃棄物処理の方法は規定されておらず、各市町村は、それぞれの地域防災計画において処理方法を定め、裁量を働かせながら実際の処理を行うことになる[19]。

そのため、東日本大震災発災後においても従前同様に、災害廃棄物処理の責任主体は市町村であるとされ、災害廃棄物処理特措法も、原則として市町村が処理責任主体であることを前提とした規定内容となっている。

しかしながら、現実として膨大な量の災害廃棄物を前にしたとき、被災した多くの沿岸部市町村が、地域の事情を反映した処理を実施することは容易ではなかった。

3.2 東日本大震災の災害廃棄物処理をめぐる市町村の行動

東日本大震災が市民だけでなく自治体職員に対しても甚大な被害をもたらし

---

17 寄本(1981)11-12頁。
18 災害廃棄物について直接的に規定する法令は存在しなかったものの、災害の種類別に、厚生省生活衛生局「震災廃棄物対策指針」(1998年10月)や環境省大臣官房廃棄物・リサイクル対策部廃棄物対策課「水害廃棄物対策指針」(2005年6月)が策定されていたことから、市町村はそれら指針に基づき災害廃棄物の処理を実施してきた(石川他(2013)116頁)。
19 多島他(2014)5頁。

たこと、また、先に見たとおり東日本大震災で生じた災害廃棄物の質・量が日常の一般廃棄物とは大きく異なるものであったことから、多くの沿岸部市町村は、法令で権限が認められていても災害廃棄物の処理を単独で実施できないという現実に直面した[20]。そのため、被災した沿岸部市町村の多くは、発災当初より、環境省や県に対して災害廃棄物処理の代行を要望している。

その要望に応える形で、2011年3月27日に環境省から、地方自治法第252条の14の規定に基づく事務の委託によって災害廃棄物処理に係る事務を市町村から県に委託することは可能である、との方針が示された[21]。環境省より示された、県が本来市町村の事務である災害廃棄物処理の実施を担う、つまり、県が市町村の災害廃棄物処理を垂直補完するというこの仕組みは、阪神・淡路大震災などの過去の大規模災害を見ても前例のない初めての取り組みであった[22]。

大規模災害時における行政組織の行動が日常業務のあり方や既存の組織資源に大きく依存することを指摘する先行研究に鑑みれば[23]、廃棄物処理の具体的なノウハウを有しない県が廃棄物処理の実施に携わったことは、注目すべき事実であろう。東日本大震災の災害廃棄物処理においては、市町村だけでなく県も、実施レベルで重要な役割を担ったのである。

この他に、同年8月12日に災害廃棄物処理特措法が制定され、福島県内の市町村の災害廃棄物等の処理については、国が代行して行えることになった[24]。また、発災後12カ月間で、計130を超える政令・省令・施行令などの法的対応が国によりなされている[25]。

なお、災害廃棄物の処理に係る市町村あるいは県への財政支援についても、通常では補助率50％の災害廃棄物処理事業費国庫補助金に依るものを、市町村

20　河村（2014）19頁。

21　『岩手日報』2011年3月28日。

22　過去の災害においても、国による財政支援や県による技術的援助、広域処理は実行されている。しかし、それらはあくまで補助的な意味合いのものであり、処理の責任主体は市町村であった。

23　例えば、依田編（2000）150-152頁、橋本（2005）168-170頁。

24　2014年12月現在、新地町、相馬市、南相馬市、広野町の4市町において国による代行処理が実施されている。

25　多島他（2014）5頁。

の標準税収入に応じて50〜90％に補助率の拡充がなされた。さらに、災害廃棄物処理特措法の規定により地域グリーンニューディール基金が拡充され、実質的な国庫補助率は95％まで増やされており、残りの地元負担分についても、震災復興特別交付税措置による支援が行われている。つまり、国の財政支援により、事実上、災害廃棄物の処理に係る自治体側の費用負担はゼロとなっているのである。

　では、県への事務委託という選択肢が国より提示されたことにより、実際どのくらいの市町村が県委託を選択したのだろうか。岩手県内では沿岸部12市町村のうち7市町村、宮城県内では沿岸部15市町のうち12市町が県委託を選択している[26]。県委託を選択した市町村はすべて甚大な被害を受けた沿岸部市町村であり、岩手県と宮城県の沿岸部市町村の約3分の2が、県委託を選択したことになる[27]。一方で、県委託を選択しなかった市町村は、それぞれの独自処理により、単独で災害廃棄物の処理を進めた。また、県委託を選択した市町村のなかにも、独自処理を進めながら、一部の災害廃棄物のみ県に処理を委託したものがあった。

　このように、多くの沿岸部被災市町村が県委託を選択している一方で、なぜ一部の市町村は独自処理を選択したのだろうか。次節において、独自処理を主要方法に選択した市町村の事例分析を行い、それぞれの処理経緯、またその背景を把握しながら、当該自治体の特徴を考察する。

26　岩手県内では、野田村、田野畑村、岩泉町、宮古市、山田町、大槌町、陸前高田市が、宮城県内では、気仙沼市、南三陸町、女川町、石巻市、東松島市、塩竈市、七ヶ浜町、多賀城市、名取市、岩沼市、亘理町、山元町が県に処理の事務委託を行っている。

27　福島県の場合、沿岸部市町村のほとんどが避難区域を抱えていたことから、市町村から県への処理の委託は行われていない。また、災害廃棄物処理特措法により国の直轄処理が行われているため、岩手県や宮城県とは処理の進め方が大きく異なる状況にある。

4 事例分析:宮城県内における災害廃棄物処理

4.1 沿岸部市町の災害廃棄物量と独自処理率

　本節の事例分析では、対象を宮城県内の沿岸部市町へとさらにしぼって議論を進めることにする。宮城県は、沿岸部の15市町が県委託を行ったか否かだけでなく、各市町がどの程度の災害廃棄物量を県委託したかについても詳細にデータを公表している。そのため、宮城県内の沿岸部市町については、独自処理の程度を正確に把握することが可能であり、個々の事例分析の対象とするに適切であると判断した。

　まず、個別の市町の事例を見る前に、災害廃棄物処理に関する宮城県全体の動きを概観する。宮城県は、2011年3月27日の環境省による市町村から県への事務委託容認についての方針公表を受け、翌28日に同県の災害廃棄物処理の基本方針を公表した。同基本方針は、「被害が甚大で、市町村自らが処理することが困難な場合には(中略)事務の委託により、県が災害廃棄物の処理を行」[28]うことを沿岸部市町に対して明示するものであった。これに対して、まず4月1日に石巻市が県への事務委託を行い、続いて11の沿岸市町が順次、県への委託を行った。

　災害廃棄物処理の事務を受託した宮城県は、同年7月に災害廃棄物処理実行計画を策定し、12市町の地域を、気仙沼ブロック(気仙沼市、南三陸町)、石巻ブロック(女川町、石巻市、東松島市)、宮城東部ブロック(塩竈市、七ヶ浜町、多賀城市)、亘理・名取ブロック(名取市・岩沼市・亘理町・山元町)の4ブロックに区分した[29]。そして、ブロックごとに大手ゼネコンが主体となる特定建設工事共同体企業(JV)に処理業務を委託し、県で受託した災害廃

---

[28] 宮城県環境生活部廃棄物対策課「災害廃棄物処理の基本方針」2011年3月28日。
[29] 4ブロックは「県民生活とより深くかかわっている広域市町村圏をもとに、(中略)廃棄物の発生量と特性、収集運搬距離及び経路、用地確保及び経済性」の観点から区分したものだという(宮城県「宮城県災害廃棄物処理実行計画(第1次案)」2011年7月、12頁)。

表13-3 宮城県沿岸市町の災害廃棄物処理の状況

(処理量単位:千t)

		県委託処理量	市町独自処理量	合計	独自処理率(%)
気仙沼ブロック	気仙沼市	1,684	293	1,977	14.8
	南三陸町	659	64	723	8.9
石巻ブロック	女川町	56	521	577	90.3
	石巻市	2,988	1,337	4,325	30.9
	東松島市	125	3,134	3,259	96.2
利府町		0	19	19	100.0
松島町		0	65	65	100.0
宮城東部ブロック	塩竈市	97	152	249	61.0
	七ヶ浜町	198	333	532	62.6
	多賀城市	35	315	35	90.0
仙台市		0	2,517	2,717	100.0
亘理・名取ブロック	名取市	771	192	963	19.9
	岩沼市	623	4	627	0.6
	亘理町	839	17	856	2.0
	山元町	164	0	164	0.0

(出所) 宮城県環境生活部震災廃棄物対策課提供資料(2014年8月11日)より筆者作成。

棄物の処理を進めたのである[30]。

　次に、宮城県沿岸部の各市町の独自処理状況を確認してみよう。宮城県提供の資料をもとに、各市町の①県委託処理量、②独自処理量、そして③独自処理量を当該市町で発生した災害廃棄物の総量で割った独自処理率を示したものが表13-3である。利府町、松島町、仙台市は、最終的に県委託を選択していないため、独自処理率が100%となっている。また、女川町、東松島市、多賀城市は、県委託をしながらも独自処理率が90%を超えており、独自処理を主たる処理方法として選択したことがわかる。

　さらに、表13-3の数値をグラフで図示したものが図13-2である。これを見ると、松島町、利府町、女川町、多賀城市は、災害廃棄物量そのものが少ない

30　亘理・名取ブロックは4処理区に、気仙沼は2処理区に分けたうえで、それぞれJVと契約し業務委託している。

320　第3部　自治体の復興事業

図13-2　宮城県沿岸市町の災害廃棄物量と独自処理率

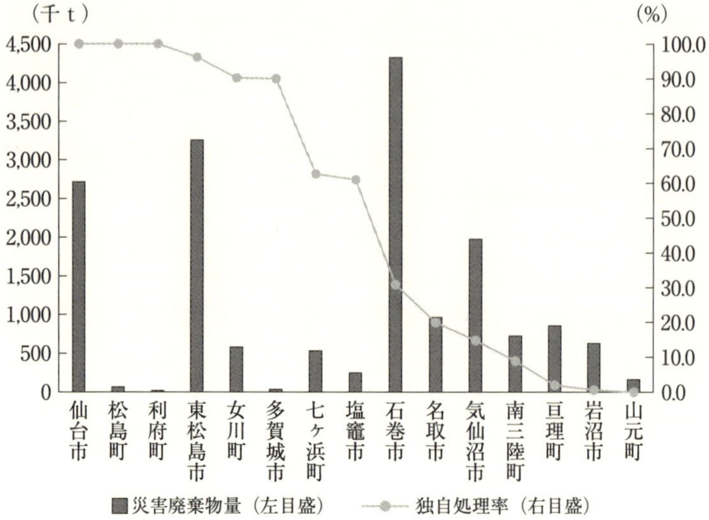

(千t) ... (%)

横軸: 仙台市, 松島町, 利府町, 東松島市, 女川町, 多賀城市, 七ヶ浜町, 塩竈市, 石巻市, 名取市, 気仙沼市, 南三陸町, 亘理町, 岩沼市, 山元町

■災害廃棄物量（左目盛）　●独自処理率（右目盛）

（出所）宮城県環境生活部震災廃棄物対策課提供資料（2014年8月11日）より筆者作成。

ために、独自処理を主たる方法として選択したものと推察できる。一方で、仙台市と東松島市は、災害廃棄物量が石巻市に次いで多い状況であるにもかかわらず、独自処理を主たる方法として選択したことになる。仙台市と東松島市がそうした選択をした具体的経緯とその背景は、いかなるものであったのだろうか。事例分析を通じて、両市に共通する特徴を明らかにする。

4.2　独自処理の事例：仙台市と東松島市
4.2.1　仙台市
　仙台市は、国や県との協議を進めながら、2011年4月1日に同市の災害廃棄物処理の基本方針を定めた。その処理方針は、「地元企業の活用による地域経済への復興も念頭に、自らの地域内で最終処分まで処理を完結する仕組みを構築し、『発災から1年以内の撤去、3年以内の処理完了』を目指し取組みを進める」[31]という「自己完結型」[32]であった。

31　仙台市復興事業局震災復興室編（2013）406頁。

第13章　瓦礫処理をめぐる自治体の行動選択　321

　第2節で見たとおり、東日本大震災の災害廃棄物には、産業廃棄物に類するものや津波堆積物が混在している。そのため、既存のごみ収集・運搬業者では災害廃棄物撤去等の対応は困難であったが、仙台建設業協会や宮城県解体工事協働組合などの地元業界団体からの支援を得て、仙台市は同業界団体加盟の業者等へ撤去の業務委託を行い、同市独自の処理を進めることにした[33]。同市担当者によれば、後に宮城県が契約するJVのような大手ゼネコンではなく地元の事業者に業務委託した理由は、地元事業者へ発注する方が迅速に撤去作業等を開始でき、そして地元経済の復興にも寄与できるからであったという[34]。
　また注目すべきは、仙台建設業協会が、撤去業務そのものだけでなく、作業部隊の人材・施行管理、調整に関する業務の相当部分についても大きく貢献したということである。他自治体においてJVが人材・施行管理や調整といった業務を担っていたことに鑑みれば、仙台市の事例の場合、仙台建設業協会がJVの役割を果たしたといえる[35]。さらに、仙台建設業協会は、仙台市の計画立案の補助も行っている[36]。
　以上のような地元業界団体からの支援を得ながら、仙台市は迅速な処理を目指して、蒲生地区、荒浜地区、井土地区の東部沿岸地区3カ所に、1次仮置き場と2次仮置き場を一元化した「がれき搬入場」を整備した。また、その各搬入場内に仮設の破砕処理施設や仮設焼却炉も設置することにし、2011年10月には他自治体に先駆けて仮設焼却炉を稼働させている[37]。
　その結果、仙台市は2013年9月29日にすべての災害廃棄物の焼却処理を終了させ、土砂の選別・資源化などのリサイクル等の処理についても、同年12月27日に完了させた[38]。さらには、仙台市内の災害廃棄物の焼却処理を前倒しで完了させる見通しが、2011年12月時点で立っていたため、同市は宮城県からの協

32　環境新聞編集部編（2014）117頁。
33　同上、409頁。
34　仙台市環境局へのインタビュー、2014年4月24日。
35　仙台建設業協会（2013）54頁。
36　同上、111頁。
37　仙台市復興事業局震災復興室編（2013）406、409-410頁。
38　環境新聞編集部編（2014）117頁。

力要請に基づき、石巻ブロックにおける木くずを中心とした可燃物を最大10万tを受け入れている[39]。

また、仙台市は災害廃棄物処理を進めるうえで、最終的なリサイクル率についても、50％という明確な目標を打ち出していた。まず災害廃棄物の撤去現場において可燃物・不燃物・資源物の3種類への粗分別を徹底して行い、さらに「がれき搬入場」内で、コンクリートくず、木くず、金属くず、家電製品及び自動車等の10種類以上への細分別を行っている[40]。そのため、同市の災害廃棄物（津波堆積物を除く）のリサイクル率は目標を上回る72％に達した[41]。

4.2.2 東松島市

東松島市は、東日本大震災以前の2003年7月26日に同市中央部を震源とする震災を経験していた。当時の震災で発生した災害廃棄物は、合併前の旧矢本町、旧鳴瀬町の2町合計で約9万5000tであり、東日本大震災により生じた災害廃棄物約325万9000tよりかなり少ない。しかしながら、当時は混乱から分別収集を行わずに仮置き場に混載して処理を行ったため、当初8億円程度と見込んでいた処理費が12億円に膨らむという反省点を残したという[42]。

この2003年の震災を経験していたことから、同市は2005年4月に、東松島市建設業協会と災害協力協定を結んでいた。そのため、東日本大震災発災直後から、同市は建設業協会と連携して災害廃棄物の発生状況を確認して回り、処理方法の検討を行っている[43]。そのような経緯を経て、東松島市は迅速に処理すべく、市内の災害廃棄物を分別して自宅敷地内または通行の支障にならないよう自宅に面する道路脇に出してもらい、それを市が無料で回収することを決定した。この回収作業に係り、回収担当業者の決定を同市建設業協会に依頼して、

---

39 仙台市「仙台市域外からの震災廃棄物の受け入れを開始します（発表資料）」2012年5月8日。
40 仙台市復興事業局震災復興室編（2013）409頁。
41 仙台市の津波堆積物のリサイクル率は96％に達している（環境新聞編集部編（2014）119頁）。
42 環境新聞編集部編（2013）83頁。
43 大友（2012）33頁。

無料回収を2011年4月11日から開始している。さらには、半壊以上の家屋解体も市で実施することにし、解体作業を協会へ委託、分別可能なものは徹底的に分別解体を行い運搬した[44]。

また、2003年の震災における災害廃棄物処理費が当初予定より増大したことを教訓として、2011年3月21日には、できる限り処理費を抑えることを目標に掲げ[45]、同市で独自に処理する災害廃棄物の97％強をリサイクルすることにした。具体的には、回収時点で、木材、プラスチック、タイヤ、家電などの14種類に分別し、さらにその後の過程で19種類への分別を人力による手作業で行ったのである。この手作業による分別作業を中心として、2012年時点では、災害廃棄物処理業務に毎日約1500人が従事することになり、うち、900人は震災で失業した市民や、被災の影響で農業、漁業に従事できない市民であった[46]。また、リサイクルではなく焼却処分しなければならない漁網や再利用できないプラスチック等については、破砕後に、宮城県へ処理委託を行った。

以上のような独自処理を進めることにより、東松島市は2013年12月17日に災害廃棄物の手選別を完了させた[47]。

東松島市は、東日本大震災の災害廃棄物処理の基本方針として、次のような3つのテーマがあったことを指摘している。第1に、災害廃棄物を徹底的に分別し資源として再生させること。第2に、独自の処理事業を通じて、被災により失職した市民に雇用の場を提供すること。第3に、処理事業を通じて、市民の生活の復興がなされることである[48]。同方針から、東松島市が雇用創出などの面で、災害廃棄物処理を通じた地元経済への貢献を強く意識していたことが理解できる。

また、特筆すべきは、災害廃棄物の再生利用の徹底と地元市民の雇用というアイディアが、発災直後に東松島市建設業協会から東松島市に提出された処理提案書にまとめられていたということである[49]。仙台市の事例と同様、東松島

---

44 大友（2012）34頁。
45 環境新聞編集部編（2013）83頁。
46 大友（2012）36頁。
47 『河北新報』2013年12月18日。
48 環境新聞編集部編（2013）86頁。

市においても、地元建設業協会が重要な役割を果たしたのである。

4.3 小 括

　仙台市と東松島市それぞれの独自処理に関する事例から明らかになったことを整理してみよう。まず、両市はともに、処理事業を開始する速度やリサイクル率を意識しながら、独自の収集・処理方法を選択していた。

　また、両市に共通する特徴として、市と地元業界団体、特に建設業協会との緊密な連携が存在していたことを挙げることができる。どちらの市も、東日本大震災以前より災害協力協定を地元建設業協会と結んでおり、大震災前には防災訓練等を通じてコミュニケーションを図っていた[50]。つまり、両市においては、建設業協会との官民連携の仕組みが常時から準備されていたのである。発災後に地元業界団体側から市に対して積極的な提案がなされたことは、その仕組みが潜在的に存在していたことの証左ではないだろうか。

　そのような地元建設業協会との連携を通じ、処理計画や発注書類の作成に必要なノウハウや、処理を実施するうえでの管理能力を補完することができたため、両市は独自処理を主たる方法として選択したと考えられる。この点については、独自処理を選択した自治体自身も、その処理経緯の背景の1つとして、地元業界団体との関係を指摘している[51]。また、多島他（2014）によれば、災害廃棄物処理に係る仕様書を作成し発注する経験が十分になかったことを理由に、独自処理を断念して、県委託を選択した市もあったという[52]。

　要約すれば、仙台市と東松島市による独自処理の選択は、日常から市と地元建設業界との間に緊密な関係が潜在していたことの帰結であると推察できる。

　以上の説明は、その妥当性を仮説検証したものではないため、解釈の範囲に

49　環境新聞編集部編（2013）84頁。
50　例えば仙台市の場合、2010年12月に仙台建設業協会と合同で防災訓練を実施し、2011年3月3日には同訓練に関する反省会を開催していたことから、発災後に迅速な連携を図ることができたという（土木学会建設マネジメント委員会災害対応マネジメント力育成研究小委員会（2014）5頁）。
51　仙台市復興事業局震災復興室編（2013）412頁。
52　多島他（2014）11頁。

とどまるものかもしれない。しかしながら、自治体と地元業界団体の関係、換言すれば自治体と地域の社会経済アクターの関係のあり方が、自治体の行動選択の結果に影響を与えるという説明は、既存研究の知見とも親和するものである[53]。

5 まとめと含意

本章は、東日本大震災における災害廃棄物処理の実態を把握するとともに、独自処理を選択した市町村の特徴を明らかにすることを目的として議論を進めてきた。最後に、ここまでの議論で得た知見と含意をまとめ、本章を締め括ることにしたい。

第1の知見は、東日本大震災における岩手・宮城県域内における災害廃棄物処理は、県委託と独自処理といった選択肢を中心に進められたということである。また、福島県内においては、国による代行処理も実施されている。ここであらためて注目すべきことは、今般初めて県委託や国による代行処理という方法が選択肢として示されたことであり、市町村以外の行政機関が災害廃棄物処理の実施に直接関与したことである。

第2の知見は、独自処理を選択した自治体に共通して、地元業界団体との密接な連携が潜在的に存在しているという特徴を観察できたことである。本章では、その特徴こそが当該自治体の処理方法の選択を規定したと主張した。

以上の知見から次のような含意を導き出すことができるだろう。まず、東日本大震災のような巨大複合災害により生じた災害廃棄物処理を進めるにあたっては、国─県─市町村の連携、さらには行政と民間の連携といった複数の機関・団体による多層的連携体制が必要になるということである。災害時におけるこのような連携体制の必要性は、災害廃棄物処理以外の場面においても、「多重防御」「多機関連携」（伊藤（2014））、「多層的災害対策」（Kawai（2013））、非常時における「相互依存関係」（村松（2014））といった用語で唱えられている。

---

53 例えば、伊藤（2012）、柳（2010）。

また、発災時に多層的連携体制を十分に機能させるには、その連携体制のなかでの各機関・団体の役割の明確化や、常時からそれぞれの機関・団体間で防災訓練などを通じたコミュニケーションを図っておくことが求められるだろう。東日本大震災規模の災害時を想定した連携体制の見直しや、関係機関との日常的な連携と相互理解の必要性については、被災自治体による今般の大震災の振り返りのなかにおいても主張されているところである[54]。

　東日本大震災の経験から学ぶべきは、今後の激甚災害による災害廃棄物の処理に備えて、市町村と他の行政機関や民間の業界団体による多層的連携体制を日常から十分に検討し、構築しておくことである。

【参考文献】

石川雅紀・山口恵子・小島理沙（2013）「災害廃棄物処理の経済モデル」馬奈木俊介編著『災害の経済学』中央経済社、113-126頁

伊藤修一郎（2012）「ガバナンス時代の政策実施――権限移譲、職員意識、協働は屋外広告物政策のアウトカムに違いを生むか」『季刊 行政管理研究』第140号、2-19頁

伊藤正次（2014）「多重防御と多機関連携の可能性」御厨貴・飯尾潤 責任編集『別冊アステイオン「災後」の文明』阪急コミュニケーションズ、64-81頁

岩手県（2015）「東日本大震災津波により発生した災害廃棄物の岩手県における処理の記録」

宇賀克也（2013）『地方自治法概説』（第5版）有斐閣

大友利雅（2012）「東松島市における災害廃棄物処理について」『建設マネジメント技術』第412号、29-36頁

金子和裕（2011）「東日本大震災における災害廃棄物の概況と課題――未曾有の災害廃棄物への取組」『立法と調査』316号、65-76頁

河村和徳（2014）『東日本大震災と地方自治――復旧・復興における人々の意識と行

54　岩手県（2015）156-158頁。

政の課題』ぎょうせい
環境省（2014）『平成26年版　環境白書──循環型社会白書／生物多様性白書』
環境新聞編集部編（2013）『東日本大震災　災害廃棄物処理にどう臨むかⅡ』環境新聞社
環境新聞編集部編（2014）『東日本大震災　災害廃棄物処理にどう臨むかⅢ』環境新聞社
島岡隆行（2009）「地球温暖化に伴う異常気象と災害廃棄物」廃棄物資源循環学会監修、島岡隆行・山本耕平編『災害廃棄物』中央法規出版、3-20頁
仙台建設業協会（2013）「3.11 東日本大震災　仙台建設業協会激闘の記録」
仙台市復興事業局震災復興室編（2013）「東日本大震災　仙台市震災記録誌──発災から1年間の活動記録」
多島良・大迫政浩・田崎智宏（2014）「東日本大震災における災害廃棄物処理に対する制度の影響」『廃棄物資源循環学会論文誌』第25巻、1-15頁
土木学会建設マネジメント委員会災害対応マネジメント力育成研究小委員会（2014）「地域建設業協会の取り組み──仙台建設業協会の活動」
橋本信之（2005）『サイモン理論と日本の行政──行政組織と意思決定』関西学院大学出版会
村松岐夫（2014）「戦前戦後断絶論と中央地方の『相互依存関係』仮説・再訪」『季刊 行政管理研究』第145号、4-15頁
柳至（2010）「地方政府における外部委託の状況」辻中豊・伊藤修一郎編著『ローカル・ガバナンス──地方政府と市民社会』木鐸社、77-93頁
依田博編（2000）『阪神・淡路大震災──行政の証言、そして市民』くんぷる
寄本勝美（1981）『「現場の思想」と地方自治──清掃労働から考える』学陽書房
寄本勝美（1990）『ごみとリサイクル』岩波新書
寄本勝美（1994）『現場からみた分権論──ごみ処理・リサイクル問題を事例とした政府間関係の模索』地方自治総合研究所
Kawai, K. (2013) "Collaborative Mechanisms among Governments in Disaster Management: Intergovernmental Communications during the Great East Japan Earthquake," *Asian Review of Public Administration*, Vol.24, Nos.1-2, pp.64-75

索　引

A～Z

DMAT　　173, 178
JMAT　　179
NGO／NPO　　147, 155, 158, 162

ア行

会津若松市　　139
アウトリーチ戦略　　115-116
アクター間の相互連携　　160
安倍晋三　　123, 125
飯舘村　　281
石巻市雄勝地区　　251
石巻問題　　9
一般型　　269, 271-272
移転促進区域　　240
いわき市　　264, 272, 278, 280
岩手県　　260-261, 263, 268-269, 277
いわて復興ウォッチャー調査　　230
岩沼市　　250, 252
受入自治体　　192, 198-200, 204, 206, 208-210
遠隔自治体からの職員派遣　　167
応援職員　　90, 229
応急仮設住宅　　259
大熊町　　139
大槌町定住促進事業住宅取得補助金　　301
奥尻島　　247, 249, 253

カ行

回帰(reverse-course)　　131
学生ボランティア　　156
各府省出向体制　　109-110, 112
加算支援金　　292, 295
仮設住宅　　30, 192, 195, 197, 201, 207, 259, 261, 265, 269, 284
加速化(put-it-in-gear)　　131
釜石市　　186
借上げ仮設住宅　　260-261, 266, 269-272, 283
仮の町　　60, 66, 68, 143, 278-279
瓦礫処理　　31, 309
関西広域連合　　168, 173, 179
菅直人　　123
義援金　　29
機関委任事務　　4
帰還困難区域　　60
帰還の意思　　64, 69
基礎支援金　　291, 295
既存事業　　244, 254-256
行政サービス　　192, 199, 203-204, 207
漁業集落防災機能強化事業　　235
居住安定支援　　294
居住制限区域　　61
緊急時避難準備区域　　53, 61
緊急消防援助隊　　176
区域　　49, 67
警戒区域　　3-4, 52, 60
計画期間　　223
計画的避難区域　　53, 60
気仙沼市小泉地区　　249, 252
県外避難者　　191, 193, 195, 197, 201, 203, 205, 207
減債基金　　136, 143
原子力緊急事態宣言　　52
原子力災害　　260, 262, 269-270, 272, 276-278, 282, 284
原子力災害対策特別措置法　　3-4, 52
建設仮設住宅　　261-262, 266-267, 269, 271
建築制限　　242

330　索引

現地再建　236, 239, 251, 253, 255
現場主義　106-107
原発難民　28
原発の汚染水　40
原発避難者　263-264, 276-278, 281-283
原発避難者特例法　12, 15, 57, 68, 138, 143, 198, 200, 203-204, 207
現物支給　265-266, 273
広域緊急援助隊　177
広域災害　284
広域避難　269, 278, 281-282
　──者　262
合意形成　221, 236, 249, 252-253, 255
工事加速化支援隊　116
神戸市人材データベース　187
後方支援　154
合理的選択制度論　100, 102
国土交通省　237, 245-246, 254
コミュニティ　30, 237, 243, 245, 252, 255
コミュニティ復活交付金　279, 281

サ行

災害応援協定　27
災害瓦礫　309, 311
災害関連業務　75
災害危険区域　240, 253
災害救助法　4-5, 265-266, 268
災害協力協定　322, 324
災害公営住宅　39, 235, 259, 263, 275-278, 281, 283-284
災害時応援協定　173, 183
災害相互支援基金　292, 304
災害対策基本法　2-5
災害廃棄物　311-318, 321-323, 326
　──処理　311, 314-316, 318, 320, 322-325
災害派遣医療チーム　173, 178
災害防災協定　184
災害ボランタリー活動　148
災害ボランティア　147
　──活動支援プロジェクト会議　155
　──センター(災害VC)　148-149, 154, 162
　──のコーディネーション体制　150
再居住　235, 237, 242, 247
財源　90
　──付け替え　136-137
再生可能エネルギー　41
財政調整基金　136, 143
再任用・任期付職員　229
財務省　246
サテライト　62
サミュエルズ, リチャード　131
時間的な「圧力」　222
市議会議員選挙　37
自主再建　235, 239
自主避難者　191, 194-196, 198, 202, 205-206
自主防災組織　167
地震再保険特別会計　305
地震・津波被災者　263-264, 277
自治事務　4
自治体間での派遣競争　172
自治体人材のデータベース　187
自治体相互間の協力　170
自治体の職員派遣　36
自治体連携元年　10
市長会・町村会によるスキーム　180
市長選挙　42
市町村合併　9
実質公債費比率　134-135
地盤沈下　41
姉妹都市協定　172-173, 183-184
社会資本の復旧・復興ロードマップ　230
社会福祉協議会(社協)　150, 154
集権化　82
13市町村　198, 200, 203-204, 209
住所　50
住所移転者　204
　──協議会　58, 60

住宅再建　235, 239, 242, 244, 247, 254-255
　　──支援制度　287, 292, 297, 303
住宅地震災害共済制度　305
住宅復興補助金　293
集団移転　235, 239-240, 243, 246, 248
集中改革プラン　10, 170
住民　49, 67, 192, 203, 206-207, 210
住民票　196, 199, 203-204, 207
首都直下地震　304
情報事前蓄積型システム　174
消滅可能性自治体　144
昭和三陸地震　242
職員数　90
職員不足　79
職住分離　243
職能団体　147, 160
「司令塔」機能　104-105, 108-109, 111-113, 116-117
審議会方式　218
震災関連死　25
震災孤児・遺児　29
震災復興特別交付税　39, 124, 130-131, 288, 300
水平な連携　229
生活拠点形成事業　63
生活再建支援
　　──金　291
　　──制度　287, 291-292, 297, 306
政策過程　260, 275, 277, 283
制度　238, 244, 252, 254, 256
政府間関係　10-12
セカンドタウン　61
世帯分離　263, 275, 283
全国市長会　181
全国市長会長　30
全国知事会　304-305
全国知事会スキーム　179
全国町村会　181
全国避難者情報システム　193, 198, 202, 205

漸進的変化(stay-the-course)　131
全村避難　52, 54
全町避難　52, 54
相互依存システム　172
総合化　216
相互参照　208
相続登記　255
相馬市　23, 264, 267
　　──復興計画　35
ソフトな予算制約　137

タ行

大規模災害からの復興に関する法律　232
第3次補正予算　226
高台移転　236, 239, 242, 244, 246-247, 251, 253, 255
多機関連携　117
多重防御　237, 245-246, 248
タスクフォース　107, 112-113
　　原子力災害による風評被害を含む影響への対策──　112
　　産業振興の推進に関する──　112
　　住宅再建・復興まちづくりの加速化のための──　112
　　除染・復興加速のための──　112
　　被災者に対する健康・生活支援に関する──　112
単独事業　289
地域防災計画　150
地籍調査　255
地方財源確保法　124
地方自治法　49
地方負担　240, 247
地方分権一括法　4-5
中央─地方関係　44
中央防災会議　237, 245, 293
町外
　　──拠点　62
　　──コミュニティ　62
通常業務　75

通知(厚生労働省)　267, 273-274
通知行政　275
帝都復興院　100
東京・福島2本社体制　107, 111
特定住所移転者　57, 68
特定避難勧奨地点　61
特別交付税　208
特例型　269, 271, 273-274
特例事務　200, 203, 208
土地区画整理事業　5-6, 235
特区法　279
トリアージ　178
取り崩し型
　──基金　124, 136, 143-144
　──復興基金　132-133

ナ行

浪江町　278, 281-282
南海トラフ巨大地震　304
新潟県中越地震　240, 243, 252

ハ行

阪神・淡路大震災　99-100, 121, 131, 134, 143-144, 147, 149, 243, 259, 263, 266, 268-269
阪神・淡路復興
　──委員会　100
　──対策本部　100
東日本大震災からの復興の基本方針　101, 217
東日本大震災復興基金　288
東日本大震災復興基本法　101, 226
東日本大震災復興構想会議　99, 244
東日本大震災復興交付金　124, 288
東日本大震災復興特別区域法　114, 276
被災自治体への支援調整　168
被災者意向調査　62, 64
被災者住宅再建支援制度　287
被災者生活再建支援
　──制度　287

　──法　292
被災者生活支援
　──チーム　217
　──本部　217
被災証明書　192, 195, 205
非常時　23
避難指示解除準備区域　61
避難指示区域　1, 3-4, 7, 16, 191, 194, 196-198, 201, 276-277, 279
避難者支援　192, 198, 202-204, 206, 210
避難者数　193, 195, 197, 201
避難者登録　193, 198, 202, 206
避難住民　57, 68, 200, 204, 208
標準化　223
非ルーティン　218
　──業務　76, 91
風評被害　32
福島県　191, 195-196, 207, 260-261, 263-264, 268-270, 275, 277, 283
福島第一原子力発電所(福島第一原発)　1, 3-4, 11, 13-14, 52
福島第二原子力発電所　52
福島復興再生
　──総括本部　111-112
　──総局　111-112, 114
　──特別措置法　63, 276
復旧時期　77
復旧・復興過程の「見える」化　77
復旧・復興事業の透明化　230
復興基金　124, 136, 300
復興基本方針　246, 248
復興局　97, 102, 105, 113-117
復興計画　215
復興構想会議　34, 106-107, 244, 246, 254, 256
復興交付金　39, 82, 113-114, 219, 226-227, 238-239, 248, 276, 279, 281
復興財源確保法　124
復興推進
　──委員会　106-107

――会議 106, 111, 125
――計画 219
復興整備
　――協議会 220
　――計画 114-115, 219
復興大臣 97, 102-103, 106, 111
復興庁 62, 64
　――設置法 102-103
　――の創設 101
　――の特殊性 102
復興特区 113-114
プレハブ建築協会（プレ協） 266, 270
分担管理 91
平時 23, 261, 270, 278, 281-283
平成大合併 9-10
併任人事 110, 112-113
並立性 219
防災基本計画 150
防災集団移転 39
　――促進事業（防集事業） 235, 239, 244, 246-247, 249, 252, 255, 289, 299
放射能
　――汚染 28
　――対策 38
法定計画 215
法定受託事務 4-5
報徳仕法 24
補完行政 231
北海道南西沖地震 240, 247
ボランタリー
　――・アクター 148, 158
　――・サービス 148, 152, 158
ボランティア 27, 147
　――専用の宿泊施設 157

――のための休暇制度 156
――・バスツアー 156

マ行

宮城県 260-261, 263, 267-269, 277
宮古市 185
宮古問題 9
明治三陸地震 242
明治・昭和三陸津波 237, 243-244
木造仮設住宅 269-270

ヤ行

役場機能の移転 55
家賃補助 273
山形県 193-195, 207
山形市 193, 197, 205-207, 209
山元町 251
融合 82, 261, 265, 283
緩やかな連携 229
用地加速化支援隊 115
横並び 224
予算要求システム 228
米沢市 193, 201, 205, 208-209

ラ・ワ行

陸前高田市 185
罹災証明書 192, 195, 205
利子補給 240
リーダーシップ 90, 92
ルーティン 91, 218
　――業務 76
「ワンストップ」
　――機能 114
　――対応 105, 108-109, 114-117

執 筆 者 紹 介

監修者

村松岐夫（むらまつ みちお）
学術システム研究センター相談役、日本学士院会員、京都大学名誉教授

恒川惠一（つねかわ けいいち）
政策研究大学院大学特別教授、東京大学名誉教授

執筆者

小原隆治（こはら たかはる）　編者、序章
早稲田大学政治経済学術院教授
早稲田大学大学院政治学研究科博士課程単位取得退学。成蹊大学法学部教授を経て、2010年より現職。著書：『これでいいのか平成の大合併』（編著、コモンズ、2003年）、『新しい公共と自治の現場』（共編、コモンズ、2011年）、『平成大合併と広域連合』（共編、公人社、2007年）、『アクセス デモクラシー論』（共著、日本経済評論社、2012年）、他。

稲継裕昭（いなつぐ ひろあき）　編者、第7章
早稲田大学政治経済学術院教授
京都大学法学部卒業。京都大学博士（法学）。大阪市職員、姫路獨協大学助教授、大阪市立大学教授、同法学部長などを経て、2007年より現職。著書：『自治体ガバナンス』（放送大学教育振興会、2013年）、『地方自治入門』（有斐閣、2011年）、『公務員給与序説』（有斐閣、2005年）、『人事・給与と地方自治』（東洋経済新報社、2000年）、他。

執筆者紹介

天川　晃（あまかわ あきら）　第1章
横浜国立大学名誉教授
1964年東京大学法学部卒業。東京大学助手、横浜国立大学助教授、教授、放送大学教授を経て、2012年に退職。著書：『占領下の議会と官僚』（現代史料出版、2014年）、『占領下の日本』（現代史料出版、2014年）、『占領下の神奈川県政』（現代史料出版、2012年）、他。

阿部昌樹（あべ まさき）　第2章
大阪市立大学大学院法学研究科教授
1989年に京都大学大学院法学研究科博士後期課程を中途退学した後、京都大学法学部助手、大阪市立大学法学部助教授、同教授を経て、2002年4月より現職。著書：『ローカルな法秩序』（勁草書房、2002年）、『争訟化する地方自治』（勁草書房、2003年）。

松井　望（まつい のぞみ）　第3章、第9章
首都大学東京都市教養学部都市政策コース准教授
1999年東京大学大学院法学政治学研究科修士課程専修コース修了。1999年㈶日本都市センター研究室研究員、2005年首都大学東京都市教養学部都市政策コース研究員・助教を経て、2009年4月より現職。著書：『地方自治論入門』（共編著、ミネルヴァ書房、2012年）、『政策変容と制度設計』（共著、ミネルヴァ書房、2012年）、『ローカルからの再出発』（共著、有斐閣、2015年）、他。

伊藤正次（いとう まさつぐ）　第4章
首都大学東京大学院社会科学研究科教授
2001年東京大学大学院法学政治学研究科博士課程修了。博士（法学）。東京都立大学法学部助教授、首都大学東京大学院社会科学研究科准教授を経て、2009年より現職。著書：『日本型行政委員会制度の形成』（東京大学出版会、2003年）、『ホーンブック地方自治［第3版］』（共著、北樹出版、2014年）、『大都市制度改革と特別区』（共著、学陽書房、2014年）、他。

北村　亘（きたむら わたる）　第5章
大阪大学大学院法学研究科教授
1998年京都大学大学院法学研究科博士後期課程修了。京都大学博士（法学）。1998年甲南大学法学部講師、2000年甲南大学法学部助教授、2005年大阪市立大学大学院法学研究科助教授、2008年大阪大学大学院法学研究科准教授を経て、2013年より現職。著書：『政令指定都市』（中央公論新社、2013年）、『地方財政の行政学的分析』（有斐閣、2009年）。

西出順郎（にしで じゅんろう）　第6章
岩手県立大学総合政策学部教授
早稲田大学大学院公共経営研究科博士後期課程研究指導終了退学。学術修士（経済学）及び行政学修士（いずれもシラキュース大学）。福井県職員、琉球大学大学評価センター准教授、岩手県立大学総合政策学部准教授を経て、2014年4月より現職。著書：『公共部門の評価と管理』（共著、晃洋書房、2010年）、他。

和田明子（わだ あきこ）　第8章
東北公益文科大学公益学部教授
慶應義塾大学経済学部卒業。北海道東北開発公庫（現日本政策投資銀行）、神奈川県庁勤務を経て、ニュージーランド・ヴィクトリア大学行政大学院修了（公共政策学修士）。東北公益文科大学公益学部講師、助教授、准教授を経て、2013年より現職。著書：『ニュージーランドの市民と政治』（明石書店、2000年、ニュージーランド研究・大使賞受賞）、『ニュージーランドの公的部門改革』（第一法規、2007年）、他。

大谷基道（おおたに もとみち）　第10章
名古屋商科大学経済学部教授
早稲田大学大学院政治学研究科博士後期課程研究指導終了退学。茨城県職員、（公財）日本都市センター研究室主任研究員、名古屋商科大学経済学部准教授を経て、2014年より現職。著書・論文：『選挙制度と地方公務員制度（戦後自治史関係資料集DVD版第2集）』（共編、丸善、2012年）、「中央省庁と道府県とのインフォーマルなネットワーク」『名古屋商科大学論集』（59巻1号、2014年）、「都道府県東京事務所の研究」『年報行政研究』（44号、2009年）、他。

西田奈保子（にしだ なほこ） 第11章
福島大学行政政策学類准教授
東京都立大学大学院都市科学研究科博士課程修了。博士（都市科学）。慶應義塾大学大学院政策・メディア研究科助手等を経て、2012年4月より現職。著書・論文：『自治と参加・協働』（共著、学芸出版社、2007年）、「東日本大震災における木造仮設住宅供給の政策過程」『地方自治叢書27』（敬文堂、近刊）。

竹内直人（たけうち なおと） 第12章
福井県総合政策部ふるさと県民局長
1987年中央大学大学院法学研究科修士（公法）修了。同年福井県庁入庁。商工労働部、福井県ニューヨーク事務所勤務を経て総務部人事課、財政課等に在籍。総合政策部政策推進課長、総務部企画幹を経て、2015年5月より現職。著書：『自治体行政の領域』（共著、ぎょうせい、2013年）、他。

河合晃一（かわい こういち） 第13章
東北大学大学院教育学研究科特任助教
2014年早稲田大学大学院公共経営研究科博士後期課程研究指導終了退学。人事院非常勤職員等を経て、2014年5月より現職。論文："Collaborative Mechanisms among Governments in Disaster Management," *Asian Review of Public Administration* (Vol.24, Nos.1-2, 2013)、「行政監視機関としての消費者委員会設置の決定過程」『行政苦情救済&オンブズマン（日本オンブズマン学会誌）』（8号、2013年）、他。

大震災に学ぶ社会科学　第2巻
震災後の自治体ガバナンス
2015年11月12日発行

編　者──小原隆治・稲継裕昭
発行者──山縣裕一郎
発行所──東洋経済新報社
　　　　〒103-8345　東京都中央区日本橋本石町1-2-1
　　　　電話＝東洋経済コールセンター　03(5605)7021
　　　　http://toyokeizai.net/
装　丁…………吉住郷司
編集スタッフ……堀　雅子／菅野康代
印刷・製本……丸井工文社
編集担当………佐藤朋保
Printed in Japan　ISBN 978-4-492-22357-4

　本書のコピー、スキャン、デジタル化等の無断複製は、著作権法上での例外である私的利用を除き禁じられています。本書を代行業者等の第三者に依頼してコピー、スキャンやデジタル化することは、たとえ個人や家庭内での利用であっても一切認められておりません。
　落丁・乱丁本はお取替えいたします。